현대 영미 대표 시인선

최희섭　공주사범대학 영어교육과 졸업
고려대학교 대학원 영어영문학과 석사 및 박사
한국동서비교문학학회 고문
한국번역학회 수석부회장
전주대학교 인문대학 교수

논문「『프루프록의 연가』의 "압도적인 문제"에 관한 소고」,「T. S. Eliot의 기독교적 구원의 추구」,「동양 사상적 관점에서 본 "정점"의 의미」,「영어 관광안내판의 번역 오류: 광한루원을 중심으로」,「엘리엇의 "전통"의 불교적 고찰」,「휘트먼의 동양사상에 대한 관심」,「Eliot 詩에 있어서의 동서 구원관의 융합」 외 다수

저서『영작문 기초부터 다지기』,『영미시 개론』,『각주가 상세한 영시개론』,『미국문화 바로 알기』,『번역 첫걸음 내딛기』 외 다수

역서『채털리 부인의 연인』,『영시감상의 첫걸음』,『아들과 연인』 외 다수

E-mail: choihiesup@hanmail.net

현대 영미 대표 시인선

지은이 최희섭
발행일 2010년 12월 30일
발행인 이성모
발행처 도서출판 동인
　　　　서울시 종로구 명륜동 아남주상복합빌딩 118호
등　록 제 1-1599호
전　화 (02)765-7145, 55 / **팩스** (02)765-7165
이메일 dongin60@chol.com / **홈페이지** www.donginbook.co.kr

ISBN 978-89-5506-458-2

정　가 13,000원

※ 잘못 만들어진 책은 바꾸어 드립니다.

현대 영미 대표 시인선

최희섭 지음

도서출판 동인

들어가는 말

　요즈음과 같이 모든 것을 경제적인 관점에서 생각하는 물질문명이 팽배한 시대에는 얼핏 시가 필요 없고, 인문학이 필요 없는 듯이 생각될 수 있다. 그렇지만 인문학, 특히 시는 우리의 삶에 꼭 필요하다. 물질문명이 발달하는 것은 우리의 삶을 편리하게 하기 위해서이다. 우리의 삶이 편리해지는 것은 어떤 관점에서 편리해지는 것인가? 지극히 편리한 삶을 영위하면 그 뒤에는 무엇이 남는가? 이러한 점을 생각해보면 인문학은 당연히 필요한 것이라는 결론에 도달하게 된다. 왜냐하면 물질문명이 아무리 발달한다 하더라도 우리가 인간임에는 틀림없고 인간적인 삶의 영위하기 위해서는 삶의 밑바닥에 자리 잡고 있는 인문학을 무시할 수 없기 때문이다.

　신문이나 라디오, 텔레비전 아니면 요즈음 항상 접하는 인터넷에서도 광고를 보면 그 밑바탕에는 인문학적 요소가 깔려 있다. 결국 광고는 사람들의 정신에 호소하는 것이기 때문이다. 인간의 정신을 풍요롭게 해주는 것은 인문학이고, 그 인문학의 정수가 시이기 때문에 요즈음에도 시는 필요하고 앞으로도 영원히 필요하리라고 생각된다.

이러한 생각에서 현대의 영미 대표 시인들을 살펴보게 되었다. 현대라는 것의 의미를 어떻게 생각하는가에 따라 시기적으로 논란의 여지가 있지만, 이 책에서는 20세기를 현대라고 생각하고 이 시기에 활동한 시인들을 살펴보았다.

대표적인 시인의 생애와 문학적 업적 내지는 문학적 위상을 위주로 살펴보았다. 시인의 삶과 시는 불가분의 관계를 이루기 때문에 시인의 삶을 살펴보는 것은 시를 읽는 기초가 된다. 시인의 삶을 모르고도 시를 감상할 수 있지만, 시인의 삶을 알고 시를 읽으면 보다 깊이 감상할 수 있다

시에는 시인의 삶과 사회가 녹아 있기 때문에, 우선 시인의 삶을 아는 것은 시를 보다 풍부하게 감상할 수 있게 해준다. 또한 그 시가 생긴 배경을 충분히 인식함으로써 그 사회를 이해할 수 있고 나아가 문화를 배우고 느낄 수 있다. 시를 통해 고급문화를 충분히 향유하기 위해서 시인의 삶과 사회를 알아둘 필요가 있는 것이다.

이 책에서는 시인의 삶과 시인이 살았던 사회를 설명하며, 각 시인의 시적 특징을 비교적 상세하게 설명하였다. 시인 나름대로의 운율적 실험이나 현대시의 역사에서 각 시인이 차지하고 있는 위치나 위상 등도 시적 특징과 더불어 설명하였다. 많은 시인들이 소설이나 희곡을 쓰기도 하였지만 소설이나 희곡에 대한 언급은 가능한 피하려고 하였다.

영국 현대시와 미국 현대시를 따로 개관하였지만 시인의 배열은 나라를 구분하지 않았다. 영국에서 태어나 미국으로 이주한 시인도 있고 미국에

서 태어나 영국으로 이주한 시인도 있기 때문이다. 또한 영국이나 미국에서 태어나지는 않았지만 영국이나 미국에서 활동한 시인도 있으며 국가 간의 경계를 넘나들며 작품 활동을 한 시인도 있기 때문이다. 출생 연도에 따라 시인을 배열하였으며, 출생연도가 동일한 경우에는 사망한 연도가 빠른 시인을 앞에 배열하였다.

    이 책은 학생들이 영국과 미국의 현대 시인들을 학습하는데 도움이 되리라고 믿는다. 또한 학생이 아니더라도 영국과 미국의 현대시에 관심이 있는 분들에게 도움이 되리라고 생각한다. 끝으로 졸고가 빛을 보도록 도움을 주신 모든 분들에게 감사드린다.

2010년 가을
필자 최희섭

차례

■ 들어가는 말 — 5

영국 현대시 개관 • 11
미국 현대시 개관 • 24

William Butler Yeats • 31
Robert Lee Frost • 42
Edward Thomas • 48
Carl Sandburg • 52
Wallace Stevens • 58
William Carlos Williams • 66
Ezra Pound • 74
Hilda Doolittle • 84
Edith Sitwell • 90
Thomas Stearns Eliot • 95
Archibald MacLeish • 107
Wilfred Owen • 113
Edward Estlin Cummings • 117
Nicholas Vachel Lindsay • 123
Hart Crane • 128
Langston Hughes • 134
Cecil Day Lewis • 141

Louis MacNeice • 145

Wystan Hugh Auden • 149

Theodore Roethke • 159

Stephen Spender • 164

Charles Olson • 168

Elizabeth Bishop • 173

Dylan Thomas • 179

Randall Jarrell • 184

John Allyn Berryman • 189

Robert Lowell • 196

Gwendolyn Brooks • 203

Jack Kerouac • 207

Philip Larkin • 213

James Ingram Merrill • 217

Allen Ginsberg • 222

Archie Randolph Ammons • 230

Robert Creeley • 234

Robert Bly • 240

Anne Sexton • 245

Thom Gunn • 249

Ted Hughes • 254

Gary Sherman Snyder • 259

Sylvia Plath • 267

Geoffrey Hill • 273

Seamus Heaney • 277

Imamu Amiri Baraka (LeRoi Jones) • 281

■ 인명 찾아보기 — 285

영국 현대시 개관

영국의 현대시를 이야기할 때 그 시점을 어떻게 잡는가 하는 것이 문제된다. 20세기가 시작된 1901년을 시점으로 잡거나 빅토리아 여왕이 사망한 1901년 1월 22일 이후를 시점으로 잡을 수 있다. 그렇지만 새로운 세기가 시작되거나 새로운 국왕이 탄생한다고 해서 문학사조가 새롭게 바뀌는 것은 아니다. 또한 시인이 새로운 세기를 맞이하여 작풍이나 관점을 하루아침에 바꾸는 것도 아니다. 그렇기 때문에 현대시라고 할 때 20세기 들어 갑자기 새로운 시풍이 진작되고 새로운 시인이 등장하여 작품 활동을 한 것이라고 할 수는 없다. 여기에서는 20세기가 시작된 후에 작품 활동을 한 시인을 다루도록 한다.

에드워드 왕조(1901-10) 시대의 영국인들은 자신이 빅토리아 시대에 더 이상 속하지 않는다는 사실을 매우 예민하게 의식하고 있었다. 영국문화사에서 에드워드 왕조는 빅토리아 시대의 사회적, 경제적 안정이 손상되지 않고 유지되던 시기를 암시한다. 다시 말하여 사상적인 면에서는 변화와 자유가 있었지만 많은 하인들이 있는 시골의 장원, 번창하고 자신만만한 중산계급, 엄격한 사회계층 구분 등은 변화 없이 유지된 시기를 가리킨다. 반면에 조지 왕조는 제 1차 세계대전이라는 폭풍 전야의 잠잠한 기간을 가리킨다.

1911년부터 1920년 사이에 에드워드 마쉬(Edward Marsh)가 편집한 『조지 왕조 시대의 시』(*Georgian Poetry*)에 실린 시들 중 많은 작품들이 고수하고 있는 전통주의는 현대문명의 파괴적인 힘으로부터 영시라는 정원을 보호하고자 하는 시도를 보여준다. 영국 시골에 대한 교양 있는 명상은 외래 취미의 자의식적 이용과 서로 번갈아 생겨났다. 때로는 월터 드 라 메어(Walter de la Mare)의 작품에서처럼 마법적인 곡조가 믿을 만했고, 때로는 에드워드 토머스(Edward Thomas)의 시에서처럼 명상적인 가락이 독창적이고 인상적이었다. 허버트 리드(Herbert Read)와 로버트 그레이브즈(Robert Graves)도 조지 왕조 시대의 시인들이다.

이들이 뚜렷한 주장이나 시파를 표방한 것은 아니고 공통적인 특징을 지닌 것도 아니었다. 이들은 빅토리아 시대의 시와 세기말 시인들을 경멸했으며 소박성과 진실성을 실천하려 애썼다. 이들이 주로 다룬 주제는 주로 자연과 관련이 있기 때문에 이 시인들은 현대세계의 도피자로 보였다. 대부분 짧은 시를 썼으며, 교훈적인 의도가 없었고, 주제가 단순했다.

제 1차 세계대전이 진행됨에 따라서 보다 많은 시인들이 죽어갔으며, 생존자들은 환멸을 점차 더 느꼈고, 조지 왕조 시대의 사람들이 상상력의 토대로 삼고 있는 세계 전체가 비실제적인 것으로 보이게 되었다. 예를 들어 루퍼트 브룩(Rupert Brooke)의 『병사』(*The Soldier*)와 같은 애국시는 현대의 참호전에 적용하기에는 우스꽝스럽고 시대착오적인 것으로 보였고, 조지 왕조 시대의 다른 시인들이 창작한 보다 시끌벅적한 애국시들은 매우 지긋지긋한 것으로 보이기 시작했다. 지그프리드 써순(Siegfried Sassoon)의 전쟁시에 보이는 야만적 아이러니와 윌프레드 오웬(Wilfred Owen)의 작품에 보이는 동정과 연민의 결합은 1910년부터 1914년 사이의 황금기에는 꿈도 꾸지 못하던 종류의 것이었다.

시에 있어서의 기술적인 혁명은 태도에 있어서의 변화와 병행하여 일어났다. 사상파 운동이 흄(T. E. Hulme)의 견고하고 명확하고, 꼼꼼한 이미지에 대한 강조의 영향을 받고, 제 1차 세계대전 직전에 런던에 머물고 있던 파운드(Ezra Pound)의 격려를 받아 일어났다. 사상파 시인들은 낭만적 흐릿함과 손쉬운 주정주의에 반대했다. 이 운동은 영국과 미국에서 동시 발생적으로 발전했는데 주요 시인으로는 에이미 로웰(Amy Lowell), 리차드 알딩턴(Richard Aldington), 힐다 두리틀(Hilda Doolittle), 존 굴드 플레처(John Gould Fletcher), 플린트(F.S. Flint) 등이 있으며, 에즈라 파운드, 로렌스(D. H. Lawrence) 조이스(James Joyce) 등도 참여하였다.

이들의 주장은 여러 가지 형식으로 발표되었는데, 에이미 로웰이 종합하여 체계적으로 발표한 6개 항의 원칙은 다음과 같다.

1. 일상적인 언어를 사용하되 반드시 정확한 언어를 사용해야 한다.
2. 새로운 감정을 표현하기 위하여 새로운 리듬을 창조해야 한다.
3. 소재 선택에 있어서 절대적인 자유가 허용되어야 한다.
4. 한 이미지를 표현해야 한다. 우리는 화가의 한 유파가 아니다. 시는 개별적인 것들을 정확히 표현해야 하지, 아무리 장엄하고 요란한 것이라도 막연하고 일반적인 것은 다루지 말아야 한다.

5. 시는 견실하고 분명해야 한다. 흐릿하거나 불분명해서는 안 된다.
6. 집중이 시의 정수여야 한다.

    플린트는 1913년 3월의 한 기고문에서 자신들의 강령을 발표했는데 그것은 첫째, 주관적이든 객관적이든 사물을 직접 다룰 것, 둘째, 표현에 도움이 되지 않는 단어를 피할 것, 셋째, 메트로놈적 운율을 엄격히 지키기보다는 자유로운 운율을 사용할 것 등이다. 이 강령은 모두 이미저리에 있어서의 꼼꼼함과 운율에 있어서의 자유를 북돋운 것이지만, 진정 위대한 시를 쓰기 위해서는 다른 요소가 있어야 했다. 그렇기 때문에 사상주의는 짧고 묘사적인 서정시에는 적합했으나 보다 길고 복잡한 시에는 기술적인 면에서 부족한 점이 많았다.

    1912년에 나온 허버트 그리어슨(Sir Herbert Grierson)이 편집한 존 단(John Donne)의 시집은 17세기 형이상학파 시에 대한 관심을 불러 일으켰다. 형이상학적 재치에 대한 관심은 또한 빅토리아 시대 시인들이나 조지 왕조 시대 시인들의 작품에서 보이는 것보다 훨씬 높은 정도의 지적 복잡성을 시에 도입하도록 하였다. 프랑스 상징주의 시의 미묘함도 높이 평가되기 시작했다.

    제 1차 세계 대전이 끝난 후 기존 질서가 완전히 사라졌고 불안과 환멸의 시대가 시작되었다. 일체의 전통을 부정하는 절망적 고뇌에서 관능과 향락, 탐미주의로 전락해가는 정신적 위기의 시대가 도래하였다. 이 상황을 극복하고 새로운 세계관이 정립되기를 바라는 시대이기도 하였다. 사상파 운동의 토대를 제공한 흄은 미술과 문학과 문화 전반에 걸쳐 낡은 시대가 종말을 고하고 새 시대가 도래함을 주장하였다. 다시 말하여 고전주의, 즉 주지주의가 성립되고 있었다.

시인들이 새로운 방향을 모색하고 있을 때 모더니즘의 기폭제가 되는 아써 시몬즈(Arthur Symons)의 『문학에서의 상징주의 운동』(*The Symbolist Movement in Literature*, 1899)이 영국 시단에 알려지게 되었다. 이 책은 출판된 지 10년이 넘어 영국으로 건너와 현대 영시의 출발에 지대한 공헌을 하였다. 프랑스의 상징주의 시는 1890년대에도 존중된 바 있지만, 이때에는 이미지의 정확성과 복잡성보다는 꿈같은 암시성 때문에 존중된 것이었다. 이와 더불어 시의 언어와 리듬을 일상 언어의 리듬에 접근시키려는 시도가 생겼다. 시인들은 시적 발화의 형식성에 적어도 회화체 어조나 속어를 가미하려고 하였다. 아이러니와 위트 또한 사상과 정열을 결합시키는 데 도움을 주었다.

엘리엇(T. S. Eliot)은 그리어슨이 편집한 형이상학파 시의 사화집에 대한 평(1921)에서 사상과 정열의 결합을 형이상학파 시인들의 특징으로 간파하고 그것을 현대시에 되살리고자 하는 의욕을 보였다. 시에 있어서의 새로운 비평적 운동과 창조적 운동이 동시에 일어났는데 엘리엇이 이 두 가지 모두의 최고 봉사자였다. 엘리엇은 영국 형이상학파 시인들과 영국의 제임스 1세 시대(1603-25)의 극작가들뿐만 아니라 프랑스 상징주의 시인들을 재발굴함으로써 사상파 운동의 범위를 넓혔고, 사상파 시인들이 강조하는 구체성과 정확성이라는 기준에 복잡함과 암시성이라는 기준을 더했다. 또한 엘리엇은 딱딱한 표현에서 회화적인 표현으로 갑자기 바꾼다던가 아니면 작품의 표면적인 의미가 전달하는 것과 대조되는 사물이나 개념을 넌지시 암시함으로써 달성되는 종류의 아이러니를 현대 영시에 도입했다.

조지 왕조 시대 시인이 등장하기 시작한 1911년부터 『황무지』가 출판된 1922년 사이에 영미시와 시론에 큰 혁명이 일어났다고 할 수 있다. 이 혁명은 현대의 대부분의 진지한 시인과 비평가가 그들의 예술에 대하여 생각하는 방향을 결정지었다. 1930년 이후 지금까지도 영국의 학교에서 사용되고 있는 폴그레이브(Palgrave)가 편집한 빅토리아 시대의 사화집 『황금빛 사화집』(Golden Treasury)에 실린 작품들과 20세기 중반의 많은 학구적인 사화집에 실린 작품들을 비교해보면 시적 취향에 있어서의 변화가 뚜렷하게 나타난다. 비평에 있어서 스펜서(Edmund Spenser)보다 단(John Donne)이 16,7세기의 위대한 시인으로 인정되었고 19세기의 위대한 시인으로는 홉킨스(Gerard Manley Hopkins)가 테니슨(Alfred Tennyson)을 대신했다. 또한 소위 형이상학적-상징주의적 전통이 낭만주의적, 빅토리아적 전통의 세련된 자기 연민과 엘리자베스 시대 시인들과 워즈워드(William Wordsworth)의 플라톤식 명상적 경향보다 우위를 점하게 되었다.

1918년에 로버트 브리지즈(Robert Bridges)가 출판한 홉킨스의 시는 후세의 시인들이 언어와 리듬에 있어서 보다 많은 실험을 하도록 용기를 북돋웠다. 홉킨스는 개인적 이미지의 절대적인 정확함을 새로운 종류의 운율형식의 복잡한 질서와 결합시켰다. 오든(W. H. Auden), 스펜더(Stephen Spender), 루이스(C. Day Lewis) 등 1930년대 초의 젊은 시인들은 엘리엇뿐만 아니라 홉킨스의 영향을 많이 받았고, 16세기의 존 스켈튼(John Skelton)에서 부터 윌프레드 오웬(Wilfred Owen)에 이르는 많은 다른 시인들의 영향도 많이 받았다. 1930년대 후반에 딜란 토머스(Dylan Thomas)가 화려하고 새로운 어조로 작품을 발표하기 시작할 때도 홉킨스의 영향이 엿보였다.

제 2차 세계 대전이 끝나고 나서야 비로소 도널드 데이비(Donald Davie), 엘리자베스 제닝스(Elizabeth Jennings), 필립 라킨(Philip Larkins)같은 새로운 세대의 젊은 시인들은 소위 순수한 어법을 찾아, 17세기와 엘리엇과 홉킨스의 시로부터 눈을 돌려 모든 종류의 언어적 과도함을 피하고 조용한 광휘와 꾸밈없는 진리를 표현하고자 하였다.

한편 현대시 시기 전반에 걸쳐 작품 활동을 한 예이츠(W. B. Yeats)는 진정 위대한 시인이 시대의 다양한 발전을 반영하며 개성적인 어조를 유지하는 방법을 보여주었다. 예이츠는 1890년대의 심미주의자들과 함께 작품 활동을 시작하였고 후에 보다 거칠고 간결하며 아이러닉한 언어를 사용하게 되었다. 그는 자기 나름대로의 상징주의 개념을 발전시켜 자신의 시에 표현하였다. 그의 원숙한 시에는 상징적, 형이상학적 의미가 풍부하고 지극히 사실주의적이고 암시적인 운율과 이미저리가 풍부하게 사용되어 있다. 그러므로 예이츠의 작품은 그 자체가 1890년부터 1939년까지의 영시의 역사라고 할 수 있다. 그는 독창적이기 때문에 가장 위대한 현대의 영시인의 한 사람이 되었다.

20세기 전반기에 영시의 주류와는 다소 거리가 있지만 중요한 위치를 차지하는 두 명의 시인이 있었다. 그들은 로버트 그레이브즈(Robert Graves)와 에드윈 뮤어(Edwin Muir)이다. 이들은 한정된 범위에서이기는 하지만 지극히 개성적인 목소리를 지니고 있었다. 이들의 작품은 엘리엇과 그의 추종자들이 이용하지 않은 영시 전통에도 장점이 있음을 보여주었다. 그레이브즈는 지극히 특유한 시적 개성과 결합된 전통에 대한 강렬한 의식을 지니고 있었으며 미국시에서 로버트 프로스트(Robert Frost)가 한 것과 비슷한 역할을 영시에서 행했다. 뮤어의 보다 조용하고 신비로운 기질은 그의 생애의 특별한 환경, 오크니(Orkney)에서의 유년 시절의 환경에서 비롯되었다. 그에게는 고향 스코틀랜드에 대한 인식과 고대 그리스의 영웅적인 이야기에 대한 반응이 결합되어 있다. 그레이브즈와 뮤어는 모두 시간 및 시간에 대한 인간의 반응에 깊은 관심이 있었으며 깊은 역사의식도 지니고 있었다.

1930년대는 붉은 10년이라고 할 수 있다. 이는 좌익만이 어떤 해결책을 제시하는 듯이 보였기 때문이다. 오든과 그의 동료들은 작품활동 초기에 그 이전의 시인들을 "늙은 악당"이라고 부르며 이들의 죽음을 부르짖었고, 정치적, 경제적 대청소를 외쳤다. 한편 스페인에서는 공화정부에 반대하는 프랑코 반란이 1936년 여름에 시작되어 곧 전면적인 내란으로 발전하였다. 이 내란은 불가피하게 치러야 할 제 2차 세계 대전의 예행연습으로 여겨졌고, 그 결과 정치가들의 부적절함이 보다 강조되었다. 이 모든 것들이 이 시기의 문학 작품에 반영되었지만 기술상의 흥미로운 발전을 가져오지는 못했다. 이는 많은 젊은 시인들이 새로운 종류의 예술작품을 구축하기보다는 자신의 태도를 표현하는 데 관심을 더 기울였기 때문이다.

1930년대의 영시를 대표하는 시인들은 오든, 스펜더, 루이스, 먹니스 등 옥스퍼드 출신으로 구성된 오든 그룹이었다. 이들은 옥스퍼드나 케임브리지 출신의 지식인들로 현실사회의 부패와 혼돈의 구제를 위하여 노력하였다. 예이츠가 아일랜드의 신화와 전설의 세계를 추구하고, 엘리엇이 초월적인 것에서 현실의 구원을 추구한 것에 반하여 이들 젊은 시인들은 현실사회에 밀착하여 현실 사회를 개조하는 방향을 모색하였다. 이 시인들은 현실의 절망과 좌절에서의 탈출구를 30년대의 신화였던 막스주의에서 찾으려 하였다.

일부는 스페인 내란에 직접 참여하기도 하였고, 일부는 심정적인 동조에 그치고 말았지만, 현실의 개조를 위하여 노력하였다는 점이 특징적이다. 제 2차 세계 대전의 종말과 더불어 이들의 사상적 경향은 쇠퇴하여 사라졌다. 정치가 문학을 지배하지 못하며, 무산자계급의 독재가 인간의 자유 및 존귀와 양립할 수 없다는 것을 인식하고 공산주의에서 멀어지게 되었다. 40년대에 들어 이 시인들은 엘리엇과 그다지 멀지 않은 정신적 위치를 차지하게 되었다.

제 2차 세계 대전은 제 1차 세계 대전을 능가하는 전 세계적인 규모로 진행되었기 때문에 전후에 많은 변화를 초래하였다. 제 1차 세계 대전 이후의 세대들이 경험한 불안이나 환멸을 느끼는 대신 정신의 진공 상태인 공백감이 만연하였다. 환멸이나 불안은 그 자체가 문학의 대상이 되어 잃어버린 세대라 일컫는 문학세대를 양산하였지만, 정신적 공백 상태에서는 사상적 대립이 극단으로 치닫는 가운데, 새로운 문학이 탄생할 수 있는 토양이나 양분을 제공하지 못하였다. 이러한 황무지적인 토양에서 새로운 움직임이라고 할 수 있는 것은 초현실주의 운동과 신묵시파 운동이었다.

초현실주의 운동은 1924년에 앤드루 브레튼(Andrew Breton)이 초현실주의를 선언한 것에서 비롯되었다. 이는 자유로운 상상력으로 현실을 초월한 꿈이나 잠재의식의 세계를 창조하려는 문학예술 운동이다. 유럽 대륙에서는 1920년대에 전성기를 이루었으나 영국에서는 1936년에 시작되었다. 이 운동은 오래 지속되지 못하고 영향의 범위도 매우 좁았다.

제 2차 세계대전 이후에 생겨난 운동으로 대표적인 것이 신묵시파(The New Apocalypse)운동이다. 신낭만파(The Neo-Romanticism)라고도 하는 한 무리의 시인들이 주창한 운동이다. 그러나 이 두 가지 호칭은 엄밀히 말해서 같은 그룹을 말하는 것은 아니다. 신묵시파라는 것은 1940년대의 영국 시단을 특징짓는 새로운 낭만주의의 몇 개의 흐름 가운데서 시운동으로서의 성격이 가장 뚜렷한 것을 말한다. 주로 켈트적인 배경의 시인들로 구성된 이들은 1939년에 『신묵시록』(*The New Apocalypse*), 1941년에 『백인 기수』

(*The White Horseman*)이라는 시집을 발간했다.

조지 베이커(George Baker), 프레이저(G. S. Fraser) 등의 젊은 시인들이 주동이 되어 기계에 대한 증오심과 신화에 의존하는 태도를 보였다. 이들은 『계시록』(*Book of Revelation*), 윌리엄 블레이크(William Blake), 홉킨스(Gerard Manley Hopkins), 프란츠 카프카(Franz Kafka) 등의 영향을 받았다. 이 운동 자체는 크게 발전하지 못했지만, 새로운 낭만적 경향은 거의 30년 동안 뿌리내린 전위적인 영시의 반 낭만주의 흐름에 거스르는 것이었다.

1950년대의 대표적인 흐름이라고 할 수 있는 것으로 운동파 또는 시류파(The Movement)가 있다. 시인들이 하나의 시파로서 공동의 기치를 내걸거나 새로운 운동을 한 것은 아니다. 몇몇 시인들이 참여하여 시선집인 『신시』(*New Lines*)를 1956년에 발간했는데, 이들을 지칭하는 이름이 운동파이다. 이 시집의 서문에서 편자인 로버트 콩퀘스트(Robert Conquest)는 어떤 통일된 길, 하나의 새롭고 건전하며 일반적인 입장으로 나아가는 시인들이 나타났다고 하면서 그 입장은 새로운 것이 아니라 건전하고 보람 있는 시적 태도, 즉 시란 인간 전체, 다시 말해 이성과 지성, 정서, 감각 및 그 밖의 모든 것으로, 그리고 그것을 위하여 쓰인다는 원칙을 회복한 것이라고 말하고 있다.

이들은 토머스(Dylan Thomas)를 대표로 하는 신묵시파(New Apocalypse)의 낭만적 과잉을 거부한다. 또한 파운드와 엘리엇이 주도한 모더니스트 혁명에도 불만을 표한다. 건(Thom Gunn)은 파운드나 엘리엇이 개념을 포기하거나, 혹은 개념을 포기할 수 없을 경우에는 그것들을 이미지들과 동일하게 자유연상으로 다루어 이미지들을 강화하고자 결심함으로써 시의 중요한 전통적인 자원을 포기했다고 주장한다. 시류파는 시에서 보다 더 구체적인 것과 보다 덜 과장된 어법을 추구했다.

　　이러한 지극히 평범하지만 비평적인 태도를 지닌 젊은 시인들은 주로 옥스퍼드에 있는 판타지 프레스(Fantasy Press)와 레딩대학 예술과에서 출판한 한정판 소책자를 통하여 세상에 알려졌다. 이 그룹의 시인들은 대부분 대학 출신으로 대학에 근무한 경우가 많다. 이 그룹에서 가장 널리 알려진 시인은 라킨(Philip Larkin)이다.

　　1960년대 이후의 영국시인들이 어떤 그룹을 형성한 경우는 없다. 개별적으로 두각을 나타낸 시인들이 더러 있을 뿐이다. 1960년대에 가장 두드러진 시인은 테드 휴즈(Ted Hughes)이다. 그는 폭력성이라는 주제를 다루고 있으며 널리 인정받은 이 분야에서의 재능은 불안한 감탄을 자아냈다. 휴즈가 애호하는 상징은 맹금류이고 자연 속에서 육식동물과 그 희생물을 발견한다. 인간을 바라보고 있는 자연을 보여줄 때에도 이와 동일한 구분방식이 엿보인다. 시인의 상상력은 점점 난폭해지며 선회하여 결국 어떤 독자들은 이 파괴적인 요란함, 이 귀에 거슬리는 인식의 조절을 갈망하게 된다.

　　1992년에 노벨 문학상을 수상한 데렉 월코트(Derek Walcott)는 영어로 시를 쓰는 가장 훌륭한 카리브지방의 시인으로 인정받고 있다. 그는 카리브 지방에서 태어났으나 미국과 영국을 오가며 살았고, 많은 극을 썼다. 시인으로서는 영국의 문화유산에 큰 갈등을 느끼지는 않는 것 같은 모습을 보인다. 그가 흔히 쓰는 주제는 인간의 소외이며, 그 소외는 열대지방의 풍경이 보여주는 비인간성에 의하여 보다 강화된다. 그러나 그는 자신이 영국시의 전통에서 소외되었다는 증거는 전혀 보여주지 않는다. 그는 자신의 딜레마를 인종이라는 관점에 의해서만 규정하고 또 다시 규정하고 하는 충동적인 면모를 보여주지 않는다.

미국에서 출생하였으나 테드 휴즈와 결혼하여 영국인이 된 실비아 플라쓰(Sylvia Plath)도 1960년대 시인이다. 그녀의 감수성은 과도했으며 그것을 표현하는 그녀의 능력도 역시 그랬다. 그 결과 성과 섬세함을 초월하고 예술 이외의 모든 것을 초월하는 성스러운 부르짖음, 놀라운 고통이 표현되게 되었다.

1970년대를 대표하는 시인으로는 제프리 힐(Geoffrey Hill)을 들을 수 있다. 그는 고통스러운 주제에 관하여 폭력성을 압축시켜 짧은 시편을 주로 쓴다. 그가 즐겨 다루는 주제는 나치 독일의 포로수용소, 고대와 현대의 순교자들, 플란태지넷 전쟁 등과 같은 것들이다. 그는 악몽 같은 공포를 불러일으킨 다음 그것을 어떻게든 통제하려고 노력한다. 그의 작품들은 삶이 제공하는 최악의 상태를 직시하고자 하는 단호한 결의를 보여준다. 그의 작품들이 비록 불행에 관심을 집중시키고 있기는 하지만 그 불행 가운데서 쇠약해지는 것이 아니라 분노에 찬 간결함으로써 그것을 정화한다. 많은 작품들이 종교적인 주제를 다루고 있는데 기독교가 매우 시험적이기는 하지만 치유력으로 나타나는 경우가 있다.

1996년에 노벨 문학상을 수상한 셰이머스 히이니(Seamus Heaney)의 시편들은 목가적인 경향을 보여준다. 그의 작품은 시골의 삶과 시골에서 보낸 어린 시절을 날카롭게, 정력적으로 재창조하는 경우가 잦다. 히이니는 거친 표면, 어색한 것들, 볼품없는 것들, 그리고 종종 우아하게 변화하는 인간의 활동 등을 즐겨 묘사한다. 그의 작품에 나타나는 인간의 모습은 일하는 모습인 경우가 많으며 농장의 모든 일들이 성(sex)과 마찬가지로 일종의 창조를 돕는 일이기 때문에 평범한 것들이 기계적인 것들과 쉽게 구별되지 않는다.

현대영시의 특징은 한마디로 말하여 전시대의 시인들에 대한 반작용을 보여준다고 할 수 있다. 빅토리아 시대에 반발하여 모더니즘이 생겨났고, 모더니즘의 기치 하에 고전주의가 팽배해지자 낭만주의 운동이 일어나고 다시 이에 대한 반작용으로 포스트모더니즘이 나타났다고 할 수 있다.

미국 현대시 개관

　미국시는 오랜 전통을 지닌 영국시와 밀접한 관련이 있다. 현대시는 상징주의와 사상주의를 주된 방법으로 채택하여 현대적 경험을 다양하게 다루고 있다. 사상주의는 낭만주의의 연장이며 언어의 다의성과 시의 음악성을 추구한 시적 방법이다. 영미시의 상징주의는 예이츠, 파운드, 엘리엇 등의 찰스 보들레르 이후의 프랑스 상징주의 시인들의 이론과 실제에 힘입어 발전하였다.

　남북전쟁에서 제 1차 세계대전에 이르는 반세기는 미국인의 삶에 극적인 변화가 일어난 시기였고, 문학에 있어서도 이에 상응하는 발전이 이루어졌다. 미국의 작가들과 사상가들은 이 격렬한 시대의 변화하는 긴장과 복잡함을 표현하려 하며, 낭만주의에서 점차 벗어나 점차 사실주의적인 목표와 문학 형식을 향하여 나아가기 시작했고, 인간과 인간의 운명을 실용적이거나 기계적이거나 자연주의적으로 해석하는 방향으로 나아갔다. 이 과정은 점진적이었고 미국의 사회사(社會史)에서 주기적인 흥망성쇠를 반영했다. 그러나 이 기간 동안 문학은 미국생활을 평가하고 표현하는 진정한 수단이 되었다. 문학은 국민 전체로 대표되는 폭넓은 일반 독자를 최초로 갖게 되었고, 궁극적으로는 지극히 비판적이고 사실주의적인 운동으로 발전했다. 이 시기의 특징적인 작품들은 전 세대의 쿠퍼(James Fenimore Cooper), 어빙(Washington Irving), 에머슨(Ralph Waldo Emerson), 호손(Nathaniel Hawthorne), 롱펠로우(Henry Wadsworth Longfellow) 등의 낭만적 이상주의로 대변된 세계와는 다른 세계의 산물이었다.

비교적 소수의 작가들이 그 정신과 형식에 있어서 현대적이라고 생각되는 문학의 선구자가 되었고, 독자들도 상당히 적었다. 넓은 의미에서 문학작품에서의 이 사실주의적인 현대성은 여러 가지 요소가 결합된 결과이다. 주제를 엄격히 분석적으로 관찰하는 것에 대한 작가의 저항과 그것을 정확히 묘사하려는 결심, 지나치게 평범하거나 실제로 더러운 것으로 거부되었을 소재를 선택하는 데 있어서의 작가의 특권과 독자의 관용을 확대시키는 심리적 현상의 증대된 인식, 삶의 비평가 겸 해석자로서의 작가의 사회적 기능에 대한 완전한 인식 등이 그러한 요소들이다. 이 요소들이 19세기 사실주의 운동에 참여한 작가들의 주요 작품에 들어 있다. 이 요소들이 사실주의적 충동을 정의하기에는 충분하지 못할지는 모르지만 그것을 정확하게 묘사한다.

새로운 정신에 반응을 보인 초기의 시인들 중 월트 휘트먼(Walt Whitman), 에밀리 디킨슨(Emily Dickinson), 시드니 레이니어(Sidney Lanier) 등 세 명은 기울어져가는 시대의 낭만적 이상주의에 매우 깊이 뿌리박고 있었지만 구시대와 신시대 양자로부터 이끌어낸 영속적인 요소와 고상한 요소를 결합시켜 새로운 목소리를 내었다. 로월(Robert Lowell)과 같은 해에 태어난 휘트먼은 『풀잎』(Leaves of Grass)의 초판이 나온 1855년에도 낭만주의자들과는 멀리 떨어져 있었다. 그러나 롱펠로우의 『하이아와타』(Hiawata)는 문학의 주류에 속해 있었다.

휘트먼이 보는 미국은 과거의 이상주의 즉 제퍼슨(Thomas Jefferson)과 톰 페인(Tom Paine)의 개인주의, 에머슨의 직관적 믿음과 초절주의적 박애주의, 잭슨(Jackson) 시대의 보통 사람의 향상을 수반한 개혁운동과 프롤레타리아의 이상주의에 토대를 두고 있었다. 이와 동시에 휘트먼은 현대시의 형식을 크게 변혁시키게 된 시를 썼다. 그의 심리적 사실주의는 과학에 대한 흥미와 더불어 그로 하여금 금지된 주제들을 미화할 수 있도록 해주었다. 평범한 대상이나 미천한 사람들을 휘트먼보다 더 날카롭게 관찰한 후세 시인은 없다.

에밀리 디킨슨은 암허스트 출신으로 낭만적 자연시인의 전통을 물려받았다. 그러나 그녀의 사실주의와 심리적 진실은 그녀가 훨씬 후대의 시인들과 동시대 시인처럼 보이게 한다. 조지 왕조시대의 지역주의자인 시드니 레이니어는 남부지역 출신으로 옥수수와 면화로 이루어진 남부의 경제, 산업제도와 상업제도의 점진적인 폐해에 대한 통렬한 비판, 개인의 책임이 복잡하다는 고무적인 느낌 등을 자신의 자연시에 불어넣었다.

1909년에 런던에서 자신의 첫 시집 『사람들』(Personae)을 발표한 에즈라 파운드(Ezra Pound)는 런던에 머물고 있던 일단의 젊은 영미시인들이 나아갈 방향을 1911년에 젊은 영국 사상가인 흄(T. E. Hulme)과 함께 제시했다. 그들은 곧 사상과 시인으로 알려지게 되었다. 그들은 새로운 시 운동을 시작했고 그들의 성명을 발표했다. 여기에는 힐다 두리틀(Hilda Doolittle), 윌리엄 칼로스 윌리엄즈(William Carlos Williams), 에이미 로월(Amy Lowell)

등의 미국시인들이 참여했고, 이들의 시는 사상파 시집에 모아져서 발표되었다. 그들의 시는 자유시 및 다른 실험적인 형식의 발달을 가져왔다. 그들은 1912년에 시카고에서 창간된 『시: 운문잡지』(*Poetry: A Magazine of Verse*)의 성공에도 기여했다.

 이 시기에 로빈슨(Robinson)은 자신의 시적 재능을 최대로 발휘하여 『하늘을 등진 사나이』(*The Man Against the Sky*, 1916), 『멀린』(*Merlin*, 1917)등을 발표했다. 프로스트(Robert Frost)는 1913년에 첫 시집을 내었고 1923년에 네 번째 시집을 발표했다. 중서부 출신의 발라드 시인인 바첼 린지(Vachel Lindsay)는 1913년부터 1917년 사이에 세 권의 시집을 발표하여 시단에서의 명성을 확고히 했다. 중서부지방의 삶을 시적으로 비평하는 일은 1915년에 나온 매스터즈(Edgar Lee Masters)의 『스푼 강 명시 선집』(*Spoon River Anthology*)으로 시작되었는데 더 인상적인 작품은 샌드버그(Carl Sandburg)의 시였다. 샌드버그는 1916년에서 1920년 사이에 자유시 형식으로 중서부 보통사람들의 삶을 탐구하는 세 권의 시집을 발표하였다. 밀레(Edna St. Vincent Millay)는 1917년에 첫 시집을 발표했고 엘리엇(T. S. Eliot)은 1920년에 두 번째 시집을 발표하여 그의 성숙한 특성을 여실히 보여주었다.

 금세기의 미국시는 제 2차 세계대전이 발발할 때까지 점점 더 상징주의적으로 되어갔고, 이전의 문학작품에 대한 인유나 신화적 의미의 암시에 더욱 의존하게 되었으며 지적인 깊이나 뛰어난 재기를 향하여 나아가는 경향이 있었다. 사상파 시인들과 파운드는 프랑스 상징주의자들, 고전 작품, 12,13세기의 프랑스 서정시인들, 이태리의 문예부흥과 고대의 중국과 일본의 시형식에서 영감을 발견했다. 엘리엇의 박학다식은 또한 철학적 영감, 종교사상, 동양의 신비주의 및 인류학 지식을 강조했다. 엘리엇 등은 엘리자베스 시대의 시인과 극작가뿐만 아니라 자코뱅(Jacobean) 시대의 영국 형이상학파 시인들을 재발견했다.

강렬하고 격렬한 형이상학적 이미지는 시의 지적인 긴장과 상징적 범주를 고양시켰다. 그럼으로써 시는 보다 어려워졌고, 사상의 정서적 의미를 표현하는 보다 나은 도구가 되었다. 먹리쉬(Archibald MacLeish), 스티븐즈(Wallace Stevens), 윌리엄즈(William Carlos Williams), 마리안 무어(Marianne Moore), 커밍즈(E. E. Cummings), 크레인(Hart Crane) 및 랜썸(John Crowe Ransom)과 테이트(Allen Tate)와 같은 내쉬빌(Nashville)의 "도망자" 그룹(Fugitives)의 시에 특징적인 것은 형이상학적 경향이다.

1920년대는 1929년에 재정적 붕괴로 이어지는 대공황으로 끝났다. 히틀러(Hitler)와 뭇솔리니(Mussolini)의 등장과 더불어 공황 시기는 경제적 빈곤, 이념적 불안, 미국적 가치의 전반적 재평가를 초래했다. 많은 작가들이 전통적인 미국의 이상주의에 대한 충실의 깊이를 발견했다. 먹리쉬는 『새로 발견된 나라』(New Found Land, 1930)와 『정복자』(Conquistador, 1932)를 발표하고 그 후 10년 동안 민주주의의 선전물을 쓰는 데 주력했다. 집산주의자들에게 공감을 보이며 시를 쓰기 시작했던 샌드버그는 민중을 사랑하고 있음을 보여주는 『국민, 예스』(The People, Yes)를 1936년에 발표하고 링컨의 전기를 방대하게 연구했다.

두 차례에 걸친 세계대전 사이에 성장한 일단의 시인들이 시의 활력을 되찾게 하였다. 이 시인들은 금세기 중반의 영미시인들에게 공통된 질문이었던 잃어버린 자아에 대한 불안이나 개인적 실체를 탐구했다. 뮤리엘 루카이저(Muriel Rukeyser)는 『만가』(Elegies)에서 감동적인 긍정을 표현했고, 원시생활과 종교에서 일찍이 영감을 발견했다. 존 홈즈(John Holmes)는 자신의 시는 "자신을 발견하려는 노력"이라고 말하며, 모든 사람들을 위한 시를 썼다.

뢰쓰케(Theodore Roethke)와 로웰(Robert Lowell)은 비범한 힘으로 표준 시인의 반열에 올랐다. 두 사람 모두 과거에 배경을 두고 있다. 뢰쓰케에게는 이용할 수 있는 과거가 성서적 유산이었다. 그는 동물, 식물뿐만 아니라 심지어는 무생물에서도 생명력을 관찰함으로써 인간이 되는 것의 일반적 의미를 발견했다. 로웰에게는 이용할 수 있는 과거가 복합적인 가정과 사회와 문화적 전통이었다.

리차드 윌버(Richard Wilbur)와 리차드 에버하트(Richard Eberhart)는 공통점이 많다. 그들 둘 다 주목할 만한 자연시를 썼다. 그들 모두 타고난 재치와 꼼꼼하고 경제적인 스타일을 숙달함으로써 사회적 환경을 이해했다. 그들은 미묘하고 활기찬 이미저리에 의해 고양된 깊은 의미가 있는 장시를 썼다.

20년대에 출생한 다른 시인들은 눈부신 성공과 참을 수 없는 좌절을 모두 경험하고 경우에 따라서는 자살하거나 요절함으로써 끝나기도 했다. 『꿈 노래』(*The Dream Songs*, 1969)에 실린 한 연작시에서 존 베리맨(John Berryman)은 조숙했던 델모어 슈와르츠(Delmore Schwartz)와 랜달 자렐(Randall Jarrell)처럼 개인의 역할을 강조했다.

윌리엄 스타포드(William Stafford)처럼 나이든 시인도 있었지만 대부분 1920년대에 출생한 시인들이 진정 제 2차 세계대전의 경험을 물려받았다. 그들은 자동화, 규격화, 대중문화 등에 의해 비인간화되지는 않았다. 비록 몇몇은 인간의 비인간성이나 민주주의가 그 잠재력을 실현시키지 못함으로써 소외되기는 하였으나 대부분은 자아탐구에 대하여 걱정하지 않았다. 그들은 이 상태가 전반적으로 인류를 위하여 존재한다는 사실을 인식했고, 그들의 작품은 어느 시대든 진정한 문학이 그렇듯이 현재 인간이 처해있는 난관을 시인이 인식하고 있다는 인상을 지니고 있다.

　현실을 파악하고 그로부터 무언가를 창조하려한 이 세대를 대표하는 시인들은 아직 규정되지 않던 심리적 현실, 특히 개인들 서로의 관계의 실상을 직시한다. 제임스 딕키(James Dickey), 로버트 블라이(Robert Bly), 실비아 플라쓰(Sylvia Plath) 같은 몇몇 시인들은 지극히 일반적인 것 외에는 공통점이 없다. 그러나 대부분은 물질주의를 거부하고 알렌 긴스버그(Allen Ginsberg)와 개리 슈나이더(Gary Snyder)가 말한 바 있는 미래의 삶의 질에 대하여 두려움을 갖고 있다. 대부분의 시인들이 불공평을 깊이 느끼고 있지만 사회적인 문제를 직접 다룬 훌륭한 시를 쓴 시인은 거의 없다. 최근 시인들의 업적 중 가장 인상적이고 영속적인 것은 새로운 언어, 정확하고 때로는 아름다운 미국의 속어, 비유적 등가물에 있어서의 상응하는 직접성, 통제되지만 유연한 리듬에 정통하다는 점이다. 그들은 모두 우리의 일상 언어를 유명하게 했다. 이러한 영감은 휘트먼, 엘리엇, 스티븐즈, 윌리엄즈, 뢰쓰케 및 로웰이나 시인 자신의 삶으로부터 온 것이다.

William Butler Yeats | 1865-1939

현대 영시의 가장 위대한 시인 중의 한 사람으로 일컬어지는 예이츠(William Butler Yeats)는 1865년 6월 13일에 더블린 교외의 샌디마운트(Sandymount)에서 태어났다. 그의 할아버지 윌리엄 버틀러 예이츠(1806-62)는 한때 슬라이고(Sligo)에서 신교인 아일랜드 교회의 이름난 교구목사였다. 그러나 예이츠 부자는 종교에 있어서 가문의 전통을 계승하지 않았다. 예이츠의 아버지 존 버틀러 예이츠(1839-92)는 헉슬리(Huxley)와 틴달(Tyndall)의 영향을 받은 불가지론자였고 화가였으며, 시인 예이츠는 아버지의 종교와도 다른 자기 자신의 종교를 만들었다고 스스로 말한 바 있다. 그는 "나는 대단히 종교적이어서 헉슬리와 틴달에게 내 어릴 적의 순진한 종교를 빼앗기고는 한 새로운 종교, 시적인 전통을 가진 하나의 어김없는 교회라 할 수 있는 것을 만들었다"고 말하고 있다.

예이츠가 유년기를 주로 보낸 곳은 외가가 있는 슬라이고였다. 그가 후에 캐더린 티난(Katharine Tynan)이라는 여류시인에게 보낸 한 편지에서 "정말로 내 생애에서 가장 큰 영향을 준 곳은 슬라이고입니다"라고 말하고 있듯이, 그의 시에는 이니스프리(Innisfree)를 비롯하여 벤 벌벤(Ben Bulben)에 이르기까지 슬라이고 근방의 호수와 산에 대한 향수와 추억이 깃들어 있다. 그러나 그의 어린 시절이 마냥 행복하기만 한 것만은 아니었다. 그는 얼굴과 몸이 이상하고 허약하였으며, 거동이 어색하고 수줍음이 많아서 혼자 지내거나 몽상으로 시간을 보내는 경우가 많았다. 1874년에 전 가족이 런던으로 이주한 후, 그는 2년 동안 아버지로부터 엄격한 교육을 받고, 11세 때에 학교 교육을 받게 되었다. 그는 해머스미스(Hammersmith)에 있는 고돌핀 학교(Godolphin School)에 입학하였는데 고독과 몽상에 빠지는 습관이 있는 관계로 학교생활에 제대로 적응하지 못했고, 교우관계도 원만하지 못했다.

1880년에 예이츠의 가족은 다시 아일랜드로 돌아와 더블린 근교인 하우쓰(Howth)에 살게 되었다. 예이츠는 더블린에 있는 에라스무스 스미쓰 고등학교(Erasmus Smith High School)에 들어갔는데 학교공부에 신경을 쓰지 않아서 선생님들의 골칫거리가 되었다. 그러나 아버지로부터 받은 문학적인 교육에 힘입어 그는 스스로 셰익스피어, 셸리, 로제티 등의 작품 중 정열적인 대목을 골라 읽었다. 그가 시를 쓰기 시작한 것은 이 무렵이다. 그는 고등학교를 졸업한 후 시를 부업으로 하고 화가로 생계를 세우고자 결심하고 더블린의 메트로폴리탄 예술학교(Metropolitan School of Art)에 들어갔다. 1884년 봄부터 약 2년 동안 미술학교를 다녔지만, 그에게는 그림공부보다도 같은 학교의 학생이었던 조지 러셀(George Russell, 1867-1935)과의 교우관계가 더 중요하였다.

몽상에 잠기는 습관이 있던 예이츠는 신비주의자인 러셀을 만남으로써 "신비술"(Occultism)에 열중하기 시작하였다. 그들은 유럽의 신비철학과 동양의 밀교를 공부하며 마술에 관한 시극을 경쟁적으로 쓰곤 하였다. 1885년 여름에는 예이츠를 회장으로 하여 더블린 연금술회(Dublin Hermetic Society)라는 밀교연구를 위한 모임이 발족되었다. 이렇게 하여 시작된 예이츠의 신비주의 연구는 후에 런던에서 러시아의 신지론자인 블라바츠키 여사(Madame Blavatsky)와의 접촉 및 밀교단체인 황금빛 새벽(The Golden Dawn)에의 참여를 거쳐 역사와 인생에 관한 독특한 이론의 저술인 『광경』(A Vision, 초판 1925, 개정판 1937)에 이르기까지 그의 평생의 관심사였다. 그가 만든 새로운 종교란 시적인 전통을 가짐과 동시에 이러한 신비적인 색채를 띤 것이었다. 시와 신비주의는 그의 종교의 양면인 것이다. 그는 1886년에 미술공부를 포기했다.

예이츠는 이 무렵에 민족주의에 눈뜨게 된다. 아일랜드가 영국의 지배로부터 자치를 쟁취한 것이 1886년인데, 이때를 전후하여 아일랜드의 민족주의는 더욱 열기를 띠어가고 있었다. 예이츠는 1885년에, 그 해에 창간된 『더블린 대학 평론집』(Dublin University Review)에 처음으로 시를 발표했다. 그에게 가장 큰 영향을 준 사람은 영국에서 5년 동안 형을 치르고 프랑스에서 10여년의 망명생활을 청산하고 돌아온 민족주의자인 존 오리어리(John

O'Leary)이다. 예이츠의 민족주의는 정치에 직접 참여하는 것이 아니라 자기 나라의 민족정신을 고취하는 것이었지만, 아일랜드 민족의 전설을 발굴하고, 시의 제재를 거기서 찾은 것은 오리어리의 의견에 자극받은 것이라고 할 수 있다. 1886년에 시작하여 1888년에 완성한 그의 장시『아신의 방랑』(The Wanderings of Oisin)은 1889년 출판할 때에도 오리어리의 도움을 받은 바 있다. 그 해에 예이츠는 오리어리의 소개로 모드 곤(Maud Gonne)을 만났다. 그녀에 대한 예이츠의 평생에 걸친 사랑과 동지적 활동에도 불구하고 그들의 사랑이 결실을 맺지 못한 것은 주로 두 사람의 기질적 차이에서 비롯되었다고 할 수 있다. 과격할 정도로 행동적인 민족주의자인 모드 곤의 눈에는 예이츠의 민족주의가 너무나 미온적인 것으로 비쳤을지도 모른다. 그러나 예이츠는 모드 곤을 따라 선동적인 연설에도 참여하여 상당한 활약을 하기도 하였다. 예이츠에게는 모드 곤이 이상적인 미(美)였고, 그의 시 여러 편에서 그녀는 트로이의 "헬렌"이나 지혜의 여신 "팰러스"(Pallas)나 "아테네"(Athene)로 그려져 있다.

　　1880년대 중반 무렵부터 1939년 1월에 세상을 떠나기 직전까지 50여년에 걸친 그의 오랜 시작(詩作)생활은 끊임없는 모색과 불굴의 투쟁의 도정이었다. 그러므로 예이츠의 시를 이야기하자면 우선 그의 시작의 도정을 살펴보지 않을 수 없다. 거의 확연히 나누어지는 초기와 후기, 그리고 그 중간의 과도기를 일단 연대순으로 더듬어 보아야 그의 시를 개괄할 수 있다. 예이츠의 시를 전기와 후기로 양분하는 경우 1914년에 발간된 시집『책임』(Responsibilities)을 경계로 하는 것이 보통이다. 그러나 시적 변모라는 것이 돌발적이지 않으므로 어느 시인이든 그의 전기시와 후기시가 어느 시점에서 확연하게 나누어질 수는 없다. 예이츠와 같이 오랜 세월에 걸쳐 지속적으로 시작을 한 시인의 경우에는 더욱 그렇다.

　제퍼스(A. N. Jeffares)는 예이츠의 초기시를 1883년부터 시집 『갈대밭의 바람』(*The Wind Among the Reeds*)이 나온 1899년까지로 잡는다. 예이츠는 낭만주의가 쇠퇴해가는 분위기에서 스펜서, 블레이크, 셸리 및 라파엘 전파 시인들의 영향을 받으며 시를 쓰기 시작했다. 따라서 그의 초기시는 막연한 정서를 풍기는 언어로 아름다운 꿈의 세계를 그린 것이었다. 작품의 소재는 아일랜드의 전설이나 낭만적인 사랑 같은 것이었지만, 아일랜드의 전설을 다룬 경우에도 그는 켈트적인 것에 대한 일반적인 영국인의 낭만적인 태도를 보여주고 있을 뿐이다.

　예이츠가 시인으로 인정받고 본격적인 활동을 시작한 것은 런던에서였다. 1887년에 예이츠 일가가 런던으로 다시 이주한 후, 그는 영국 잡지에 처음으로 시를 발표하고, 아일랜드의 전설 및 시가와 블레이크의 글을 편찬하고 다우슨(Ernest Dowson), 시몬스(Arthur Symmons), 존슨(Lionel Johnson) 등의 세기말 시인들과 교류하였다. 예이츠는 1891년에 이 시인들과 더불어 "시인클럽"(Rhymers' Club)을 만들었고, 한편 아일랜드 문학회(Irish Literary Society)를 세웠다. 그는 아일랜드 문예부흥 또는 켈트의 부활이라고 일컬어지는 아일랜드 문예운동의 중심적인 인물이 되었다.

　후에 그레고리 여사(Lady Gregory), 씽(J. M. Synge) 등과 함께 한 연극운동에 있어서 그는 극작과 극장관리와 기금모금을 통하여 크게 공헌하였다. 그는 『아일랜드 극장을 위한 극작집』(*Plays for an Irish Theatre*)에 이 무렵의 자신의 극작을 수록하여 1913년에 발간하였다. 그는 이외에도 1899년에 아일랜드 문예극장을 창립하여 상연한 첫 공연작품 『백작부인 캐슬린』(*Countess Cathleen*, 1895), 『아신의 방랑』(*The Wanderings of Oisin*) 등의 극을 썼다. 그리고 뒤이어 『시집』(*Poems*, 1895)과 『갈대밭의 바람』(*The Wind among the Reeds*, 1899)이 출판되었다. 후년에 예이츠도 자신의 이 무렵의 시를 "옛 신화에서 따서 놓은 수로 뒤 덮힌 코트"에 비유했듯이 그의 초기시는 대체로 아일랜드의 전설을 소재로 한 것과 꿈같은 사랑을 읊은 낭만적인 것이었다. 다시 말하여 비평가들로부터 "막연한, 꿈같은, 지친, 우울한" 등의 말로 평가되고 셸리, 블레이크 및 라파엘 전파의 시인들의 영향을 지적받는 그러한 시였다. 그 기계적인 운율과 장식적인 아름다움과 모호한 상징은 참다운 시로서는 약점이 되는 것으로 예이츠 자신도 후에 이러한 점을 반성하고 있다.

그의 시적 이상은 "나 자신을 시에 담는 것", 즉 "정상적이고 정열적이요, 사리를 분간하는 자아, 하나의 전체로서의 인격"을 시 가운데 유지하는 것이었다. 예이츠에게 있어서는 인간으로서의 시인과 창조자로서의 시인 사이의 구별이 없다. 그에게 시인은 자신의 경험에 형체를 부여하는 사람이었던 것이다. 그리하여 그의 시는 차차 현실에 대한 반응을 보이기 시작하고 자서전적인 성격을 띠어갔다. 그가 초기 시풍에서 벗어나 이러한 새로운 경향을 보이기 시작한 것은 1903년에 출판된 시집 『일곱 숲에서』(*In the Seven Woods*)에서 이다. 말투는 시적인 것으로부터 일상적인 것으로 변해가고, 테마는 개인적, 현실적인 것으로 바뀌어 갔다. 이러한 경향은 그 다음 시집 『초록빛 투구 및 기타 시편』(*The Green Helmet and Other Poems*)을 거쳐 『책임』(*Responsibilities*, 1914)에 이르러 확고한 시풍으로 자리 잡았다.

예이츠의 시가 현실적인 색채를 띠게 된 것은 자신의 초기시에 대한 자기비평과 더불어 그 자신이 처한 현실적 상황이 복잡해져 간 데 그 동기가 있다. 그가 그레고리 여사를 처음 만난 것은 1896년이었는데, 그 다음 해부터 여러 해 동안 여름철에는 쿨 파크(Coole Park)에 있는 그레고리 여사의 저택에서 창작생활을 했다. 정치운동에 환멸을 느끼게 된 것도 이 무렵이다. 그는 극작에 몰두하면서, 1902년에 국민극단(Irish National Theatre Society)을 만들어 단장이 되었고, 1904년에 애비극장(Abbey Theatre)의 개관을 계기로 연극 사업에 전념하게 되었다. 그러나 1902년에 상연한 그의 작품 『캐슬린 니 훌리한』(*Cathleen ni Houlihan*)의 주역을 맡았던 그의 마음속의 애인 모드 곤은 1903년에 갑자기 존 맥브라이드(John MacBride)라는 민족주의자와 결혼해버렸다.

1903년 이후 수년 동안 예이츠는 시를 거의 쓰지 않았는데. 이 무렵에 아일랜드에서 예술과 관련된 두 가지 사건이 있었다. 그 하나는 1907년에 씽(John Milington Synge)의 작품 『서쪽나라의 바람둥이』(*The Playboy of the Western World*)의 상연에 대한 반대소동이었다. 씽의 작품이 아일랜드를 그릇되게 표현했다고 격분한 국수적인 속물근성에 대항하여 예이츠는 승리를 거두었다. 또 하나는 1909년에 그레고리 여사의 조카이며 예이츠의 친구였던 휴우 레인(Hugh Lane)이 거액을 들여 수집한 프랑스 인상파 화가들의 작품을 더블린 시에 기증하려는 것에 대한 시민들의 비협조였다. 그리하여 예이츠에게 아일랜드는 "눈 먼 쓰라린 고장이요", 더블린은 "눈멀고 무지한 도시"로 보이게 되었다. 그러나 그의 시는 이러한 현실에 대한 대결을 통하여 보다 튼튼해졌고, 그는 언어구사에 관하여 자신감을 갖게 되었다.

위대한 시인으로서의 면모는 『쿠울 호의 백조』(*The Wild Swans at Coole*, 1919) 이후의 후기시에서 찾아야 한다는 것이 정설로 되어 있다. 그의 후기시는 늦은 결혼과 더불어 시작되었다. 예이츠의 청혼을 뿌리치고 결혼했던 모드 곤은 얼마 안가서 이혼하게 되고 그녀의 남편이었던 맥브라이드는 1916년 부활절에 발생했던 아일랜드 독립을 위한 봉기와 관련되어 처형되었다. 그해 여름에 예이츠는 프랑스에 머물고 있던 모드 곤을 찾아가 다시 청혼했으나 거절당하고, 그녀의 양녀 이졸트(Iseult)에게도 청혼했다가 거절당하자 1917년 10월에 수년 동안 사귀어오던 조지 하이드 리즈(Georgie Hyde Lees)와 갑자기 결혼하였다. 예이츠의 불행한 심정과 신비적인 것에 대한 관심을 알고 있었던 그의 부인은 그의 기분을 전환시키려고 자신이 영매가 되어 자동기술(automatic writing)을 시작했다.

결혼생활과 이 자동기술을 통하여 예이츠는 오랫동안 갈구해오던 정신적 안정을 찾고 사상의 통일과 권위를 얻게 되었다. 『광경』(A Vision)은 이 자동기술을 토대로 하고 그의 밀교 및 역사철학에 대한 연구와 사색을 종합하여 이루어진 그의 철학을 기술한 책이다. 기하학적인 도표와 독특한 개념으로 인간의 기질과 영혼 및 역사의 변천에 관한 오묘한 이론을 서술한 이 저술은 그의 후기시에 있어서 많은 비유와 사상의 발판이 된다. 그는 1919년부터 여름철에 쿠울(Coole) 근방의 옛 저택 밸릴리 성(Thoor Ballylee)에 살면서 1919년에 딸을, 1921년에 아들을 낳았다. 아일랜드 자치국이 탄생하자 그는 1922년에 상원의원으로 추대되고 트리니티 대학(Trinity College)에서 문학박사 학위를 받았으며, 1923년에 노벨 문학상을 수상했다. 그는 확고한 위치에서 자기 자신을 자유로이 표현할 수 있게 되었다. 『쿠울 호의 백조』라는 시집에 실린 작품에서부터 그의 시는 철학적인 깊이를 더하면서 지적인 요소가 뚜렷해진다. 형태면에 있어서도 운율의 구사가 더욱 자유로워지고 다양한 시형식을 사용하게 되고, 주제로서는 자기 자신의 늙음의 극화와 죽음에 대한 상념이 되풀이되기 시작한다.

그 다음 시집 『마이클 로버티즈와 무용수』(Michael Robertes and the

Dancer, 1921)에서 특히 눈에 띄는 주제는 역사와 문명에 관한 것이다. 1916년의 부활절 봉기를 두고는 "무서운 아름다움이 태어났다"고 하고, 기독교 문명의 종말을 예견하는 「제 2의 강림」(The Second Coming)에서는 간결한 언어를 사용하여 놀라운 비전을 보여주고 있다. 또한 예이츠의 귀족주의적인 사상에 있어서의 중요한 관념인 의식과 관습을 고취한 작품인 「내 딸을 위한 기도」(Prayer for My Daughter)에서도 그는 문명의 파멸이 다가옴을 상상하고 있다.

예이츠의 후기시 가운데서도 절정은 시집 『탑』(The Tower, 1928)과 『굽이도는 계단과 기타 시편』(The Winding Stair and Other Poems)이다. 이 시집들은 말하자면 예이츠의 과거와 현재의 인생의 총결산으로서, 그 풍부하고 강렬한 시풍과 되풀이되는 이미지와 주제, 그리고 그것을 다루는 힘찬 방식이 대가의 풍모를 뚜렷이 보여주고 있다. 그러나 거기에는 모순도 있고 갈등도 있다. 시인 자신이, 쇠잔해져가는 자기의 육신에 대한 애달픔과, 자기의 영혼을 살찌게 하려는 욕망 사이에서 분열되어 있었던 것이다. 「비잔티움으로의 항해」(Sailing to Byzantium)에서 동물적인 생명에 고별을 선언하고 「비잔티움」(Byzantium)에서 육신에 대한 멸시를 보여주기도 하지만, 「육신과 영혼의 대화」(A Dialogue of Self and Soul)에서는 육신을 통쾌하게 긍정한다. 그러나 이것은 예이츠가 대립의 긴장을 얻기 위하여 일부러 마련하는 모순이다. 그에게 있어서의 통일성이라는 것은 자기 내면에 양극단을 내포하면서 내적인 갈등으로써 시화(詩化)시키는 데서 얻어지는 것이었다. 예이츠는 또한 플로티누스(Plotinus)의 영향을 받아 초시간적인 실재를 추구하는 데서 이 모순을 해결하려고도 하였다.

1929년 이후 예이츠는 밸릴리 성을 사용하지 않고 1933년에는 더블린 교외에 집과 터를 사서 신병 때문에 해외로 가는 겨울철을 제외하고는 거기서 살게 되었다. "초자연적인 노래들"이라고 부른 철학적인 시편들을 포함하고 있는 시집 『3월의 만월』(*A Full Moon in March*)을 거쳐 『최후시편』(*Last Poems*)에 이르기까지 만년에도 그는 왕성하게 시를 창작했다. 『최후시편』은 『신시편』(*New Poems*)이라는 제목으로 1938년에 출판된 것들을 포함하여 사후인 1940년에 극작품과 함께 『최후시편과 희곡들』(*Last Poems and Plays*)로 출판된 것을 말한다. 이 마지막 시편들은 일견 초연하면서도 그 이면에는 불안과 비애와 분노를 숨기고 있으며, 심지어는 늙은 자기로 하여금 시를 쓰게 하는 것은 날뛰는 육욕과 광란이 있기 때문이라고 고백하고 있다. 예이츠 자신이 이 무렵에 쓴 자신의 최상의 작품이라고 말한 「유리」(*Lapis Lazuli*)에는 비극을 초극하는 인간 정신의 환희가 그려져 있다. 그 자신이 "인생을 비극이라고 생각했을 때 우리는 삶을 시작한다"고 말한 바도 있듯이, 그의 일생은 바로 하나의 비극정신의 구현이었다고도 할 수 있다. 그의 시에 있어서의 끊임없는 변모와 발전, 노후에도 안일을 추구하지 않는 예술에의 헌신이 이것을 말해준다. 엘만(Richard Ellmann)이 말하고 있듯이 "그의 생애는 계속적인 전투였다. 그리고 그는 쉬운 싸움을 택할 수 있었을 때에도 가장 어려운 싸움을 선택했다."

예이츠는 1937년에 호흡과 보행이 어렵게 되어 요양차 프랑스 남부로 떠났다. 그러나 1938년 겨울 캡 마틴(Cap Martin)에 체류하는 동안 병세가 더욱 악화되어 1939년 1월 28일에 사망했다. 그는 로끄브륀(Roquebrune)에 있는 공동묘지에 임시로 매장되었다가 1938년 9월 4일에 탈고한 작품 「벌벤산 아래」(*Under Ben Bullben*)에서 그가 지정한 영면의 자리인 슬라이고로 군의장대의 영접을 받으며 돌아온 것은 1948년 9월이었다. 그의 무덤은

이 작품에서 그가 말해놓은 대로 드럼클리프(Drumcliff)교회 안에 간소하게 자리잡고 있으며, 그 근방에서 채석한 아무 장식도 없는 석회석 묘비에는 그의 자작(自作) 비명이 다음과 같이 새겨져 있다.

삶에, 죽음에
차가운 눈길을 던져라.
말 탄 자여, 지나가거라!

Cast a cold eye
On life, on death.
Horseman, pass by!

Robert Lee Frost | 1874-1963

프로스트(Robert Lee Frost)는 1875년 3월 26일 샌프란시스코에서 출생했다. 부친 윌리엄 프레스콧 프로스트(William Prescott Frost)는 샌프란시스코의 민주당계 신문인 『샌프란시스코 뷸레틴』(*San Francisco Bulletin*)을 발간하는 데 참여하기도 하고, 남북전쟁 때에는 주의 주권을 옹호하는 입장을 취하여 남부군을 성원하였으며, 아들이 탄생하자 그 당시 남부군의 명장으로 유명한 로버트 리(Robert E. Lee) 장군의 이름을 따서 로버트 리 프로스트라고 이름을 지었다. 부친이 격무에 시달리다 프로스트가 11살 때 폐병으로 사망하자, 그의 어머니는 뉴잉글랜드로 이주하여 학교 교사로 생계를 꾸려 나갔다. 그러므로 어린 시절은 고난의 생활이 되었다. 12살 때 매일 오후와 토요일 마다 구둣방에서 일을 하였고, 여름방학 동안에는 농장에서 어른들과 함께 건초를 만드는 등의 농사일을 하였다. 그리하여 정규학교 교육을 받는 동안에 그는 마음을 개발함과 동시에 농촌생활을 사랑하게 되고 농촌생활에 젖어 신체를 단련하게 되었다.

프로스트는 로렌스(Lawrence)고등학교에 다녔으며, 그곳에서 평생의 반려인 화이트(Elinor Miriam White) 양을 만났다. 프로스트와 화이트는 모두 그 학교의 최고 우수학생이었으며, 졸업식 때에는 둘 다 고별사를 읽었다. 이때부터 그는 자신이 시인이 되리라는 것을 예감하고 있었던 듯 많은 습작을 하였으며, 『독립』(*Independent*)이라는 잡지에 「나의 나비」(My Butterfly)라는 시를 발표하기도 하였다. 고등학교를 졸업한 후 대학 진학에 큰 뜻은 없었으나 그를 사랑해주는 할아버지의 비위를 맞추기 위하여 장학금을 받고 다트머쓰 대학교(Dartnmouth University)에 입학하였다. 그러나 두 달도 채 못 되어 돌아와서는 매사추사츠 주의 메투엔(Methuen)에 있는 초등학교에서 모친 대신 교편을 잡았다.

그는 화이트 양과 결혼한 지 2년 후인 22세 때 하버드에 입학하였으나 결국 중퇴하고 말았다. 그의 할아버지는 이에 실망하였으나 뉴햄프셔의 데리(Derry)지방에 농장을 사 주며 부대조건으로 10년간 농사를 짓도록 규정했다. 그는 농부로서는 그다지 유능하지 못하여 부업으로 교편을 잡기도 하며 시작(詩作)을 계속하였다. 그는 만 10년 동안 농장 일을 한 후 이를 처분하고 1912년에 영국으로 건너갔다.

그 당시 영국의 문단은 진통기에 있었고 소위 조지왕조시대의 시가 문학운동의 중심이었지만 프로스트는 이 움직임에 초연하였다. 그는 거의 일년 동안 별다른 교제 없이 시작에 몰두하다가 글루스터셔(Gloucestershire)에서 토지를 구하여 또 다시 농사를 짓기 시작했다. 그는 그동안 써 두었던 시를 간추려 1913년에 『소년의 의지』(A Boy's Will)라는 제목으로 출판했는데 이때 그의 나이 38세였다. 이 작품이 호평받자 그는 1년 후에 『보스턴의 북쪽』(North of Boston)을 출판했는데 이것도 역시 절찬 받았다.

영국의 비평가들은 프로스트의 소박한 서정, 단순한 어휘와 예리한 관찰에 완전히 매혹되고, 보통사람들이 의식하지 않고 그냥 간과하는 지극히 당연한 일을 잊을 수 없는 시로 표현한 것에 탄복하였다. 깁슨(Gibson)은 "프로스트는 우리가 일상적으로 흔히 쓰는 어휘를 시어로 승화시켰다. . . . 다른 시인이라면 평범한 이야기로 취급하였을 단순한 사건을 의미심장한 시로 변화시켰다"라고 평하였으며, 다른 비평가는 그의 시가 "정확한 지식, 명석한 관찰 그리고 (가장 중요한 점은) 실생활의 모든 면에서 발견해내는 무한한 즐거움"의 소산이라고 말했고, 또한 운율이 자연스럽다는 점을 높이 칭찬하였다.

그는 1915년에 미국으로 돌아와 뉴햄프셔의 화이트 마운틴(White Mountains) 지방의 프란코니아(Franconia) 부근에 농장을 마련하고 그곳에서 5년 동안 생활하였다. 그는 그동안 여러 가지 명예를 누렸는데 몇 가지 예를 들어보면, 터프츠(Tufts) 대학의 피 베타 카파(Phi Beta Kappa) 시인, 월간지 『일곱 예술』(The Seven Arts)의 고문, 미국문예원인 국립예술과 문학 협회(National Institute of Arts and Letters)의 회원, 하버드 대학의 피 베타 카파(Phi Beta Kappa) 시인 등이 되었다. 그는 1938년에 매사추세츠 주의 보스턴으로 이사하였다가, 3년 후에 그 부근의 케임브리지 근처에 자리 잡았다.

그는 시로 퓰리처 상(Pulitzer Prize)을 네 번 수상하였으며, 예일 대학교, 콜럼비아 대학교, 다트머쓰 대학교, 하버드 대학교 등에서 명예학위를 받았고, 미국문예원 최고의 상인 황금패를 받았으며, 1961년 케네디 대통령 취임식장에서 시를 낭독하기도 했다. 그는 1963년 2월에 88세의 나이로 영면했다.

프로스트는 값싼 주의주장이나 간판을 앞세우지 않는다. 그는 한때 "사실주의에는 두 가지 형태가 있다. 하나는 그 감자가 진짜임을 보이기 위하여 흙이 잔뜩 묻는 것을 그대로 가져오는 사람과 또 하나는 깨끗하게 씻은 감자를 보고도 그것을 진짜 감자로 생각하고 만족하는 사람이다. 이 둘 중에서 나는 후자를 택하고 싶다. 왜냐하면 예술의 생명은 인생을 깨끗하게 해주는 것으로 생각이 되기 때문이다"라고 말한 적이 있듯이 구태여 그에게 어떤 명칭을 붙인다면 사실주의자라고 해야 할 것이다. 그러나 그는 또한 "나는 사실주의자라기보다는 차라리 제유가라고 하고 싶다. 왜냐하면 시를 쓸 적에 제유법을 쓰기를 좋아하기 때문이다"라고 말하였는데, 사실 그의 시는 일부를 말함으로써 전체를 암시하는 수법에 있어서 탁월하고, 동시에 이 때문에 그의 시에 동양적인 분위기가 깃들어 있다.

프로스트는 한정된 지역을 대상으로 자연과 인생을 소박한 운율로 노래하고 관조하며 기뻐한 시인이다. 그는 인생을 관조함에 있어서 자학이나 절망이나 열등의식 같은 것이 전혀 없이 순수한 자연의 생활환경을 묘사함으로써 자아의 돌발적인 쾌감을 얻고 인간의 지복한 삶의 터전을 자연의 사물들과 연결시키려는 태도로 시적 상상력을 작용시킨다. 그는 시의 소재로 보통의 일상적인 사건과 사물을 취하는데 일반적으로 시가 될 것 같지 않은 것을 아름다운 영상과 영감으로 시화(詩化)하였다. 그가 주로 사용하는 시의 소재는 뉴잉글랜드의 바위로 덮여 있는 초원, 허물어져서 다시 손질하는 담장, 소나무, 겨울철에 얼음에 덮인 자작나무, 농장의 연장들에 살짝 얼어붙은 살얼음, 기나긴 겨울밤의 폭설, 아무도 다니지 않은 오솔길, 과수원에서의 사과 따기 등 농촌의 주변에서 흔히 발견되는 것들이다.

이러한 소재를 시로 표현할 때 시인은 외적 세계의 현재의 모습보다는 내적 세계의 사건에 주의를 집중하고, 자연을 통하여 인간의 곤궁에 대한 다양한 반응을 제시해 지방적인 색채를 보임이 없이 전 우주적인 의식을 작용시키는 방식으로 표현함으로써 안락함과 쾌락이 수반된다. 따라서 시는 즐거움으로부터 시작하여 지혜로 끝맺게 되고 독자들의 반응으로 결론지어지게 된다. 하잘 것 없는 것에서도 자연의 섭리와 인간의 생활양식을 구하는 것이 프로스트의 특징이다. 그는 신비스런 정열과 깊은 통찰력을 갖고 전체적이고 특유한 뉴잉글랜드의 인심 속에 이 지역의 특성과 이 지방 생활에 침투한 기성관념까지 타파하여 낡고 쇠퇴한 관습에 얽매인 지방의 비극과 기괴한 희극을 파헤치고 있다. 그는 퇴폐한 지역의 내적 생명력의 성장과 주민들의 환희와 공포를 견실하게 그려내고 있으며, 자연으로 인하여 부식되어가는 인간의 고귀성을 파악하여 자연의 생명력으로 기술함에 있어서 방언을 적절히 사용하는 능력도 지니고 있다.

프로스트가 낭만시인, 자연시인으로 불리는 이유는 그가 자연시, 서정시를 관습적인 운율로 표현하는 데 있어서 훌륭한 능력을 지니고 있기 때문이지만, 자신의 경험에 대한 모순된 상황을 최선을 다하여 설명하거나 상처된 여건을 만들어내는 점에 있어서 일반적으로 생각하고 있는 낭만시인과는 다르다. 그는 또한 자신의 지역에 대한 관심, 정서, 생활환경 등을 특유한 문체로 담담하게 묘사한다. 이러한 점에서 그는 애수에 젖고 운율에 매여 자연을 노래하고 한탄하며, 과거에 얽매여 현실도피적인 태도를 보이는 다른 낭만주의자들과는 다르다.

1913년과 1914년에 프로스트가 비평가와 다른 시인들에게서 가장 칭찬받은 것은 시어에 회화체 언어를 그대로 사용하였다는 점이었다. 회화체 언어를 바탕으로 시어를 창조한 것은 현대시의 주된 흐름 중의 하나이다. 위대한 현대 시인들은 거의 모두 일상적인 회화의 언어를 시어로 채택했다. 그러한 경향이 생긴 주요한 동기는 빅토리아 시대의 시인들이 지니고 있던 가식적이며 전통적인 언어에 대한 혐오감 내지는 이들의 관습적인 시어에서 탈피하고자 하는 욕망에서 비롯되었다고 할 수 있다. 프로스트의 시어는 전통적인 율격에 구어체 언어를 접합시킨 듯한 형태를 취하고 있다. 그리하여 그의 시어는 소박한 구어체로, 극적이며 지방색을 지닌 신선한 언어로 특징지어진다. 그는 대체로 문학적 표현처럼 보이는 언어를 사용하거나 어울리지 않게 어려운 어휘를 사용하지 않는다. 일상적인 언어 가운데서 선택한 시어를 사용한다.

프로스트의 초기의 시는 주로 자연이나 연애, 인간사에 관한 것이지만, 후기로 접어들수록 철학적인 면이 강해진다. 다시 말하여 후기에는 형이상학적, 관념적, 풍자적인 성격의 시가 많다. 초기에는 단지 자연을 예찬하고 자연에 순응하다가 차츰 자연에 대해 회의하기 시작하여 자연 대 인간, 인간 대 관념의 관계로 그의 시상이 변모한 것이다.

Edward Thomas | 1878-1917

에드워드 토머스(Edward Thomas)는 조지 왕조 시대의 시인들과 일견 유사한 요소를 지니고 있지만, 그의 비전은 강력하고, 명성이 지속적이란 점에서 다르다. 그는 조지 왕조 시대의 시인들과 마찬가지로 도시에서 태어났으며 자연을 사랑하고, 제1차 세계대전이 진행 중일 때에 작품 활동을 시작했다. 리비스(F. R. Leavis)는 1932년에 토머스를 찬양하여 "매우 독창적인 시인으로 명확히 현대적인 감수성을 표현하는데 있어서 위대한 기술적인 미묘함을 보여주었다"고 말한 바 있다. 비록 토머스가 때때로 도시보다 시골이 낫다는 점을 계속 반복하여 말하는 경우가 있는 것이 사실이기는 하지만 현대적인 감수성을 표현한 것은 틀림없다.

토머스는 런던의 램베쓰(Lambeth)에서 1978년 3월 3일에 출생하여 유년 시절의 대부분을 도시에서 보냈다. 그의 부모는 둘 다 웨일즈 사람들이었다. 부친은 다소 침울한 기질을 지니고 있었으며 토머스가 지닌 시에 대한 관심을 다른 곳으로 돌리려고 애썼다. 그는 특히 토머스가 공무원이 되는데 필요한 지식을 습득하도록 촉구했다. 토머스는 성 베드로 학교(St. Paul's School)와 옥스퍼드 대학의 링컨 칼리지(Lincoln College)에서 교육받았다. 16세 때 2년 연상의 소녀와 사랑에 빠져 옥스퍼드 대학 3학년 때에 결혼하였다. 가난한 생활을 하는 가운데 부양할 가족이 생기자 심각한 자기 회의와 우울에 빠졌다. 토머스는 자신이 부인에게 주는 사랑이 부인이 자기에게 베푸는 사랑만 못하다고 생각했기 때문에 결혼생활에 불행한 시기가 종종 있었다. 그는 한 번은 자신이 "모두가 길을 잃을 수밖에 없는 깊이를 알 수 없는 깊은 숲속에 있는 것을 발견했다"고 쓰기도 했다. 그는 평론가로, 그리고 잡문을 써서 생계를 유지했으며 38세의 나이로 세상을 떠났을 때 30권의 소설책과 많은 편저를 남겼다.

토머스의 삶에 있어서 전환기는 그가 로버트 프로스트의 시를 읽고 그 후 얼마 안 되어 영국에 온 프로스트를 만난 것이라고 할 수 있다. 프로스트의 시편들은 토머스에게 시를 쓰는 방법을 알려주었다고 할 수 있다. 『보스턴의 북쪽』(*North of Boston*)이라는 프로스트의 시집에 대한 평에서 토머스는 다음과 같이 말한 바 있다.

이 시편들은 수사적인 과장을 사용하지 않는다는 점에서 혁명적이다. 그리고 첫눈에 시적 강렬성(수사학은 이것의 모방이다)이 부족한 듯이 보인다. 이 시편들의 언어는 이류시인들의 주요한 재료인 시적인 용어와 형태가 아니다. . . . 대부분이라고는 할 수 없지만 많은 각각의 시행들과 각각의 문장들이 평범하며, 그 자체로는 아무것도 아니다. 그러나 그들이 함께 결합되어 평온하고 열렬한 정서로서 미의 요소를 이룬다.

자신의 경험에서 결혼에 얼마나 많은 자기 불신과 폭력이 포함될 수 있는가를 알고 있던 프로스트는 토머스의 가정 사정을 편안하게 해주었고, 토머스가 시라는 천직을 오랫동안 소홀히 해왔음을 상기시켜주었다. 토머스는 프로스트의 시처럼 소리 나는 시편에 대해 자신 있게 말할 수 있게 되었다. 일단 시를 쓰기 시작한 후 그는 행복하게 그리고 쉽게 시를 썼지만 다른 사람들의 시를 비평하는 평론가로서 널리 알려져 있었기 때문에 그는 자신의 작품을 출판하는 일에는 소극적이었다. 그의 작품들은 그의 고향 시골의 특이성을 발견하고 거기서 끊임없이 위안을 찾는 면모를 보여주고 있다.

제 1차 세계 대전 중인 1915년에 그는 영국을 위해 싸우기 위해 사병으로 지원했고 프랑스로 갔다. 그곳에서 그가 겪은 전쟁의 경험은 그의 만성적인 우울증을 악화시켰으며 많은 글을 쓰도록 했다. 1917년 부활절 일요일에 부인에게 보내는 편지에 "당신은 우리들이 오늘 폭탄을 요리조리 피하는 것을 보면 웃을 거예요"라고 썼다. 그리고 바로 그 다음날인 1917년 4월 9일에 사망했다.

프로스트는 친구인 토머스가 우유부단하기 때문에 그를 항상 지분거렸으며, 후에 자신의 작품「가지 않은 길」(The Road Not Taken)이 토머스의 있었을 수도 있는 일에 대한 꿈에서 영감을 받았다고 말했다. 토머스의 작품은 많은 경우에 질문하는 무지한 여행자의 관점을 보여준다. 「올빼미」(The Owl)라는 작품에서 올빼미의 목소리는 여행자가 방금 빠져나온 어둠에서 나오고 있으며 그의 휴식을 단련시키고 건전하게 한다, 다시 말하여 그것은 인간의 불행을 상기시키고 현재의 안전한 상황에서의 그의 구원을 단련시킨다. 「처음에」(When First)라는 작품에서 시인은 자신의 삶을 여행으로 생각하며, 희망과 기억이 어떻게 기여하는 가를 상대적으로 측정한다. 「통로」(The Path)에서 그는 우리가 가능한 미래를 만들어낼 필요와 우리가 반드시 죽을 운명이라는 사실 사이에서 발생하는 충돌을 거의 우화적으로 묘사한다.

Carl Sandburg | 1878-1967

샌드버그(Carl Sandburg)는 매스터즈(Edgar Lee Masters)와 마찬가지로 시카고에 모여든, 시를 점잖은 전통에서 해방시키고자 하는 일단의 작가들의 무리에 속한다. 이들 두 사람에 린지(Vachel Lindsay)를 포함하여 흔히 "시카고 그룹"이라고 한다. 이들은 모두 중서부 지방 출신이며 거의 비슷한 시기에 시카고를 중심으로 활동한, 그 지역을 대표하는 시인들이다. 휘트먼(Walt Whitman) 이후 미국시는 강렬함을 상실했으며, 19세기 말에는 로빈슨을 제외하고는 젊은이들을 만족시킬만한 모델이 없었다. 그래서 나중에 유명하게 된 엘리엇 같은 사람은 살아 있는 시의 모범을 구하기 위하여 프랑스에 가야만 했던 것이다. 샌드버그는 휘트먼을 자신의 본보기로 삼고 미국을 자신의 주제로 삼았다. 그는 이민 온 사람의 자손이기 때문에 기반이 잡힌 가정 출신의 시인들이 용인하거나 비웃는 것을 재미삼아 즐겁게 바라볼 수 있었다.

예를 들어 시카고는 샌드버그가 물질적으로 풍요롭고 기괴한 모습을 묘사하기 시작할 때까지는 단지 지나치게 비대해진 하나의 산업도시로 보였다. 그는 「시카고」(Chicago)라는 시편에서는 직접적으로, 「강철의 기도」(Prayers of Steel) 같은 시편에서는 암시적으로 시카고의 물질적으로 풍부하고 활기찬 모습을 묘사하고 있다. 1916년에 발표된 『시카고 시집』(*Chicago Poems*)의 어떤 독자들은 샌드버그가 폭력성을 즐기는 것에 반대하는데, 그들은 그것을 그가 사회주의자들의 행동단체인 세계의 국제노동자(The International Workers of the World) 협회의 회원이었던 탓으로 여긴다. 샌드버그는 한 편지에서 자신의 입장을 다음과 같이 변호하고 있다.

> 나는 『시카고 시집』에 다소의 폭력성이 있다는 것을 인정한다. 그러나 목적은 세계의 국제노동자 이론을 추진하는 것보다는 동기와 인물을 제시하는 것이다. 물론 정직하게 말하자면 나는 세계의 국제노동자의 이론을 그들의 적들의 이론보다 더 좋아한다. 그리고 당신들이 제기하듯이 나의 정직한 선호가 다소 이 책 속에 끼어들었을지도 모른다. 하지만 [이 책의 목적은] 형식적인 주의주장으로부터 빼내어진 인간이라는 의미에서의 사람들처럼 노래하고, 주책없이 지껄여대고, 깔깔 웃고, 요델 타령을 하는 것이다.

윗글에 명확히 밝혀져 있듯이 사실상 샌드버그는 자신을 민중의 옹호자로 여겼으며, 민중의 기본적인 추진력을 하나는 거칠게 또 하나는 부드럽게, 두 가지 양식으로 표현했다.

샌드버그가 예민함이 매우 부족하기 때문에 미국시에 새로운 바람을 불어넣는데 도움을 주었다는 사실은 분명하다. 그는 예민한 관찰자이다. 그는 복음전파자 빌리 선데이(Billy Sunday)를 공격하는 시를 썼으며, 무정부주의자 사코(Sacco)와 반제티(Vanzetti)를 옹호하는 시를 쓰기도 했다. 그것은 휘트먼의 시보다 더 직접적으로 정치적이며 사회적인 시였고, 시의 적절했다는 점에서 저널리즘에 특유한 기쁨이 있으나 정직하고 꾸밈이 없다. 그는 아마도 자신이 휘트먼과 다르다는 생각을 갖고 있었으며, 한 편지에서 "그것[나 자신의 시]을 어떤 특별한 학파나 주의주장에 맞추려고 노력하지는 않았으나, 지적인 배경은 구식의 제퍼슨적인 민주주의에서 보다는 오히려 현대의 노동계급운동으로부터 색깔을 취하게 되었다"고 쓰고 있다. 샌드버그는 민주주의가 아니라 사회주의가 새로운 시대의 이상적인 체제라고 생각했던 것이다.

이 변화는 기술상의 변화를 필요로 했다. 그는 지금은 "혼돈의 시대"라고 말하며 특히 미국에서 새로이 고안된 형태와 이미지들을 너무도 빨리 변화시켜 내던져서, 자기 자신의 시대를 보다 옛 시대에 정직하게 연관시키는 예술가들이 오늘날 예술에서 어떤 결과를 가져오기 위하여, 옛 시대의 예술가들과는 다른 방식으로 외부와 표면을 뚫고 들어간다는 사실을 이해하는 미국의 경제적 현재는 혼돈의 시기에 처해 있다고 말하고 있다. 그는 자신이 "화살 빛"(Arrow Color) 문학이라고 생각한 것에 반대했다. 그가 자신의 국민을 느슨한 공식화와 고상한 일반론으로 감싸 안았듯이 자유시와 산문이 그에게는 자연스러운 매스미디어였다.

샌드버그는 스페인에서 이민 온 부모의 아들로 일리노이 주 게일스버그(Galesburg)에서 1878년 1월 6일 출생했다. 기계 제작업자인 아버지의 일에 특징적인 고집이 별로 없었다. 8학년을 마친 후 학교를 떠나 여러 가지 직업을 닥치는 대로 잡았다. 20살 때 스페인과 미국 사이에 전쟁(The Spanish-American War)이 일어나자 지원병으로 입대했다. 병사로 푸에르토리코에 가서 근무하는 동안 자신의 군대 경험을 게일스버그 신문에 편지로 알렸다. 전쟁이 끝난 후 그는 웨스트 포인트 사관학교에 지원했으나 문법과 수학 시험에서 떨어져 입학하지 못했다.

샌드버그는 일리노이 주에 있는 롬바드 대학(Lombard College)에 입학하여 마을의 소방서에서 일하며 공부했다. 대학에서 그는 글로 두각을 나타냈으나 학위를 받지 않고 1902년에 학교를 그만두었다. 그 후 10년 동안 그는 여러 지역을 돌아다니며 갖가지 직업을 가졌다. 처음에 그는 입체사진을 판매하며 전국을 돌아다녔다. 열차여행도 하고 뜨내기 일꾼들의 무리와 어울리기도 하면서 돌아다니다가 한 번은 체포되어 피츠버그 감옥에 10일 동안 투옥되기도 했다. 패배자에 대한 그의 동정심은 이러한 경험에서 나온 것이라고 생각된다. 1904년에 그는 게일스버그 신문사로 돌아와 일자리를 갖고, 『무모한 황홀에 빠져』(*In Reckless Ecstasy*)라는 낭만적 제목으로 자신의 첫 시집을 냈다.

2년 후인 1906년에 게일스버그에서 열린 링컨과 더글러스 토론(The Lincoln-Douglas Debate)의 40주년 기념식장에서 샌드버그는 링컨의 아들인 로버트 토드 링컨(Robert Todd Lincoln)을 만났다. 이 만남은 대통령에 대한 그의 관심을 공고히 했고, 그는 4권짜리 전기를 씀으로써 그 마음을 진정시켰다. 또한 링컨 부인의 전기도 썼다. 그동안 그는 직업을 바꾸었고, 1907년에는 시카고에 있는 『내일 소식』(*Tomorrow Magazine*)의 부편집장이 되었으며, 휘트먼과 쇼우(Bernard Shaw)를 주제로 순회강연을 시작했다. 그는 1907년부터 1908년까지 사회민주당의 조직책으로 활동했으며, 대통령 후보인 뎁스(Eugene Victor Debs)와 함께 선거운동을 하기도 했다. 그는 다시 시카고로 돌아와 작가로 생계를 꾸려나갈 수 있을 때까지 12년 동안 여러 가지 문필업에 종사했다.

1914년에 『시』(*Poetry*)지의 편집자였던 해리엇 몬로(Harriet Monroe)가 샌드버그의 작품을 몇 편 『시카고 시편들』(*Chicago Poems*)이라는 제목으로 그 잡지에 게재해 주었고, 부편집장인 헨리 홀트(Henry Holt)를 설득하여 2년 후에 단행본으로 출판하도록 했다. 그는 곧 유명인사가 되었으며, 잡지기사, 어린이들을 위한 책, 자서전, 링컨 전기, 시집 등을 발표하였다. 그러나 그의 동료들이 모두 대중들만큼 깊이 감동받은 것은 아니다. 프로스트는 그를 사기꾼이라고 불렀고, 윌리엄즈(William Carlos Williams)는 프로스트 보다는 친절한 사람이었기 때문에 샌드버그가 기술의 필요에 무관심함으로써 고의로 실패를 초래했다고 유감스러워 했다. 샌드버그의 시가 자연스러운 것은 아니었으나 주된 관심은 주제에 있었다. 그래서 그는 그때그때 적당히 만든 형식을 사용하곤 했다. 독서대중은 그의 독창성을 느꼈으며 그의 어색함 때문에 시를 감상하는 데 방해받지는 않았다.

프로스트와 마찬가지로 샌드버그도 만년에는 특별한 존경을 받았다. 일리노이 주의 주지사는 그의 75세 생일날을 칼 샌드버그의 날로 선포했고, 스웨덴 국왕은 그에게 훈장을 주었으며, 미국 국회는 링컨 기념일에 상하원 합동회의에서 강연하도록 1959년에 그를 초대했다. 그의 이름을 따서 이름을 붙인 학교들도 세워졌고, 존슨(Lyndon B. Johnson) 대통령은 1964년에 대통령의 자유메달(Presidential Medal of Freedom)을 수여했다. 그는 1967년 7월 22일에 사망했다.

그의 시는 휘트먼의 시와 흔히 비교된다. 샌드버그 자신이 미국 대륙을 별다른 계획 없이 무작정 돌아다녔듯이 그는 자신의 주제를 두서없이 사용한다. 그의 시는 한 관점을 둘러싸기보다는 그것을 펼친다. 그는 휘트먼이 사용했던 미국생활의 목록을 모방하지만 늙은 사회주의자의 동정과 결합된 예민한 보도기사의 수준을 넘지 못할 때가 종종 있다. 그는 마리네티(Marinetti) 및 미래주의자들과 마찬가지로 삶과 죽음의 단호하면서도 믿음직한 반복성을 존중했으며, 역본설을 숭배했고, 부정을 증오하며, 앞으로 닥쳐올지 모를 것들을 자신의 동료 국민들이 잘 다룰 수 있는 능력을 갖고 있다고 믿었다.

Wallace Stevens | 1879-1955

예이츠(William Butler Yeats)와 엘리엇(Thomas Stearns Eliot)이 사망한 이후 금세기 전반부에 이들을 뒤이을만한 제 3의 위대한 상상력을 지닌 사람이 스티븐스(Wallace Stevens)라는 것이 분명해졌다. 다른 시인들과 비교해 볼 때, 스티븐스가 두드러지게 활동적인 것은 아니었다. 그는 낮 시간 동안에는 하트포드 사고 배상회사의 지배인으로 활동했으며, 사업상 친구나 교제 관계를 갖게 된 사람들에게 자신을 문학가라고 소개한 적이 없었다. 다른 작가들과 교제도 별로 하지 않았으며, 편지를 살펴보아도 친밀한 관계를 맺은 사람이 거의 없다. 그러나 그의 시는 놀라울 정도로 자극적이며 뜻밖의 것들이다.

편지를 살펴보면, 그는 15세 때 이미 후기시의 태도와 유사한 태도로 글을 쓰고 있었음을 알 수 있다. 1895년 8월 4일에 어머니에게 보낸 편지에서 자기 형이 여자친구를 사귀고 있으며 젊은이의 "만화경 같은 감정이 예민하고 철벅거리는, 땡땡땡땡땡 소리, 즉 그의 쟁글거리는 만돌린의 능숙한 줄에서 깡충깡충 뛰어내리는 소리를 고무시켰다"고 말하고 있다. 또한 그는 "예외적으로 화창한 날, 바이올렛과 주홍색, 노란색과 흰색 — 그리고 비단의 모든 색을 위한 날"이라고 쓰고 있다. 스티븐스는 프로스트와 거의 동시대인이지만, 프로스트의 워즈워드식의 명백함과 대조적으로 키츠적인 색채를 현대시에 들여왔다. 프로스트는 사적으로 그를 골동품 시인이라고 불렀으나 스티븐스는 프로스트의 시를 사실상 모른다고 고백하면서 "그의 작품은 인류애로 충만해 있다"고 말했다.

스티븐스는 후에 「일요일 아침」(Sunday Morning)에서 표현한, 시인은 지구를 재발견해야 한다는 개념을 매우 일찍 형성했던 것처럼 보인다. 그는 만년에 쓴 한 논문 "가치로서의 상상력"에서 천국과 지옥의 위대한 시는 이미 쓰였으나 지구에 관한 위대한 시는 아직까지 쓰이지 않았다고 말한 바 있다. 그는 1904년 4월 18일에 한 잡지에 쓴 글에서 이와 같은 결론을 향해 나아가고 있음을 보여주고 있다.

한 마디만 더 말한다. 나는 열차를 타고 가며 지구를 우리의 생각으로부터 배제한다는 의미에서 우리가 지구를 얼마나 완전히 져버렸나를 생각했다. 지구의 물질적 거대함, 그것의 거친 막대함을 생각하는 사람이 거의 없다. 그것은 고독, 황폐, 황무(荒無)가 충만한 공통점이 없는 괴물이다. 그것은 여전히 축소시키고, 두렵게 하고 짓뭉갠다. 강물들은 여전히 포효(砲哮)하고, 산들은 여전히 붕괴하고, 바람은 여전히 박살낸다. 인간은 도시들의 일이다. 그의 정원, 과수원, 들판은 단순한 부스러기이다. 그렇지만 어쩐 일인지 그는 거인의 얼굴을 그의 창문에서 그럭저럭 보이지 않도록 닫아버렸다. 그럼에도 불구하고 거인은 거기에 있다. . . . 전갱이의 밑바닥 같은 얼굴의 소녀가 열차에 타고 있었다. 그녀의 이야기는 춤과 사내에 관해서였다. 그녀에게는 사하라 사막에는 모래가 없었고, 브라질에는 진흙탕이 없었다.

세상이 어떤가를 꼬집어 말하기가 항상 쉬운 것은 아니다. 그는 부인에게 "이 지구가 진흙덩이처럼 보이도록 할 세계를 나는 모래 한 양동이 하고 등불 하나를 가지고 눈 깜박할 사이에 창조할 수 있다고 믿소"라고 자랑했다. 그러면서도 그는 곧 "상상력은 아무것도 창조하지 않는다. 우리는 푸른 언치새를 낭만화하여 발가락을 15개로 만들 수 있지만, 만일 새 같은 것이 없다면 우리는 그것을 창조할 수 없다. . . . 꿈은 재탕이다" 라고 주장했다. 그는 자신이 스스로 벌이는 논쟁의 또 다른 단계에 도달하여 다음과 같이 말하고 있다.

푸른 하늘을 처음 볼 때, 그 경우에 우리 모두에게 닥쳐오는 것을 인식하는 사람이 거의 없다는 것을 생각하기는 쉽다. 다시 말하여 단지 그것을 보는 것이 아니라 그것을 바라보고 그것을 경험하고, 또 우리가 물질적인 시의 중심, 즉 거기에 존재하는 지리적이지 않은 것이 없다면 참을 수 없을 지리의 중심에 산다는 느낌을 갖는 사람이 거의 없다는 것을 상상하기는 쉽다. 사람들이 자기 자신의 생각의 세계, 자기 자신의 느낌의 세계를 바라보고 있다는 것을 인식하는 경우는 거의 없다.

상상력의 영역이 정확히 무엇이고 세상의 영역이 정확히 무엇인가 하는 것이 스티븐스가 즐겨 묻고 대답하는 문제였다. 이러한 특성에 있어서 그는 말라르메(Mallarme)와 예이츠에 비교될 만하다. 그들에게 있어서 사실과 이미지의 변화하는 관계는 멈추어져야 할 것이 아니라 탐구되어야 하는 것이었다.

스티븐스는 종교가 인간을 더 이상 만족시킬 수 없을 때에는 시가 그것을 대신해야 한다고 생각했다. 그는 시가 어떤 만족을 제공해줄 것인가를 곰곰이 생각하여 필요한 가설을 전개했다. 그 가설 중에는 다음과 같은 것들이 있다. 시는 "최고의 허구"이다. 시가 제공하는 것은 "삶의 청량제"이다. "시인을 강력한 인물로 만드는 것은 그가 우리는 그것을 결코 알 수 없는 그곳으로 돌아가는 세상을 창조하고, 삶에 그것이 없으면 우리가 생각할 수 없는 최고의 허구를 준다는 것"이다. 그는 1954년에 짧막한 자전적 수필을 썼는데 거기에서 그는 "작가의 일은 사람들이 그 안에서 자기 자신에게 완성을 제안할 수 있도록, 허구로 인식된, 최고의 허구의 가능성을 제안하는 것이다. 그러한 어떤 허구를 창조하는 데 있어서 시가 대단히 중요하다. 현실(실재)과 상상력 사이의 상호작용에 관한 많은 시가 있는데, 이것들은 이 중심주제의 한계에 가까운 것으로 여겨져야 한다"고 말한다.

그의 생각은 이 문제로 돌아가는데, 이 문제는 그의 초기 작품의 근저에도 있으나 거기에는 보다 간접적으로 표현되어 있다. 그는 말하기를 "사람들이 신을 더 이상 믿지 않는다면, 단지 불신하는 것만으로는 충분하지 않다. 다른 무언가를 믿는 것이 필요하게 된다. 논리상으로 나는 본질적 상상력을 믿어야 하겠지만, 그것은 그 나름대로의 어려움이 있다. 상상력에 의해 창조된 무언가를 믿는 것이 보다 쉽다. 최근의 나의 많은 시는 그것의 실체와 관련되어 있다"고 한다. 그러나 그는 소위 그가 말하는 상상력의 낭만적 견해에는 반대했다. 상상력은 "마음의 자유이다. . . . 그것은 대담하고 열렬하며 그 성취의 극단은 추상화에 있으며 추상화에는 실재가 가미되어야 한다"고 그는 말한다. 다시 말하여 추상화는 세상을 뒤에 남겨놓지 않고, 현실(실재)과의 합의를 표현해야 한다.

시의 기능은 스티븐스의 몇몇 최상의 시의 주제가 되어 있다. 「시는 파괴적인 힘」(Poetry is a Destructive Force)이라는 작품에서 그는 "시가 인간을 죽일 수 있다"고 경고하지만 보다 일반적으로 자신이 찬양하는 것은 인간을 살게 하는 시의 힘이라고 했다. 그는 가치를 수립하고, 단순히 혼돈스러운 개인적 세계로부터 벗어나는 수단으로 시인의 "본능적 통합"을 지지한다. 이것이 또한 그의 작품 「키웨스트에서의 질서의 개념」(The Idea of Order at Key West)이 지니고 있는 의무이기도 하다.

스티븐스의 시와 시론에서는 실재와 상상의 문제가 유달리 강조된다. 그의 관심사는 실재가 시인의 상상의 세계와 어떻게 결합하느냐 하는 문제였다. 그가 자신의 시에서 말하는 진정한 실재는 상상과 결합된 실재이다. 상상과 결합되지 않은 실재는 단순한 사실에 불과하고, 실재가 없는 상상은 단순한 공상에 불과하다. 그는 사실로서의 실재와 상상과 결합된 실재를 구분한다. 상상이 객관적 현실에 집착하지 않을 때에는 그 생명력을 상실하고, 외부의 세계는 내부의 세계 없이는 황량하다. 그 두 세계가 결합함으로써 인간과 외계는 상호 간에 생명을 부여한다.

인간이 사실로서의 실재에 항상 의존하는 것은 그 외부의 실재가 궁극적 실재이기 때문이 아니라 새로운 상상의 도화점을 얻기 위해서이다. 그 외부의 실재에서 유발된 상상은 예술이라는 하나의 묘사 속에서 객관적 현실의 원천인 장소와 상상의 원천인 인간이 결합하기 때문에 시인의 세계는 통합되고 생명을 갖는다. 그러므로 시란 사실로서의 실재에 상상이 최대한 가해진 것이다. 즉 상상에 의한 세계의 재구성이다. 단순한 현상이 아니라 현상에 경험과 지식, 기대, 욕망 등 시인의 자아가 가미된 인간과 장소의 통합의 극화인 것이다. 그러므로 시는 객관적 현실이 아니라 그것의 변형이다. 이러한 변형작용을 형이상학, 인식론 그리고 미학의 영역에서 규명한 것이 스티븐스의 시와 시론이다. 그의 변형의 중요한 면은 시인의 감성이 객관적 현실에 가하는 작용이다. 시인이 사물에 대하여 느끼는 감성작용은 시인에 따라 다르고, 동일한 시인의 경우에도 시간과 장소에 따라서 다르다. 동일한 장미를 본다 할지라도 보는 사람에 따라 그 향기와 색채가 다르고, 시간과 장소에 따라서도 달라진다. 그러므로 감성은 은유를 초월한다. 왜냐하면 은유는 한 사물을 일정한 개념 속에 고정시켜 변화를 용납하지 않지만 감성은 유동적이어서 항시 객관적 현실 속에 살아있기 때문이다.

　이와 같이 스티븐스는 감성과 상상을 중시했는데, 그의 상상은 코울리지(Samuel Taylor Coleridge)나 현대시인들의 상상과는 달리 철학적인 관점에서 해석하는 것이 옳다. 다시 말하여 그의 상상은 하이데거, 베르그송, 말라르메, 니체와 같은 철학가와 관련지어 생각해야 한다. 그의 상상력은 세계를 만드는 구조적 상상력으로서 눈에 보이지 않는다. 즉 그의 상상력은 세계를 만드는 원리로서의 상상력을 말하는 것으로 허구라고 할 수 없는 허구이다. 그것이 허구로 밝혀지면 상상력이 아니다. 그러므로 "최고의 허구"는 창조적인 상상력으로 구조적이기 때문에 노출되지 않는다. 그의 "최고의 허구"라는 것도 일종의 상상력이라고 할 수 있다. 이러한 개념은 니체의 생각과 유사하다.

스티븐스는 펜실바니아 주의 레딩(Reading)에서 1879년 10월 2일 태어났다. 그는 레딩에서 고등학교를 졸업한 후 하버드 대학교(Harvard University)에 특별학생으로 입학하여 1897년부터 1900년까지 3년간 수학했다. 그동안 그는 불어와 독일어를 공부하고 철학자 겸 시인인 산타야나(George Santayana)와 친밀한 관계를 발전시켰다. 그는 후에 산타야나를 기려『로마에 있는 원로 철학가에게』(*To an Old Philosopher in Rome*)라는 글을 썼다. 스티븐스는『하버드 대변자』(*Harvard Advocate*)의 회장이 되어 엘리엇처럼 자신의 초기시를 거기에 발표했다.

대학에서 수학한 후 그는 여러 직장을 거쳐 1908년에 보험회사에 확고하게 자리를 잡은 후 5년 전 레딩에서 만난 여자인 엘시 몰(Elsie Moll)과 결혼했다. 그는 1916년에 하트포드 사고배상회사 뉴욕사무소에 입사하여 몇 달 후에 하트포드(Hartford)로 이사했고, 1934년에 부사장이 되었다.

그는 1914년에 주로『시』(*Poetry*)지에 자신의 숙련된 시를 발표하기 시작했다. 1923년이 되어서야 비로소『하모니엄』(*Harmonium*)이라는 제목으로 첫 시집을 내었다. 그러나 그것은 바로 전 해인 1922년에 발표된 엘리엇의『황무지』(*The Waste Land*)의 그늘에 가려서 별로 인정받지 못했다. 1924년에 외아들 홀리(Holly)가 태어났고, 큰 사건 없는 평온한 삶을 살다가 1955년 8월 2일에 사망했다.

그의 시가 활발하게 연구되지 않은 이유는 여러 가지가 있겠으나 첫째, 그가 위대하기는 하지만 시가 난해하고 엘리엇이나 예이츠의 시처럼 일정한 해석이 불가능하여 좋은 주해서가 없기 때문이고, 또 하나는 그의 평가가 확실하게 내려지지 않았기 때문이라고 생각된다. 그의 수법, 관심사, 시가 이야기하는바 등이 명확하게 규정되지 않았다. 즉, 그의 시의 이해에 대한 진폭이 결정되지 않았다.

　　스티븐스도 엘리엇, 예이츠, 파운드 등과 같이 시대적인 고민을 다루었으나 단지 표현방법이 달랐을 뿐이다. 그는 혼란된 사회에서 시가 무엇을 할 것인가에 관하여 엘리엇이나 파운드보다 오히려 더 끝까지 밀고 나갔다. 그는 엘리엇이나 프로스트를 다소 낮게 평가했는데, 이는 그들이 보다 근본적인 문제를 다루지 않았다고 생각했기 때문이다. 비유적으로 이들 시인들을 말해보면 엘리엇은 하늘의 시가 없는 데서 새로운 하늘의 시를 찾았다. 즉 하나의 허구가 무너질 때 종교귀의라는 또 다른 허구를 찾았다. 파운드는 하늘의 시가 없는 데서 좀 더 넓은 범위, 즉 동양을 살펴봄으로써 거기서 새로운 비전을 찾았다. 반면에 스티븐스는 종교가 무너진 사회 자체를 문제 삼고, 허구가 근본적으로 무엇인가를 생각하고, 우리에게 알맞은 허구가 무엇인가를 찾으려 하였다. 즉, 그는 상상력의 근본적인 차원에서 자연과 인간의 융화를 발판으로 한 상상력의 연구에 치중했다.

William Carlos Williams | 1883-1963

윌리엄즈(William Carlos Williams)는 한때 예이츠(William Butler Yeats)나 엘리엇(Thomas Stearns Eliot)보다 많은 추종자들을 배출했었다. 그는 특히 미국에서 전후시(post-war poetry)의 중심에 위치하고 있다. 그의 영향을 받은 많은 젊은이들과 여인들은 금세기의 다른 중요한 시인들을 소위 베를렌느(Verlaine)가 "문학"이라고 처리해버린 것의 제조자로 여겼다. 그들은 만일 이들 원로 시인들이 해방자로 생각된다면, 윌리엄즈는 그들로부터 시를 해방시켜야 한다고 생각했다.

이러한 생각에서 윌리엄즈는 그의 추종자들과 같은 입장이었다. 그는 대부분의 글들이 잘못된 방향으로 나아가고 있다고 생각했으며, 자신의 노력만이 설령 실수하는 적이 있기는 하더라도 적어도 올바른 방향으로 나아가고 있다고 여겼다. 이러한 겸손과 단언의 혼합이, 예를 들면 「러시아 춤」(Danse Russe) 같은 시에서도 발견된다. 이 작품에서 자신의 거울 앞에서 작가가 옷을 벗고 춤추는 것은 처음에는 그를 가소로운 인물로 특징짓지만 나중에는 "우리 가정의 행복한 천재"로 특징짓는다. 물론 윌리엄즈 자신은 옷을 벗은 상태에 대해 편견을 갖고 있지 않다. 예이츠는 1912년에 쓴 「코트」(A Coat) 및 다른 작품에서 자신이 "발가벗고 걸어 다닌다"고 말하고 있다. 발가벗었다는 인식을 강력히 포착하려는 것은 블레이크(William Blake) 시대 이후 대부분의 시인들의 주된 노력이었다.

시에 관한 윌리엄즈의 많은 금언들이 엘리엇이나 파운드가 한 것과 동일한 요점을 주장하고 있다. 그는 『패터슨』(Paterson)에서 "언어가 낡았다"고 말하는데 파운드(Ezra Pound)는 『시편』(Cantos)에서, 엘리엇은 『네 사중주』(Four Quartets)에서 같은 말을 했다. 그가 1913년에 『시』(Poetry)지의 편집자 해리엇 몬로(Harriet Monroe)에게 다음과 같이 말했을 때, 비록 그 자신은 그들과 반대 입장에 있다고 생각했으나, 크게 보아 그들과 같은 편에 속하고 있음을 보여주었다.

> 이제 삶은 예전의 순간에도 그랬듯이 인생을 파괴하는 어떤 순간에도 다른 무엇보다도 항상 새롭고 불규칙하다. 생생하게 되기 위해서 시는 그 속에 동일한 수준의 무엇, 제도 폐지의 어떤 기미, 만져보아서 그 속성을 알 수 없는 무엇, 절묘한 역전 등을 주입해야만 한다. 나는 현대시에 관하여 말하고 있는 것이다.

파운드는 비록 먼 과거의 많은 것들이 현대화될 수 있다는 자신의 믿음으로 인하여 윌리엄즈를 성가시게 하였지만, 똑같은 방식으로 "그것을 새롭게 하기"(making it new)를 주장했다.

    윌리엄즈의 직업은 일반 개업 의사였다. 그는 아마도 체홉(Anton Chekhov) 이래 의사라는 직업을 가지고 문학활동을 한 가장 중요한 문학가일 것이다. 그의 고집스러운 미국성에도 불구하고 그의 배경과 교육은 범세계적이다. 그는 1883년 9월 17일에 뉴저지(New Jersey)주의 러더포드(Rutherford)에서 태어나 1963년 3월 4일 그곳에서 죽었다. 그의 부친은 영국의 버밍햄에서 이민 온 사람이었으며, 모친은 푸에르토리코 출신이었다. 그는 1897년까지 러더포드에서 학교에 다녔으며, 그 후 2년 동안 제네바(Geneva) 근처에 있는 학교와 파리에 있는 리쎄 콘도르세(Lycee Condorcet)에 다녔다. 미국으로 돌아오자마자 그는 뉴욕시에 있는 호레이스 만(Horace Mann) 고등학교에 다녔다. 그는 1902년에 펜실바니아 대학교(University of Pennsylvania) 의학부에 특별시험으로 합격하였다. 그곳에서 그는 힐다 두리틀(Hilda Doolittle)과 에즈라 파운드라는 두 시인을 만났다. 파운드와의 교제는 영원한 영향을 끼쳐서 그는 자신의 삶을 파운드 이전과 파운드 이후로 나눌 수 있다고 말했을 정도이다. 윌리엄즈는 영국의 낭만적 방식으로 시를 썼기 때문에 『자서전』(*Autobiography*)에서 "키츠는 나의 신이었다. 『엔디미온』(*Endymion*)이 정말로 나의 잠을 깨웠다"라고 말하고 있다. 파운드는 특히 스페인과 이태리의 로망스 문학을 연구하고 있었으며, 윌리엄즈에게도 자기와 똑같이 하라고 계속 강요했다. 윌리엄즈는 파운드에게 점점 더 비협조적으로 되었고, 그들이 평생토록 친구관계를 유지하기는 했지만, 서로 일치하지 않는다는 점을 깊이 인식하고 있었다.

윌리엄즈는 1906년부터 1909년까지 뉴욕시에서 인턴 생활을 했으며, 환자들 틈에서 시를 썼다. 그는 1909년에 최초의 책『시집』(Poems)을 발표했다. 그 다음에 그는 1909년에 소아과 질병을 연구하기 위해 라이프지히(Leipzig)로 갔으며, 그 후에는 러더포드로 돌아와 의사로 개업하고 평생토록 거기에서 머물렀다. 1913년에 파운드의 주선으로 그의 두 번째 작품집『기질』(The Tempers)이 런던에서 출판되었다. 그러나 대단히 독창적인 그의 최초의 책은『그것을 원하는 그에게』(Al Que Quiere! To Him Who Wants It)로 1917년에 보스턴에서 출판되었다. 이때는 윌리엄즈가 외국어로 제목을 정하던 때였다. 그는 이러한 습관을 곧 버렸다. 그 다음 몇 년 동안 그는 시뿐만 아니라 단편소설, 장편소설, 에세이, 자서전 등도 썼다. 1946년에 그는 오랫동안 품어왔던 의도를 실현시키기 시작했다. 즉 그는『패터슨』(Paterson) 제 1권을 발표함으로써 서사시를 쓰기 시작했다.『패터슨』은 1948, 1949, 1951, 1958년에 제 2, 3, 4, 5권이 각각 출판되었고, 그가 죽을 때는 제 6권이 집필 중이었다.

윌리엄즈는 미국 구어에 토대를 두고 있는 시를 쓰기 시작했다. 그는 파운드와 엘리엇의 해외이주 및 미국국적 상실에 대해 반감을 가졌으며,『황무지』(The Waste Land)의 출판은 "대단한 파멸"로서 그것은 그 재능에 의하여 지역적인 상태에서의 제 1차적 추진력, 즉 모든 예술의 기초적인 원칙의 재발견을 중단시켰다고 말했다. 그는 자신을 예술가로 소개하기를 거부하면서, 그 대신에 자신이 다른 사람들과 똑같다고 주장하고, 점잔빼는 일을 피하기 위해 속어를 사용하고, 자신이 섬세한 기술자로 생각되기 보다는 바보로 생각되기를 바랐다. 그는 세상 사람들과 직접 이야기하는 것에 반대했다. 그래서 그는『봄 그리고 모든 것』(Spring and All)에서 독자와 세상과의 직접적인 접촉에 대한 그의 의식 사이에는 "끊임없는 장벽이 있다"고 말하고 있다. 그가 1920년대에 편집한 『접촉』(Contact)이라는 잡지에 쓴 선언서에서 그는 다음과 같이 말하고 있다.

나는 접촉이라는 것을 다음과 같은 의미로 생각한다. 삼단논법을 사용하지 않는 사람, 패러디를 사용하지 않는 사람, 스피노자의 윤리가 결여된 사람, 사물과 사물의 느낌만 갖고 있는 사람... 이 각도에서 볼 때 '접촉'은 '문화'의 대응물이 된다고 말할 수 있을 것이다. 그리고 윌리엄즈는 그에 의해 우리의 가장 저명한 네안데르탈인 중의 한 사람이 된다.... 예술에 있어서의 개념에 대한 그의 증오는 결과적으로 공언되고, 그 과정에서 매우 정당하게 완전히 공평무사한, 형식상 완전한 공평무사함을 가져온다.... 그러나 윌리엄즈는 그 원천으로 돌아가야 한다. 그리고 그 과정이 아름답다는 것은 부인할 수 없다.

『패터슨』에서 한 격언을 설명하면서 윌리엄즈는 "사물 속에서가 아니라면 아무런 개념이 없다. 시인은 ... 그가 다루고 있는 것의 문맥에서 발견될 수 있는 것 이상으로 자기 자신이 나아가는 것을 허용해서는 안된다. . . . 시인은 자신의 시를 갖고 생각해야 한다. . ."라고 말하고 있다.

스티븐스(Wallace Stevens)는 윌리엄즈의 유명한 한 비평에서 그의 작품을 "반시적"(antipoetic)이라고 말했는데, 이 말은 만일 그의 시가 딱딱하고 암시적으로 여겨진다면 적절하다고 할 수 있다. 윌리엄즈는 시는 그 자체의 관용어를 가져야 한다. 시는 오관의 직접적인 정밀한 조사 하에 있는, 즉 코 밑에 있는 사물들을 다루어야 한다고 항상 강조한다. 그는 「붉은 외바퀴 손수레」(The Red Wheelbarrow)에서 위대한 주제를 무시하며 어떠한 사물이든 올바르게 보아지기만 한다면 그 나름대로의 독특한 특성을 과시할 수 있는 방법이 있다는 것을 보여준다. 그는 특별한 사물은 우리를 공간을 통해 회전해 가도록 하는 결말을 제공한다고 생각했다. 각 행은 그것을 완결하기 위해, 그 행이 또 다른 행을 필요로 하도록 하기 위해 미결정인 상태로 있고, 시편 전체는 모든 것이 붉은 외바퀴 손수레에 의존하고 있음을 보여준다. 이 시편에서 붉은 외바퀴 손수레가 하는 역할은 이 세상에서 소우주가 하는 역할과 같다.

윌리엄즈는 블레이크의 활기찬 힘과 같은 열정으로 "우리가 살고 있는 그 영원한 순간을 세련되게 하고, 명확하게 하고, 강화하기 위해서는 한 가지 힘, 즉 상상력만이 있다"고 말한다. 왜냐하면, "문학에서 유일한 리얼리즘은 상상력의 리얼리즘"이기 때문이다.

이 접촉, 이 직접성과 순간적 종국성을 확보하기 위하여 새로운 시형이 고안되어야 한다. 윌리엄즈는 휘트먼(Walt Whitman)이 대담하기 때문에 칭찬하고 포우(Edgat Allen Poe)는 배경을 깨끗이 하기 때문에 칭찬한다. 그는 「행동의 장으로서의 시」(The Poem as a Field of Action)에서 "나는 시적 구조의 처음부터 끝까지 이르는 전체적인 변화를 제안한다. 적어도 극적인 시를 위해서 우리가 즉각 인식하는 것으로서의 약강 5보격은 사용하지 말아야 한다. 또 운율을 맞춘 4행연, 보통의 시연인 소네트에서의 소리의 착실한 연쇄는 사용하지 말아야 한다"고 말하고 있다.

다른 작가들의 간섭에서 벗어나면서 윌리엄즈는 "빛나는 요점"을 추구했다. 이것들은 그가 생각하는바 파운드의 최고의 순간이나 마법의 순간과 그다지 다르지 않다. 그 순간에 도달하기 위해서는 부분적인 경험이나 모방적 경험 보다는 경험의 전체성이 있어야 한다. 엘리엇이 「슬퍼하는 소녀」

(La Figlia Che Piange)를 쓴 것에 대응하여 그는 「귀부인의 초상」(Portrait of a Lady)을 썼는데 이는 엘리엇의 시가 "배출된 모든 것의 정확히 올바른 양 만큼. . . 확증한다"고 느꼈기 때문이다. 반면에 윌리엄즈는 모든 것이 포함되도록 하기를 원한다. 그는 상징주의에 반대했지만, 세부사항이 상징적인 무게를 갖는 경우가 종종 있다.

비록 윌리엄즈가 미국인의 기질을 눈에 띠게 지니고 있으나, 선동가는 결코 아니다. 그는 "나는 모든 예술은 지방적인 것에서 시작하고 그것에서 시작해야 한다고 믿는다. 왜냐하면 그래야만 오관이 그들의 재료(소재)를 발견할 수 있기 때문이다"라고 말한다. "우리 자신의 언어는 미국시를 독특하게 만들고, 계속 독특하게 만들 것의 시초"라고 그는 말한다. 이와 같은 침착함의 정화와 새로운 형태 및 활기차고 지방적인 언어에 대한 탐색은 윌리엄즈로 하여금 『패터슨』을 착상하도록 이끌었다. 이 작품에서 그 도시는 풍경 가운데 있는 거인이며 도시이고 사람이다. 이 작품은 특별한 것들을 시에 도입하기는 어렵다는 것에 관한 것으로 특별한 것들을 시에 도입하는 과정에서 현대 도시에서의 감정과 사상의 흐름에 방해가 암시된다. 『다리』(The Bridge)에서의 크레인(Hart Crane)과 마찬가지로 윌리엄즈도 황무지로부터 출발한다. 그 자신은 이 작품에 관하여 다음과 같이 말하고 있다.

내가 이 작품을 어떻게 끝내려 하는가에 관하여 나는 열심히 생각해야 했다. 웅장하면서 유일한 결론을 내리는 것은 충분치 않을 것이다. 왜냐하면 나는 내 주제에서 아무 것도 볼 수 없기 때문이다. 그것은 주제에 속하지 않았다. 바다나 비둘기의 비행이나 사랑의 종말과 인간의 운명의 굽이침에 관하여 아름다운 소네트를 씀으로써 멋지게 끝내는 것이 더 쉬웠을 것이다. 그 대신에 그 어린 소녀가 대도시의 가련한 세련에 궁극적으로 말려들게 된 후에, 그녀 자신 보다 더 패배당하고, 이해할 수 있고, 심지어는 사랑스럽기까지 할 때 우리는 드디어 바다에 오게 된다. 오디세이는 인간이 항상 그래야 하듯이 헤엄을 치고, 익사하지 않는다. 그는 대단히 능력이 있지만 그의 개를 동반하여 (캠덴을 향하여) 내륙으로 치고 들어가 다시 시작한다.

이러한 순환적인 결론은 조이스(James Joyce)의 『피네간의 경야』(*Finnegans Wake*)의 결론과 유사하다. 그러나 이 작품은 여러 면에서 파운드의 『시편』에 더욱 가깝다. 파운드의 『시편』에는 솔직함과 기교의 결합과 더불어 완전한 표현을 위하여 다른 종류의 문제가 도입된다. 파운드는 윌리엄즈가 뒤섞여 있는 훌륭한 재료에 관심을 갖고 있는 반면에 자신은 완성된 생산물에 관심이 있다고 주장했다. 그러나 『시편』에도 뒤섞여 있는 훌륭한 재료가 많이 있고, 윌리엄즈의 작품에도 완성된 생산품이 많이 있다.

윌리엄즈는 난해한 실험파 시인으로 『기질』에서는 사상파의 기술을 사용했다. 그는 구어를 사용하여 일상생활을 솔직한 자유시로 읊었다. 그는 시에서 본질적인 것만을 캐려고 했다. 그의 것은 마치 한 토막씩 잘라 놓은 것 같은, 냉철하고 날카로운 시가 되었다. 그는 까다로운 사상파 시인이다. 그의 장편 서사시 『패터슨』의 명칭은 그의 고향에 붙인 이름인데, 윌리엄즈는 여기서 미국의 풍부한 일상생활을 미학의 결핍과 정서의 빈곤과 대조시키면서 묘사하고 있다.

Ezra Pound | 1885-1972

파운드(Ezra Pound)의 생애는 현대 영시 역사에서 중요하게 다루어질 수밖에 없다. 현대의 모든 시인 중에서 그 만큼 많은 영향을 선배, 후배 및 동료 시인들에게 끼친 사람은 없다. 그는 시인들로 하여금 현대시를 쓰도록 하고, 편집자들로 하여금 그것을 출판하게 하고, 독자들로 하여금 그것을 읽도록 누구보다도 가장 강력하게 촉구했다. 예이츠(William Butler Yeats)는 1912년에 자신의 시의 스타일이 추상적으로 되어가고 있다는 것을 느끼고 파운드에게 도움을 청했으며, 엘리엇(Thomas Stearns Eliot)

은 1921년에 『황무지』(The Waste Land)의 초고를 읽고 고쳐달라고 부탁하여, 현재 우리가 읽고 있는 작품을 만들어내게 되었다. 원래의 초고는 현재 우리가 읽고 있는 작품의 거의 두 배 정도의 길이였는데, 파운드가 붉은 색 연필로 무참히 삭제하고 엘리엇이 그것을 받아들여 현재의 것과 같은 훌륭한 작품이 되었다. 따라서 우리가 『황무지』의 저자를 엘리엇이라고 말하지만, 오히려 엘리엇과 파운드의 합작품이라고 불러도 좋을 정도로 이 작품에 끼친 파운드의 영향은 지대하다. 엘리엇도 이 작품에 "보다 위대한 예술가 에즈라 파운드에게"라고 헌사를 붙여 파운드에게 감사와 경의를 표하고 있다.

엘리엇은 파운드의 영향을 많이 받았기 때문에 "나는 최근에 와서 파운드 씨를 저주하는 일이 있다. 그것은 내 시를 과연 내 것이라고 부를 수 있을까 의심스럽기 때문이다. 내가 스스로 만족하고 있을 때 나는 파운드의 시의 반향을 쫓고 있음을 안다"라고 말하기까지 한다. 프로스트(Robert Frost)도 「고용인의 죽음」(The Death of the Hired Man)에 대하여 파운드가 제안한 두세 가지 변화는 받아 들일만 하다고 시인했다. 또한 파운드는 조이스(James Joyce)도 발굴해 내었다. 그리하여 조이스는 처음에는 시인으로 인정받았고 후에는 소설가로 인정받았으며 그의 후기 작품은 파운드가 있음으로 해서 가능했다고 할 수 있다. 이러한 큰 기여 이외에 작게 기여한 것도 무수히 많다. 그는 말년에 불행해질 때까지 문학적인 면에서뿐만 아니라 재정적인 면(그 자신은 가난했다)에서도 수많은 현대 시인들에게 도움을 주었다.

그는 "현대시의 스승"이라고 추앙받을 만하며, 현대의 훌륭한 시인들이 모두 그를 스승이니 지도자니 하여 존경한다. 그렇게 존경받았기 때문에 그가 제 2차 세계대전 중에 이탈리아에서 무솔리니에게 협력한 죄로 미군에게

불잡혀 감금 생활을 할 때 볼링겐 상(Bollingen Prize)을 수상하고 반국가죄로 투옥되었던 상태에서도 석방될 수 있었다. 그를 석방하고자 영미시인들이 진정서를 냈었다. 이때 프로스트가 제출한 진정서에 붙은 오든의 증언에는 "현존하는 시인치고 그가 비록 파운드의 영향을 의식하지는 못한다 하더라도 '내 작품은 파운드가 존재하지 않았어도 하등 다름이 없었을 것이다'라고 말할 수 있는 사람은 거의 없을 것이다"라는 말이 있다. 이와 같이 현대시에 끼친 파운드의 영향은 대단하다.

그의 생애는 소위 아놀드(Matthew Arnold)가 "이 세상에서 생각되고 말해진 최상의 것"이라고 하는 것을 대단한 에너지로 추구하고, 그것을 현대에 맞게 새롭게 하려는 시도에 중점을 둔 생애였다. 그는 각종 언어로 된 재능을 보여주는 말들을 흡수하는 데 대단한 욕심을 보였다. 그는 1885년 10월 30일에 아이다호(Idaho) 주의 헤일리(Hailey)에서 출생했으며, 두 살 때 펜실바니아(Pennsylvania)로 가서 그 후에는 동부에서 성장했다. 그는 서부를 개척하는 데 대한 생각을 할 때 개척자의 기쁨을 지니고 있었으며, 철도를 건설한 할아버지의 모험담을 자랑하곤 했다. 그는 쇠퇴한 유럽에서 미국인의 퉁명스러움, 즉 거친 태도를 유지했다.

그의 문학상의 이력을 살펴보면, 그는 아이다호에서 프로방스 지방, 심지어는 북경에까지 철도를 건설하려고 노력했다고 말해도 과언이 아니다. 왜냐하면, 그는 자신의 후기시에 중국인들을 등장시켰을 뿐만 아니라 마치 이탈리아어나 그리스어를 영어로 번역하듯이 중국어나 일본어를 자유롭게 번역했기 때문이다. 그가 실제로 중국어를 알지는 못했으나 영어로 번역된 것을 보고 중역하여도 영어 원문보다 중국어 원문에 가까이 번역하였다. 그는 동양적이고 대륙적인 은근함을 서구적인 직접성, 심지어는 저속성과 결합시키려고 노력했다. 그는 외관상의 혼란으로부터 눈부시게 빛나는 순간(그는 이 순간을 때로는 마법적인 순간이라고 불렀다)을 가져오고, 외관상의 즉흥성으로부터 정밀함을 이끌어내고 대화적이거나 산문적인 내용으로부터 가장 두드러진 영어를 찾아내려고 노력했다. 이러한 노력의 결과에 대하여는 논란의 여지가 많다. 예이츠는 파운드의 시가 너무 실험적이라고 생각했으며, 엘리엇은 개인적으로는 그에게 헌신적이었지만 그의 시는 괴상하고 너무 고어적(고답적)이라고 생각했다. 파운드 자신도 자신의 정치적인 방향과 문학적인 방향에 대하여 회의적이었다. 그러나 그는 자신의 시가 불완전하다 할지라도 그것은 현대에 적합한 것이며, 현대에는 형식의 완성의 효과는 원래의 비전을 드러내기 마련이라고 느끼고 있다.

파운드는 16세 때에 펜실바니아 대학교(University of Pennsylvania)에 특별학생으로 입학하여 자신이 중요하다고 생각하고 있던 것들을 연구했다. 그는 1903년에 해밀튼 대학교(Hamilton University)에 입학하여 1905년에 철학사 학위를 받았다. 그는 로망스 어와 문학에 관심을 갖고 있었으며, 1905년에 펜실바니아 대학교에서 1년 만에 석사학위를 받았다. 이때 윌리엄즈(William Carlos Williams)와 힐다 두리틀(Hilda Doolittle)을 만났다. 두리틀은 후에 파운드가 결성한 사상파 그룹의 회원이 되었으며 윌리엄즈는 평생동안 파운드의 친구로 있으며 서로의 시를 비평했다.

그는 1906년에 장학금을 받아 이탈리아의 프로방스와 스페인에 가서 17세기 초의 스페인 극작가 로프 드 베가(Lope de Vega)에 관한 박사학위 논문을 준비했다. 그는 귀국하자마자 인디아나(Indiana) 주의 크로포즈빌(Crawfordsville)에 있는 워버시(Wabash)대학에 로망스 어 강사로 취직했다. 그는 불쌍한 한 아가씨를 자신의 침대에 재워주었는데, 그 사실을 집주인이 알고 학교 당국에까지 알려서 그는 해고되었다. 이때 그 해에 받을 봉급을 전액 받았기 때문에 그는 그 돈을 가지고 지브롤터와 베니스에 갔다. 베니스에서 그는 자신의 최초의 책 『꺼진 촛불로』(*A Lume Spento*)를 출판했다. 여기에 실린 시들은 예이츠 및 좀 더 이국적인 시인들을 반향하며, 많은 가능성을 보여주는 것들이었다. 파운드는 베니스를 떠나 런던으로 가서 그 후 12년 동안 끊임없이 센세이션을 일으켰다.

1908년 당시에 파운드는 모든 영국 시인들이 예이츠를 제외하고는 모두 잘못된 길을 가고 있으며, 예이츠가 영어로 시를 쓰는 가장 위대한 시인이라고 생각했다. 파운드가 런던에 도착한 직후에 시작된 예이츠와 파운드의 교제는 서로에게 매우 중요했다. 그 당시는 빅토리안이즘이 새로운 표현형식에 밀려나던 때였다. 울프(Virginia Woolf)는 1910년에 "인간성이 변했다. 어쨌든 현대 예술, 음악, 건축이 현대문학과 유착할 때 그러한 것처럼 보인다"라고 말했다. 파운드는 자신의 교제범위를 문학에 한정하지 않고 여러 분야의 사람들을 사귀었다. 그가 교우관계를 유지한 사람들을 보면, 조각가 엡스타인(Jacob Epstein)과 고디에 브르제스카(Henri Gaudier Brzeska), 화가 겸 작가 루이스(Windham Lewis), 브랑쿠시(Constantin Brancusi) 등을 들 수 있다. 파운드는 『빌롱』(*Villon*)이라는 이름의 오페라도 썼으며, 미국인 작곡가 안테일(George Antheil)에 관한 책도 썼다. 문학 분야에서 그는 서정시인들을 특히 좋아했으나 헨리 제임스(Henry James) 같은 소설가에 대해서도 존경심을 표했다. 그는 언어를 현대적으로 다듬기 위해 열심히 노력하고 있던 포드(Ford Madox Ford)와 흄(T. E. Hulme) 등과 교제했다.

흄은 베르그송(Henri Bergson)의 철학을 계승하여 그 철학을 바탕으로 새로운 시론을 폈다. 그 이론에 따르면 논리적 지성은 생명의 본질을 파악할 수 없는 것이고 실재는 이성이 그것을 포착하려고 펼쳐놓은 그물에서 빠져나가 도망친다고 한다. 그러므로 추상적이고 논리적 언어를 가지고는 사물의 개념을 얻을 수 있을 뿐 실재를 파악할 수 없다. 전달에는 두 가지 방법이 있는데, 한 가지는 직접적 언어이고, 또 한 가지는 개념적 언어이다. 전자로 된 것은 시이고, 후자로 이루어진 것은 산문이다. 왜냐하면 직접적 언어는 이미지를 취급하지만, 개념적 언어는 이미 생명이 끊어져서 언어의 표상으로 된 부호를 취급하기 때문이다. 그러므로 이미지를 제시하는 직접적 언어만이 실재를 전달하는 유일한 언어이다. 이 직접적 언어를 만들어 내기 위하여 시인은 성실한 태도로 사물을 있는 그대로 제시하고 주관을 배제하고 객관에 충실해야 된다는 것이다.

시에 대한 새로운 이론은 결국 언어에 대한 새로운 이론을 말하는 것으로, 현대시의 혁명적 요소는 언어의 기능에 대한 새로운 이해와 언어구사의 새로운 시도에 있다. 이러한 점에서 프랑스의 상징주의 시와 흄과 파운드가 주창한 사상주의(Imagism) 시론이 현대시의 출발점이 된 것이다.

파운드의 새로운 시운동은 사상주의의 기치 아래 시작되었다. 이 운동은 스펜서(Edmund Spenser) 이래 테니슨(Alfred Tennyson)에 이르기까지의 오랜 영시의 전통에 대한 하나의 도전이었고, 전달하는 언어를 묘사하는 언어로 바꾸고자 하는 하나의 혁명적 시도였다. 사상주의 운동은 "시인 클럽"(Poet's Club)에서 시작되었다. 파운드의 지도를 받아 시작된 사상주의는 빅토리아 시대의 인위적 언어와 사상시에 염증을 느낀 하나의 시대적 각성으로서, 관념의 전달 수단으로 타락한 시의 언어와 싸워서 언어가 가진 그 고유의 함축적 기능을 되살려 사물의 실제의 모습을 정확히 파악하자는 것이다.

파운드는 위에서 말한 흄의 이론에 공감하여 사상파(Imagist) 시인들의 시에 호감을 갖고 1912년에 자신의 시집 『재치 있는 대답』(*Ripostes*)에 흄의 시 5편을 싣고 이를 그의 시 전집이라고 말하며 사상파 시인들의 시를 소개했다. 사상파 그룹은 힐다 두리틀(Hilda Doolittle), 알딩턴(Richard Aldington), 플린트(F. S. Flint), 로월(Amy Lowell), 플레쳐(John Gould Fletcher) 등이 주된 인물이었으며, 조이스(James Joyce)와 로렌스(D. H. Lawrence) 등도 참여했다. 파운드는 이들의 시를 해리엇 몬로(Harriet Monroe)가 편집장으로 있는 창간한 지 얼마 않되는 잡지인 『시』(*Poetry*)지에 발표하도록 하였다. 1913년 3월호 『시』지에는 사상파 시인들이 피해야 할 몇 가지 사항이 발표되었다. 그것들은 첫째, 주관적인 것이든 객관적인 것이든 사물을 직접 취급할 것, 둘째, 표현에 도움이 되지 않는 말은 절대로 사용하지 말 것, 셋째, 리듬에 관해서는 음악적 어구의 진행에 맞추어 시를 쓰고, 메트로놈적 진행에 맞추어 시를 쓰지 말 것 등이다. 그는 1914년에 발간된 『사상파 시인들』(*Des Imagistes*)이라는 시집의 서문에 다음의 세 가지 사항을 더했다. 첫째, 일상 대화의 언어를 사용하되 항상 정확한 단어를 사용하고 부정확한 단어 같은 것은 사용하지 말 것, 둘째, 새로운 리듬을 창조할 것, 자유시가 권장되기는 하지만 필수적인 것은 아니다. 셋째, 주제의 선택에 있어서 완전히 자유로울 것 등이 그것이다.

    위와 같은 조건에 따르는 사상파 시인들의 시는 간결, 정확을 가장 중요한 요소로 생각했다. 파운드는 『독서의 첫걸음』(*ABC of Reading*)에서 "독자가 저자를 시험하는 손쉬운 방법은 글 중에서 아무 역할도 하지 않는 말을 찾아내는 것이다. 다시 말하여, 의미에 전혀 도움이 되지 않거나 의미를 구성하는 가장 중요한 요소와 부차적인 요소를 혼동하는 말을 골라내는 일이다"라고 말하고 있다. 또한 그는 시의 객관성, 정확성을 강조하여 "진부한 언어, 판에 박힌 문구, 상투적인 신문 용어가 있어서는 안 된다. 이런 데서 벗어나는 유일한 길은, 자기가 쓰는 것에 주의를 집중한 결과 얻어지는 정확성에 의해서이다. . . . 첫째도 객관성, 둘째도 객관성이다. . . . 불분명한 형용사, 테니슨 류의 수사는 안 된다. . . ." 라고 말하고 있다. 이러한 그의 주장에 가장 부합되는 것이 사상파 시인들의 시였다.

파운드가 한자와 한시에 매력을 느끼고 많은 중국의 고전을 번역한 것은 이와 같은 관점에서 보면 충분히 설명된다. 한자는 주로 그림으로 눈에 들어오는 언어이다. 이는 한자가 음으로 된 것이 아니라 형상으로 되어 그 형상 자체가 의미를 갖기 때문이다. 이 상형문자가 사상주의의 시와 유사하다고 생각한 것은, 한자가 자연물을 나타내는 그림으로 되어 있으면서도 그 형상만을 보이는 것이 아니라 물질적이지 않은 의미까지도 전달하기 때문이다. 파운드는 이러한 상형문자로 된 한시와 일본의 "하이꾸" 등을 모방하거나 거기에서 영감을 얻어 사상주의 계열의 시를 써서 초기의 시집 『가면』(*Mask*)으로 출판했다. 여기에 실린 시들은 시각적 이미지 위주로 되어 있어서, 풍경화와 같은 인상을 주는 경우가 많다.

파운드는 에이미 로월이 사상주의의 실질적인 지도자로 된 1915년 경에 여기에서 이탈하였다. 파운드가 사상주의에서 이탈한 이유는 여러 가지로 짐작할 수 있으나, 자신이 밝힌 이유는 사상파 시인들의 언어에 대한 태도가 이완되어 혁신적이 아니고, 입체적이어야 할 시의 용어가 단순히 장식적으로 쓰이게 된 데 대한 불만이라고 한다. 그는 "이미지는 지적, 정서적 복합체를 제시하는 것"이라고 하여 이미지가 단지 정서에 대한 등가물이 아니라, 소위 엘리엇이 말하는 통합된 감수성으로 파악하여 제시하는 "개관적 상관물"임을 뜻하고 있다. 따라서 그가 단순히 물질세계만을 묘사하는 사상파 시인들의 시에 불만을 느꼈을 것은 당연하다.

파운드는 사상주의를 떠나 "소용돌이파"(Volticism)에 참여하였다. 그는 사상파 시인들이 주로 정적 이미지만을 생각했기 때문에 훌륭한 시를 지을 수 없었다고 말하며, 동적 이미지의 파악에 중점을 두어야 한다고 주장했다. 그는 시의 이론을 이처럼 깊게 하고 폭을 넓힘으로써 현대시의 조류를 이끌었다. 그러나 그는 이론가라기보다는 실천가였다. 자기 자신이 그 이론을 적용시켜 작품 활동을 하고 동료 및 선후배 시인들에게 자신의 예를 따르도록 촉구했다.

파운드는 1920년에 『휴우 셀윈 모오벌리: 삶과 교제』(*Hugh Selwyn Mauberley: Life and Contacts*)를 발표했다. 이 작품은 2년 후에 나온 엘리엇의 『황무지』에 사용된 기법을 실험한, 그의 초기의 사상과 시적 방법을 집대성해 놓은 시이다. 이 작품에는 여러 가지 다른 전망, 관점의 급격한 이동, 여러 언어의 직접적인 원문인용, 시대의 파노라마 위에 펼쳐지는 개인의 의식 등이 사용되어 현대시의 난해함을 보여주기도 한다. 파운드 자신은 이 작품이 자서전적인 것이 아니라고 주장했지만, 자서전적인 요소가 상당히 많다.

파운드는 필생의 대작인 『시편』(*Cantos*)을 쓰기 시작하여 결국 117시편까지 발표했다. 이 작품은 그 자신조차도 그 계획에 대하여 여러 가지로 말하고 있을 만큼 대단히 난해한 작품인데, 그의 시의 이상을 집대성해 놓은 것이라고 보면 거의 틀림없다. 시인은 이 서사시에서 고대와 중세와 현대의 문화의 동시성, 여러 가지 다른 패턴으로 된 여러 문화의 공존감을 주제로 하고 유구한 역사를 배경으로 하여 인간의 움직임을 조감한다. 거의 40년에 걸쳐 그가 정력과 지식을 총동원하여 계속 써가며 발표한 이 작품에서, 그는 인간의 문제를 점점 더 깊고 넓게 관찰해 나간다. 따라서 이 작품에는 그의 학문과 사상과 예술이 함께 뭉쳐 있는데, 대단히 난해하기 때문에 이해하기가 쉽지 않은 것이 흠이다.

파운드는 1920년에 영국을 떠나 파리로 가서 거기서 살다가 1924년에 이탈리아로 갔고, 1928년에 라팔로(Rapallo)에 정착했다. 1925년에 그는 『16 시편의 초고』(*A Draft of XVI Cantos*)를 발표했는데, 그는 이것이 시험적인 것처럼 생각되기를 바란 것 같다. 후에는 이 작품집의 제목을 『16 시편』(*16 Cantos*)으로 바꾸었다. 그의 오페라 『프랑스와즈 빌롱의 유언』(*The Testament of Francois Villon*)이 1926년에 파리에서 공연되었다. 그는 1910년에 미국을 떠난 뒤 1939년에 처음으로 미국을 방문했다. 그 다음 해에 로마의 라디오 방송으로 루즈벨트 대통령을 비난하고 무솔리니의 다양한 활동을 더 이상 화폐에 바탕을 두지 않는 사회의 건설을 위한 것으로 찬양했다. 미국이 제2차 세계대전에 참여한 후에도 그는 이와 같은 요지의 방송을 계속하여 1943년에 반역죄로 기소되었다. 1944년에 미국 육군이 그를 체포하여 피사의 감옥에 투옥하였는데 그 때의 경험이 그의 가장 훌륭한 시편 중의 하나인 『피사의 시편』(*Pisan Cantos*)에 그려져 있다. 그는 1945년에 워싱턴으로 와서 재판을 받게 되었으나 정신병이 있다고 하여 성 엘리자베스 병원에 수용되었다. 그는 1949년에 볼링겐 상을 수상하고 프로스트와 먹리쉬(Archibald MacLeish)를 위시한 여러 시인들과 추종자들의 탄원과 중재로 그는 반역죄의 혐의를 벗고 무죄 방면되었다. 그는 이탈리아로 돌아가서 메라노(Merano) 근방의 슐로스 브러넨버그(Schloss Brunnenburg)에서 딸과 함께 한동안 살다가, 후에는 베니스에서 그의 오랜 동료인 올가 루지(Olga Rudge)와 함께 살았다. 1972년 11월 1일에 베니스에서 사망했다.

Hilda Doolittle | 1886-1961

힐다 두리틀(Hilda Doolittle)은 펜실베니아(Pennsylvania)의 베들레헴(Bethlehem)에서 1886년 9월 10일 출생했는데 25세에 영국으로 건너가 H. D.라는 필명으로 작품 활동을 시작하였다. 때마침 일어나기 시작한 사상파(Imagist) 운동에 가담하여 그 중심인물이 되었다. 영국 시인 알딩턴(Richard Aldington)과 결혼하였고, 그가 1차 세계대전의 전선에 나가 있을 때엔 사상파 시인들의 문예지『에고이스트』(*Egoist*)를 편집했다.

시인 겸 비평가인 블랙머(R. P. Blackmur)는 H. D.에게 많은 찬사를 보냈다. 그는 그녀의 시적 특징에 대하여 다음과 같이 말하고 있다.

> 그녀의 특별한 사상주의(Imagism), 다시 말하여, 차갑고, 그리스적이고, 빠르고, 둘러싸인 사상주의가 시적 언어의 평상적인 원천의 하나가 되었다. 그것은 단어를 적어두는 규칙적인 수단이다. 그 결과 그것들은 유지된다. 그리고 독자들이 그 친밀성을 단조로움과 혼동하거나 형태를 손쉽게 모방하는 것이 그 양식과 병행하는 인식과 우열을 다툰다고 생각한다면 그것은 잘못이다.

이 말은 그녀를 다소 과장되게 평가하는 것인지도 모른다. 왜냐하면 그녀와 같은 시대에 활동했던 많은 시인들도 또한 간결한 형태로 시를 쓰는 실험을 했으며, 얼마나 적은 어휘로 시가 구성될 수 있는가를 실험하려고 노력했기 때문이다. 파운드(Ezra Pound), 엘리엇(T. S. Eliot), 윌리엄즈(William Carlos Williams)도 이러한 실험을 했다. 힐다 두리틀의 시는 고전시의 단편을 모델로 삼고, 그 단편성을 탐구하는 경우가 많다. 또한 그녀의 시는 보다 적은 것이 보다 많은 것이 될 수 있고, 함축된 의미가 시의 가장 중요한 에너지원임을 상기시킨다.

아버지 찰스 두리틀(Charles Doolittle)은 리하이 대학교(Lehigh University)의 천문학 교수였다. 아버지가 펜실바니아 대학교로 자리를 옮김에 따라 필라델피아로 이사하였다. 힐다 두리틀은 필라델피아 친구들 중앙고등학교(Philadelphia's Friends Central High School)를 1905년에 졸업하였다. 그녀는 1901년에 에즈라 파운드(Ezra Pound)를 만나 교제하였는데, 파운드는 그녀의 삶과 문학에 큰 영향을 끼쳤다.

두리틀은 브린 모어 대학(Bryn Mawr College)을 다니며 그리스 문학을 공부했는데, 학점이 나쁘고 건강이 좋지 않아서 3학기만 다니고 그만두었다. 대학에 다니는 동안 마리안 무어(Marianne Moore)와 윌리엄즈를 만났다.

할다 두리틀은 두 번 결혼했으며 동성애 관계를 많이 경험했다. 자신의 성적 특질에 대하여 변명하거나 하지 않기 때문에 1970년대와 80년대에 그녀의 작품이 재조명되면서 동성애자의 권리와 여권신장론자(feminist)들의 운동의 아이콘이 되었다. 모더니즘의 태동기 여권신장론자들의 문학의 물결이 거세게 일어나던 시기에 그녀는 여권신장 운동의 초기 우상으로 여겨졌다.

두리틀은 파운드 및 알딩턴과 함께 자기들이 "세 명의 오리지널 사상파 시인"이라고 선언하고 다음과 같은 세 가지 원칙을 천명하였다.

1. 주관적이든 객관적이든 사물을 직접 다룰 것.
2. 표현에 도움이 되지 않는 말은 절대로 사용하지 말 것.
3. 리듬에 관해서는 메트로놈(metronome)적 계기를 따르지 말고 악절(musical phrase)의 계기를 따를 것.

이러한 원칙에 따라 쓴 그들의 시는 일본의 하이쿠나 단카와 같은 형식으로 되어 있으며, 하나의 이미지를 제시하는 경우가 많았다. 두리틀은 다양한 필명을 사용하여 작품을 발표하고 있었는데, 파운드가 "H. D. Imagiste"라는 필명을 지어주었고, 이후 이 필명을 계속 사용하였다. 해리엇 몬로(Harriet Monroe)가 『시』(Poetry)지를 시작하면서 파운드가 외국인 편집자로 참여하고, 그해 10월에 H. D.와 알딩턴의 시를 투고하였다. 알딩턴의 시는 『시』지 11월호에 발표되었고, 두리틀의 시 「길 위에 있는 헤르메스」(Hermes of the Ways), 「과수원」(Orchard) 및 「경구」(Epigram)는 1913년 1월호에 수록

되었다. 그러므로 사상주의가 하나의 운동으로 시작된 것은 바로 힐다 두리틀에게서 비롯되었다고 할 수 있다.

비록 사상파 시인들이 모범으로 삼은 것은 일본의 하이쿠와 단카였으나 두리틀은 그리스의 고전 문학, 특히 사포(Sappho)에게서 시 짓는 법을 이끌어내었다. 알딩턴과 파운드도 마찬가지로 그리스 시인들에게 관심을 지니고 있었다. 1915년에 두리틀과 알딩턴은 시인의 번역 시리즈를 시작하여 그리스와 라틴 고전의 번역물을 출판하기 시작하였다. 1916년에 유리피데스(Euripides), 1919년에 아울리스의 이피게니아(Iphigeneia at Aulis) 등의 번역으로 시작하여 많은 그리스 희극을 번역 출판하였다.

H. D.는 사상파 시인들과 계속 교류하며 1917년에 『몇 명의 사상파 시인들』(Some Imagist Poets) 사화집을 마지막으로 발간하였다. 1915년의 사화집은 실제로 그녀와 알딩턴이 대부분의 편집작업을 하였다. 그녀의 작품은 알딩턴이 1930년에 낸 『사상파 시인들의 사화집』(Imagists Anthology)에도 수록되었다. 1930년대 말까지의 그녀의 작품은 모두 사상파의 양식에 맞추어 쓴 것들이다. 이러한 작시법은 비판을 받기도 했는데, 예를 들어 1915년 5월호 『에고이스트』지는 사상파 시인들을 특집으로 다루었는데, 여기에서 해롤드 몬로(Harold Monro)는 힐다 두리틀의 초기 작품을 "쩨쩨한 시"라고 부르며, "상상력이 결여되어 있거나 불필요하게 과도한 제한을 한다"고 말한 바 있다.

제 1차 세계대전이 발발하기 전인 1913년에 H. D.는 알딩턴과 결혼했는데, 1915년에 딸을 사산하고, 알딩턴은 군에 입대하였다. 두 사람 사이가 소원해지면서 1917년에는 알딩턴이 애인을 사귀었고, H. D.는 로렌스(D. H. Lawrence)와 플라토닉한 관계를 유지하였다. 1918년에 로렌스의 친구인 세실 그레이(Cecil Gray)라는 작곡가와 함께 콘월(Cornwall)에 있는 오두막으로 이주하여 그녀는 그레이의 아이를 잉태했는데, 그레이와의 관계가 냉각되어 그는 런던으로 돌아가고 말았다. 군복무를 마치고 돌아온 알딩턴은 심한 정신적 충격을 받아, 이들은 후에 이혼하게 된다.

전쟁이 끝날 무렵 H. D.는 부유한 영국인 여류소설가 브라이어(Bryher, Annie Winifred Ellerman)를 만나 1946년까지 함께 산다. 이들은 남자 연인을 공유하기도 하고 하면서 평생 연인으로 남는다. 1920년부터 브라이어와 가까워진 H. D.는 둘이 함께 이집트, 그리스, 미국 등지로 여행을 하고 스위스에 정착하였다. 1921년에 브라이어가 로버트 맥알먼(Robert McAlmon)과 결혼했는데, 브라이어와 H. D. 모두 맥알먼과 함께 잠을 잤다. 브라이어와 맥알먼은 1927년에 이혼하였다.

H. D.와 알딩턴은 서로의 관계를 회복하려고 노력하기도 했으나 알딩턴이 전쟁에서 받은 정신적 충격으로 인한 사후 장애로 인하여 소원해진 관계를 회복할 수 없었다. 결국 1938년에 이들은 이혼하게 되었는데, 이후에도 평생토록 친구로 남아 있었다.

1933년에 H. D.는 비엔나로 여행하여 프로이드(Sigmund Freud)의 정신분석을 받는다. 제 1차 세계대전 때 그녀의 오빠가 전투 중에 사망하였고 남편이 전투 경험으로 인한 정신적 장애를 겪고 있었기 때문에 전쟁에 대한 두려움을 지니고 있었으며, 히틀러가 득세하여 또 전쟁을 일으킬지 모른다고 생각하고 있었다. 심지어는 자기가 알딩턴의 아기를 사산한 것도 전쟁으로 인한 간접적인 영향이라고 믿고 있었다.

H. D.와 브라이어는 제 2차 세계대전 동안 런던에서 살았고, 1960년에 출판된 『선물』(The Gift)이라는 책을 이때 썼다. 이 책은 펜실바니아의 베들

레헴에서 지낸 어린 시절과 가족의 이야기를 담고 있다. H. D.는 또한 3부작을 썼는데, 그것은 『담벼락은 무너지지 않는다』(*The Walls do not Fall*, 1944), 『천사에게 보내는 찬사』(*Tribute to the Angels*, 1945), 『권력의 개화』(*Flowering of the Rod*, 1946)이다.

    H. D.는 스위스에서 1946년 봄에 심각한 정신쇠약을 겪고 그해 가을까지 병원에 머물렀다. 몇 차례 미국으로 여행한 것 이외에는 스위스에서 계속 머물렀다. 1950년대 말에 정신과 치료를 더 받고 『고통을 끝내기』(*End to Torment*)라는 파운드와의 관계를 회상하는 회고록을 썼다.

    두리틀은 금세기 초 런던의 보헤미안 문화의 지도자 중의 한 사람이었다. 그녀의 후기시는 폭력과 전쟁이라는 전통적인 서사시의 주제를 여권신장론자의 관점에서 탐구한다. 그녀는 미국 예술과 문학 아카데미(American Academy of Arts and Letters) 메달을 수여받은 최초의 여성이다.

    1950년대에 그녀는 상당히 많은 양의 시를 썼는데, 특히 주목할 만한 것은 이집트의 헬렌에 관한 것으로, 남성중심적인 서사시를 여권신장론자의 관점에서 검토하고 있다. 그녀는 유리피데스(Euripides)의 극 헬렌을 트로이 전쟁의 토대를 재해석하는 출발점으로 삼는다. 많은 비평가들은 이 작품을 파운드의 『시편』(*Cantos*)에 대한 그녀의 반응이라고 생각한다.

    두리틀은 1960년에 미국을 방문하여 미국 예술과 문학 아카데미 메달을 받고 스위스로 돌아와서 1961년 7월에 뇌졸중을 겪은 후 두 달 뒤인 9월 27일 쥐리히(Zürich)에서 사망하였다. 그녀의 유해는 베들레헴으로 돌아가서 나이스키 힐 공동묘지(Nisky Hill Cemetery)에 있는 가족 묘지에 매장되었는데, 이때가 1961년 10월 28일이었다.

Edith Sitwell | 1887-1964

에디쓰 씻웰(Edith Sitwell)은 준남작인 조지 씻웰(George Sitwell)경을 아버지, 백작의 딸인 이다(Ida) 부인을 어머니로 하여 1887년 12월 7일에 태어났다. 그러나 귀족적인 환경이 행복을 주는 것은 아니었다. 씻웰은 자서전에서 "나의 부모님은 내가 태어나는 순간부터 남이었다"라고 쓰고 있다. 아버지는 지극히 별난 사람이었고 구제불능의 부모였다. 어머니는 처음에는 그녀의 유별난 모습에, 후에는 그녀의 유달리 큰 키에 속상해했다. 이러한 점은 그녀에게 결점이 될 수 있었지만 그녀는 머리장식이나,

보석, 또는 엘리자베스 시대나 중세 시대의 의상 등으로 자신의 특이한 외모가 장점이 되도록 하였다. 그녀의 이러한 모습은 많은 사진과 그림으로 남아 있다.

그녀와 그녀의 두 오빠는 어린 시절부터 서로 떨어질 수 없이 가까이 지냈으며 그것은 그녀의 정신적, 시적 발전에 상당한 관련을 갖고 있다. 그녀는 자전적 시편인 「팬톡 대령」(Colonel Fantock)에서 어린 시절을 다음과 같이 그리고 있다.

> 그러나 대고버트와 페리그린과 나는
> 그 때 아이들이었다. 우리는 수줍은 가젤처럼 걸었다
> 가냘픈 꽃망울들의 음악 사이로.
> 삶은 어떤 희망을 아직 간직하고 있었으나— 무언지
> 묻지는 마세요— 삶은 그 당시, 그리고 이 냉혹한
> 생존 가운데 그 후에도 덜 낯선자처럼 보였다.
> 나는 항상 약간은 삶 밖에 있었다.

여기에서 씻웰은 대고버트와 페리그린이라고 말하고 있지만, 씻웰의 오빠의 진짜 이름은 오스버트(Osbert)와 새처브렐(Sacheverell)이다. 그들은 가젤 영양처럼 함께 다녔으며, 시골의 풍경을 한가로이 즐기며 살았다. 어린 시절의 그녀에게 인생은 어떤 희망이 있는 듯이 보이기도 했으나, 각박한 현실에 밀접하게 참여하며 살아가기에는 기질상 적합하지 않았다.

그녀의 첫 시편들은 1915년에 출판되었고 그녀는 1916년에 『수레바퀴』(*Wheels*)라는 문학잡지의 편집자가 되었다. 『수레바퀴』라는 잡지의 목적은 시적 풍토를 배양하는 것이었으며, 이 잡지는 1916년에서부터 1921년 사이

에 7권이 발행되었다. 씻웰과 그녀의 오빠들은 윌프레드 오웬이 정당한 평가를 받지 못한 것과 마찬가지로 정당한 평가를 받지 못했다. 비평가들은 씻웰과 그녀의 오빠들에게 잔인하게 대하는 경우가 많았고, 그러한 경우에 그들은 비평가들에게 잔인하게 보복했다. 이는 아마도 자기들이 상류계급에 속한다는 의식을 지니고 있었기 때문인지도 모른다. 그렇기 때문에 자기들에게 냉혹하게 대하는 사람들에게 냉혹하게 보복하는데 능숙했던 것으로 생각된다.

씻웰의 시는 그녀가 누구인가에 관한 어떤 결정을 유보하고 있는 상태를 보여준다. 그녀는 대부분의 시에서 가능한 한 새로운 예술적 수완을 시도하려는 많은 노력을 했다. 후기시에서는 예전부터 사용되어온 자연적이고 여성적인 리듬을 채택하였다. 그녀의 작품 중에서 중요한 작품으로 가장 먼저 발표된 것은 1922년에 발표된 『정면』(*Facade*)이고 최후의 작품은 『장미의 성가』(*The Canticle of the Rose*)라는 단테적인 제목으로 1949년에 발표되었다.

그녀는 젊은 시절에 특히 조지왕조 시대 시인들(the Goergians)의 시에 반감을 갖고, 두 오빠와 힘을 합하여 아련한 정서를 표현한 조지왕조 시대 시인들의 목가풍의 시를 뒤엎어 버리려고 했다. 그녀는 "내가 시를 쓰기 시작할 무렵에는 우리 직전 세대의 몇몇 시들이 지닌 운율적 무기력함, 언어적인 무활동성, 죽어버리고 기대된 양식들 때문에 시의 방향, 이미저리, 리듬에 있어서의 변화가 필요하게 되었다"라고 말하고 있다. 그녀는 많은 시인들의 영향을 받았는데 엘리엇(T. S. Eliot)의 영향을 많이 받았으며 17세 때에 보들레르(Baudelaire)를 열심히 읽고 후기 상징주의자들의 영향도 많이 받았다. 스트라빈스키(Stravinsky)의 음악, 디아질레프(Diaghilev)의 러시아

발레, 현대 예술 등의 영향도 받았다. 『정면』에 수록된 시편들은 "추상적인 시, 다시 말하여 소리에 있어서의 특정한 패턴"이라고 그녀 자신이 후에 말한 바 있다.

그녀의 초기시는 중세에 머물고 있으며, 물질적이지 않은 것에서 드러날지도 모르는 무언가를 보고자하는 궁극적인 목적을 지니고 있었고 후기시는 대체로 이 과정을 역으로 추구했다. 따라서 그녀가 초기에 좋아했던 주제는 "의식의 성장"이었다. 때로는 그것이 눈이 멀었다가 갑자기 눈이 뜨이게 되어 보는 방법을 배워야하는 사람의 그것과 유사하기도 하고, 때로는 우리가 보는 모든 것이 내세의 무언가의 상징인, 그러한 기다리고 바라보는 세계의 부르짖음이 되기도 한다.

그녀는 1929년에 발표한 『황금 해안의 세관』(*Gold Coast Customs*)에서 제 2차 세계대전으로 이르는 상태를 규정하기 위하여 사회풍자와 비평으로 관심을 돌렸다. 그녀는 『장미의 성가』 서문에서 "이 작품에서는 세상의 밑바닥이 떨어져 나가 버렸다. 우리는 모든 것이 원형적인 진흙으로 축소된 것을 본다. 부유한 유다와 그의 형제 가인 그리고 그의 문명의 요약인 밤버거 부인 등이 슬럼가의 무지, 아프리카 늪지대의 검은색과 미신 등과 하나가 된다"고 쓰고 있다. 여기에서 영국과 아프리카의 사회의 표층을 병치시키는 데에는 엘리엇과 알렉산더 포우프(Alexander Pope)가 영향을 끼친 것으로 생각된다. 점점 나이를 먹어감에 따라, 그녀는 자신의 시를 "삶의 영광을 찬양하는 찬송가"로 여기게 되었다.

그녀는 평생을 논객으로 살았는데 만년에는 엘리자베스 2세로부터 십자훈장을 받아 귀부인(Dame)이라는 칭호를 갖게 되었으며 옥스퍼드와 케임브리지 및 기타 여러 대학에서 명예학위를 받았다.

그녀의 시는 동화의 세계와 같은 초기의 낭만적 분위기로부터 암흑과 반종교적인 현실에 대한 강렬한 울분을 토로하는 후기시에 이르기까지 다양하게 변모하고 있지만 시의 음악적 기교에 대한 관심을 시종일관 보여주고 있다.

Thomas Stearns Eliot | 1888-1965

엘리엇(Thomas Stearns Eliot)은 현대영시에서 사고와 감수성에 새 시대를 연 획기적인 시인 겸 비평가이다. 오늘날 영시의 현대성을 생각할 때 제일 먼저 그의 이름이 떠오를 만큼 엘리엇의 시는 현대적이다. 지금은 현대영시의 가장 위대한 시인들 중의 한 사람으로 대접받고 있는 그가 1910년대 중엽에 영시단에 시를 처음 발표했을 때 그것을 제대로 이해하고 평가한 사람은 소수의 문인에 불과하였다. 그것은 그의 시가 종래의 영시와는 판이하게 다른 새로운 것이었기 때문이었다.

사실상 엘리엇의 시는 우리가 지금까지 경험해 온 시인들의 것과는 다른 종류의 시이다. 우선 그의 시, 특히 그의 초기시에서는 시인 자신이 거의 드러나지 않는다. 그의 시는 19세기적인, 다시 말하여 개인적인 서정시가 아니다. 예이츠에게 있어서 시의 이상은 자기 자신, 즉 "전체로서의 인격"을 시에 불어넣는 일이었지만, 엘리엇에게 "시는 인격의 표현이 아니라 인격으로부터의 도피"였다. 그러므로 엘리엇의 시를 읽을 때에는 종래의 개인적인 서정시를 읽을 때에 가지는 마음의 준비와는 전혀 다른 마음의 준비를 해야 한다. 그의 시는 극을 보거나 고도의 기법을 사용한 영화를 볼 때에 가져야 하는 마음의 준비를 하고 대해야 한다.

엘리엇은 미주리주 세인트 루이스(St. Louis)의 교양 있는 청교도 집안에서 태어났다. 아버지는 유력한 실업가였고, 할아버지 윌리엄 그린리프 엘리엇(William Greenleaf Eliot)은 세인트 루이스의 제 1유니테어리언 교회의 목사로서 참된 신앙과 엄격하고 근엄한 봉사생활을 통하여 그에게 많은 영향을 주었으며, 워싱턴 대학을 설립하여 초대 이사장을 지냈다. 모친은 시극을 발표하기도 하고, 조부의 전기를 쓰기도 하여 엘리엇에게 문학적 동기와 환경을 직접적으로 조성해주었다.

엘리엇은 1906년에 하버드 대학에 입학하여 4년 만에 석사과정까지 마쳤으며 러셀(Russell), 산타야나(Santayana) 등의 개인지도를 받아 철학연구에 흥미를 가졌고, 엘리자베스 시대의 극을 연구하고 교지에도 시를 발표하는 등 다방면으로 활동하였다. 졸업과 동시에 프랑스의 소르본느(Sorbonne)대학에 유학하여 문학과 철학을 연구하고, 다시 하버드로 돌아와 형이상학, 논리학, 심리학을 연구하고, 1914년에는 독일과 옥스퍼드에서도 공부하였다. 그 후 그는 계속 영국에 머물며, 학교 교원, 은행원, 편집 및 출판 관계의 일

등을 하면서 본격적인 문학 활동을 하였다. 1917년에 최초의 시집을 발표하였고, 1920년에 최초의 평론집 『성림』(The Sacred Wood)을 발표하였다. 1922년에는 『황무지』(The Waste Land)가 발표되었고, 이로써 문학에 있어서 세계적인 확고한 자리를 차지하게 되었다. 1927년에 영국으로 귀화하여 『랜슬롯 앤드루즈를 위하여』(For Lancelot Andrewes)라는 자신의 평론집 서문에서 "문학에 있어서는 고전주의, 정치에 있어서는 왕당파, 종교에 있어서는 영국성공회"라고 선언하여 자신의 문학 태도를 천명하였다. 문학, 사회, 교육, 종교 등 문화 전반에 관해 글을 쓰고, 강연을 하며, 계간지 『기준』(The Criterion)을 편집하여 문학계 이외의 분야에도 많은 영향을 끼쳤다. 제2차 세계대전 이후에 『네 사중주』(Four Quartets)를 발표하고 또 계속 시극을 발표하였다. 1948년에 명예훈장(Order of Merit)을 영국국왕에게서 수여받았고, 노벨문학상을 수상했다. 68세 때에 30세인 미모의 여비서와 재혼하였다. 오랫동안 애정이 고갈된 상태에서 삶과 사랑과 현실 일체를 부정하던 그의 사상이 재혼 후에는 사랑을 구가하고 삶을 긍정하는 방향으로 변모하였다.

  엘리엇의 초기시는 이미저리가 기발할 뿐만 아니라 이미지와 이미지, 단락과 단락 사이의 전이가 비약적일 때가 많다. 그것들은 일견 때로는 떨어져 있는 듯하면서도 함께 모여서 어떤 시적인 의미를 표출하게 된다. 그가 하버드 대학에서 시작(詩作)을 할 무렵 그에게 큰 영향을 주고 그의 흥미를 끈 것은 17세기 형이상학파 시인들과 프랑스의 19세기 상징주의 시인들이다. 이 두 가지 전통이 엘리엇에게서 융합되어 있기 때문에 그의 시는 어떤 분위기가 시의 의미를 결정지으면서도 시에 동원된 이미지는 하나하나 살아서 우리의 지성에 호소하고 그 구성과 이미지가 매우 복잡 미묘하다.

그의 작품을 읽을 때 우리는 지성의 눈을 항상 뜨고 있어야 한다. 이러한 경향의 시작 태도는 그의 초기시 「J. 알프레드 프루프록의 연가」(The Love Song of J. Afred Prufrock), 「여인의 초상」(Portrait of a Lady), 「아폴리낙스씨」(Mr. Apollinax), 「하마」(The Hippopotamus) 등에 두드러지게 나타나는데, 바로 이것이 20세기 초기 조지왕조시대의 무기력한 서정시와 확연히 구분되는 현대시 전통의 한 요소가 되었다.

엘리엇에게 있어서 시란 정서를 토로하는 것이 아니라 그가 형이상학파 시인들에 대하여 말한 것처럼 "정신과 감정의 상태에 대한 언어의 등가물을 발견하는 일"이다. 그가 "햄릿론"에서 사용한 유명한 용어 "객관적 상관물"은 이 점을 보다 구체적으로 규정한 말이다. "햄릿론"에서 그는 객관적 상관물을 다음과 같이 말하고 있다.

정서를 예술의 형식으로 표현하는 유일한 방도는 "객관적 상관물"을 발견하는 것, 바꾸어 말하면 그 특정한 정서의 형식이 되는 한 묶음의 사물, 하나의 정황, 일련의 사건을 발견하는 것으로, 그 형식이란 감각적 경험으로 끝나야 하는 외적 사실이 주어지면 그 정서가 즉시 환기되는 그러한 종류의 것이다.

엘리엇의 시가 대체로 극적인 구성을 보이는 것은 그의 이러한 시론에 연유한다. 그러나 그 극적 구성은 단편적이며 고도의 함축을 지닌 것이기 때문에 독자에게 지적 긴장을 요구한다. 브래드브룩(M. C. Bradbrook)이 말하듯이 "엘리엇에게 약삭빠른 수동적인 상태에서 접근하는 것은 소용이 없다. 독자는 머리를 써야하는 것이다." 게다가 그의 시는 매우 암시적이다. 특히 그의 초기의 대표작인 『황무지』는 수많은 고전으로부터의 인용이나 그것에 대한 인유가 특이한 느낌을 주는데, 사실상 이 작품은 인용의 연속으로 끝나고 있다. 엘리엇의 중요한 형식적인 특징의 하나가 단편성인데, 이는 인용, 인유과 무관하지 않다. 이 단편성은 마침내는 하나의 전체를 이루게 되는 단편성이다.

한편 엘리엇의 이러한 특이한 시적 방법은 그의 시적 태도 및 그것에 따르는 그의 시세계와 더불어 그의 시를 특이한 것으로 만들고 있다. 엘리엇의 시는 『황무지』를 경계로 하여 전기와 후기로 나누어진다. 그의 전기시와 후기시는 시풍과 시세계에 있어서 일견 판이하게 다른 듯이 보인다. 시적 관점으로 볼 때, 전기시가 풍자와 부정의 시라면 후기시는 명상과 긍정의 시라고 할 수 있으며, 시풍으로 볼 때, 전기시가 기발하고 난삽하다면 후기시는 오묘하고 평명하다고 할 수 있다.

엘리엇의 첫 시집 『프루프록과 그 밖의 관찰들』(*Prufrock and Other Observations*, 1917)에는 단테의 『연옥편』의 한 구절이 제사로 인용되어 있다. 거기에 "망령들을 실체가 있는 것으로 다룬다"는 말이 있는데, 이것은 엘리엇의 전기시 전체의 성격을 암시하는 말이다. 그의 전기시는 말하자면 실체가 없는 망령들의 세계, 즉 지옥을 그린 것이다. 그 지옥은 현대의 세계요, 그 망령들이란 현대인들이다. 엘리엇의 초기시는 대개가 이와 같은 현대인의 자조적인 공허를 표현하는데, 주로 현대의 도시생활을 소재로 삼고 있다. 응접실이나 음산한 거리가 무대가 되는 경우가 흔하며, 거기서 움직이는 사람들이란 한결같이 정신적인 가치와 의미와 생명력을 잃은 인간들이고, 그들의 삶은 이른바 "삶 가운데 있는 죽음"의 삶이다.

엘리엇은 자신이 프랑스 후기 상징파 시인 라포르그와 엘리자베스 시대 후기의 극을 연구하여 시작(詩作)하기 시작했다고 말한 바 있다. 시집 『프루프룩과 그 밖의 관찰들』에 실린 시들이 주로 라포르그의 영향을 짙게 보이는 자유시형의 작품들로 되어 있다면 다음 시집인『시편』(Poems, 1920)은 영시의 전통적인 형식을 사용한 작품들을 주로 하고 있다. 이 시편에 실려 있는 네 편의 불어시를 제외한 나머지 작품들은 모두 4행연으로 되어 있고, 그 중의 걸작「노인」(Gerontion)에서는 엘리자베스 시대의 극작가들의 무운시가 실험되고 있다. 게다가 이 시집에 실린 작품들은 유럽의 악덕을 풍자하는 일에 더욱 적극성을 띠어, 이미지가 더욱 이질적인 결합을 보이고 있으며, 또한 현재와 과거를 날카롭게 대조하고 있다. 기발한 이미지와 장면으로 그려진 황폐한 현대의 이 정신적 풍토는 바로 엘리엇의 전기의 대표작인『황무지』의 세계이기도 하다.

엘리엇 자신이 주석을 붙여 밝히고 있듯이『황무지』는 작품의 제목뿐만 아니라 설계와 부수적인 상징도 인류학자인 웨스턴(Jessie L. Weston, 1850-1928)여사의『의식에서 로맨스로』(From Ritual to Romance, 1920)에 많이 의존하고 있다. 웨스턴 여사의 이 책은 고대의 풍요의식에서 유래한 성배전설을 연구한 것으로 어부왕이라는 통치자의 노쇠 때문에 황폐해진 나라, 즉 황무지를 한 기사가 가뭄과 불모로부터 구출하는 이야기가 그 내용이다. 그 나라를 구하려면, 어부왕이 젊음을 회복해야 하고, 그러자면 그 기사가 온갖 고난을 무릅쓰고 위험당을 찾아가서 거기에 있는 창과 성배에게 물음을 물어야 한다. 이 창과 성배는 각각 남성과 여성의 원리를 상징한다.

『황무지』는 이 이야기를 현대 사회와 문명에 적용한 작품으로 인류학자 프레이저(Sir James Frazer)의 저술, 기독교와 불교와 단테, 17세기 초두의 영국 극문학을 비롯한 광범위한 유럽 문학이 배경이 되어 있으며, 원문으로 인용된 언어만 하더라도 여섯 가지나 된다. 도합 430여행의 이 작품은 5부로 나누어져 있으며, 각 부의 수많은 단락과 구절은 단편적, 함축적인 엘리엇 특유의 방식으로 배열되어 있다. 그러므로 이 작품은 매우 난해한 작품이지만, 그 세부사항에 있어서는 어조와 리듬과 이미저리의 다양함과 다채로움이 리챠즈(I. A. Richards)가 말한 혼연한 관념의 음악을 이루고 있다. 엘리엇은 이 작품으로 초기시에 있어서의 진단에서 한 걸음 더 나아가 그 구원을 시사하는 예언적인 풍모를 드러내고 있다.

    엘리엇의 시에 있어서의 구원에 대한 염원은 『황무지』 이후의 그의 주요한 작품들에 한 결 같이 나타나 있다. 『텅 빈 사람들』(*The Hollow Men*, 1925), 「동방박사의 여행」(Journey of the Magi, 1927)을 거쳐 『성회 수요일』(*Ash Wednesday*, 1927-30)에 이르면 구원을 지향하는 종교적 체험이 주된 내용이 된다. 『성회 수요일』에서는 인유와 암시가 제한되어 단테와 구약성서가 주로 그 배경이 되는데 이것은 엘리엇이 1927년에 영국성공회로 개종하고 단테에게 경도된 것으로 보아 우연한 일이 아니다. 이 작품은 『황무지』보다 덜 난해하고 스타일도 이에 어울리게 장중하고 평명해진다. 220여 행의 이 작품은 각각 다른 시기에 쓰인 여섯 부분으로 구성되어 있다.

    첫 부분은 까발깐띠(Cavalcanti)의 시의 일부를 빌어 「나는 돌아가려고 생각하지 않기 때문에」(Perch Io Non Spero)라는 제목으로 1928년에 발표된 바 있다. 여기에는 현세적인 것으로부터 돌아서고 "현세적인 시간의 덧없는 영광"을 버리고자 하는 마음이 그려져 있다. 그러나 이러한 생각에 사심이 전혀 개입되지 않은 것은 아니다. 둘째 부분은 시기적으로 보아 이 작품의 여섯 부분 중에서 가장 일찍 쓰인 것으로 1927년에 발표되었다. 여기에는 새로운 삶의 전제로서의 정신적인 죽음이 단테와 구약적인 배경 위에 그려져 있다. 셋째 부분은 「층계 꼭대기」(Som do L'Escalina)라는 제목으로

1927년에 발표된 것으로 단테의 『연옥편』에서 계단의 아이디어를 빌려와 영혼이 지상에서 천국으로 올라가는 과정을 그리고 있다. 희망과 절망의 싸움에서 전적인 포기와 부정으로 감각적인 삶의 유혹을 다시 이겨내고 치솟는 영혼은 스스로의 하잘 것 없음을 되뇌이며 "오직 말씀만은…"하고 기도하고 있다.

넷째 부분에서부터 끝 부분까지는 이 작품 전체를 두고 쓰였다고 볼 수 있다. 넷째 부분에서는 지상의 경험이 천국적인 것, 즉 보다 높은 꿈으로 변하는 모습이 역시 기도의 형식으로 암시된다. 즉 "그 꿈을, 들리지 않은, 말하여 지지 않은 말씀의 조짐을 돌이켜 주옵소서"라고 기도하는 것이다. 이 말씀, 즉 로고스가 이 세상에서 어떻게 거부되고 있는가 하는 것이 이 작품의 다섯째 부분에서 이야기되고 있으며, 다시 "베일을 쓴 누이"에게 그를 외면하는 이 세상 인간들을 위해 노래해줄 것을 간청하고 있다. 끝 부분은 주제와 스타일에 있어서 이 작품의 첫째 부분으로 되돌아간다. 영혼은 아직도 안정을 얻지 못하고 자아는 아직도 소멸되지 않았으며 유혹은 아직도 고개를 든다. 그러나 그의 믿음은 오직 그 "누이이며 어머니"에게 있으므로 이 부분도 첫째 부분과 비슷한, 그러나 보다 희망적인 기원으로 끝나고 있다.

부활절을 40일 앞서는 『성회 수요일』이라는 제목으로 되어 있는 이 작품은 참회의 심정을 중심으로 한 일종의 신앙고백이다. 엘리엇은 『성회 수요일』 이후 시극으로 방향을 전환하여, 『삼손 애고니스트』(*Samson Agonistes*, 1932)를 기점으로 『바위』(*The Rock*, 1934)를 거쳐 1935년에는 『대성당의 살인』(*Murder in the Cathedral*)을 썼다. 이 이외의 시극으로는 『가족재회』(*The Family Reunion*, 1939), 『칵테일 파티』(*The Cocktail Party*, 1950), 『비서』(*The Confidential Clerk*, 1954), 『원로 정치가』(*The Elder Statesman*, 1959) 등이 있다.

『성회 수요일』에 있어서와 같은 신앙의 세계를 거친 후 심오한 철학적인 명상의 세계를 보여주는 것이 후기 대표작인 『네 사중주』(*Four Quartets*, 1943)이다. 이 작품은 『황무지』의 약 4배의 길이로, 제목이 암시하듯이 창작 시기가 다른 4편의 시로 구성되어 있다. 이 작품은 「번트 노튼」(Burnt Norton, 1935), 「이스트 코우커」(East Coker, 1940), 「드라이 샐비지즈」 (The Dry Salvages, 1941) 및 「리틀 기딩」(Little Gidding, 1942) 으로 이루어져 있다. 각 시편은 소나타에 있어서의 악장과도 비슷한 다섯 부분으로 다시 나누어진다.

『황무지』의 구성에 일정한 계획이 있었듯이, 『네 사중주』에도 일정한 계획이 있어 네 편의 시가 각각 4계절 및 4원소에 관련되어 있다. 「번트 노튼」은 첫 여름과 공기, 「이스트 코우커」는 늦여름과 흙, 「드라이 샐비지즈」는 가을과 물, 그리고 「리틀 기딩」은 겨울과 불에 관련되어 있다. 게다가 이 제목은 각각 특정한 장소와 관련되어 있다. 번트 노튼은 글루스터셔 (Gloucestershire)에 있는 버려진 장원의 이름이며, 이스트 코우커는 엘리엇의 조상들이 살았던 섬머셋(Somerset)의 한 촌락의 이름이고, 드라이 샐비지즈는 매사추세츠 해안의 바위들을 가리키는 이름이며, 리틀 기딩은 캠브리지셔(Cambridgeshire)에 있는 18세기의 신앙촌의 이름이다. 그러나 이것은 『네 사중주』의 표면상의 구성일 뿐 각 부나 전체에서 더욱 섬세한 운율적, 또는 상징적인 구성을 찾을 수 있다.

이 작품은 대체로 네 가지 주제를 갖고 있다. 시간과 영원의 문제, 사회에 있어서의 선의 문제, 예술가와 그의 소재의 문제 및 영적 계시의 문제가 그것이다. 작품의 세계는 시간과 신의 문제가 두 축을 이루고 있다.

「번트 노튼」은 시간에 대한 사색으로 시작되는데 엘리엇이 방문했던 장원(莊園)인 번트 노튼을 배경으로 하여 그 사색이 상징적으로 표현된다. 거기서는 기억 속에 발자국 소리가 들리고, 새 소리나 연못과 같은 과거의 사물들이 지금도 존재하고 있다. 또 그것은 미래에도 존재할 것이다. 둘째 부분에서는 여러 대립되는 사물들의 조화와 우주의 대응이 암시된 다음 "돌아가는 세계의 고요한 한 점"인 정점에 관한 고찰로 나아간다. 삶 가운데서 "과거와 미래가 모이는" 이 정점을 이룩하기는 어려운 일인데, 왜냐하면 그러기 위해서는 우리의 의식을 "시간 밖으로" 확대해야 하기 때문이다.

이 어려움은 "어스름"의 세상을 떠나 신비주의 사상가들이 말하는 "영혼의 어두운 밤"으로 내려감으로써만 해결될 수 있다는 것이 셋째 부분에서 암시된다. 넷째 부분에서는 계시에 대한 영혼의 동경이 그려지고, 다섯째 부분에서는 정점의 개념이 시작(詩作)에 적용된다. 예술의 이상이 무시간적인 상태에 도달하는 것이지만, 언어는 "시간 안에" 존재하는 것이며, 인간은 오직 순간적으로 영원을 볼 뿐이다.

「이스트 코우커」에서는 이러한 명상이 시인 자신의 조상들이 살던 고장을 배경으로 하여 인간의 역사를 두고 펼쳐진다. 첫째 부분에서는 그곳에서의 인간들의 삶이 시골 사람들의 춤으로 상징되어 그려진다. 둘째 부분에서 시인은 자기 자신의 삶을 생각하며 인간이 바랄 것은 세속적인 지혜가 아니라 "겸손의 지혜"라고 말하고 있다. 셋째 부분은 참으로 사는 길이 "신의 어둠"을 찾아 일체의 욕망을 버리는 것임을 말하고 넷째 부분에서는 영혼에 대한 기독교의 교리가 알레고리 형식으로 풀이된다. 다섯째 부분에서 시인은 다시 예술로 돌아가 과거 20여 년 동안의 자신의 노력은 실패였다고 말한다.

「드라이 샐비지즈」는 늙어가면서도 지혜를 얻지 못함을 주제로 삼고 있다. 첫째 부분에서는 우리의 마음속에 숨어 있는 악과도 같이 어둡고 위태로운 미시시피 강과 신의 안개 속에서 말씀과도 같이 종을 울리는 바다가 대조되어 있다. 둘째 부분에서는 시인이 첫째 부분의 이미지들을 끌어와 가장 믿음직스럽다고 생각한 것들 가운데서 산 세월의 무미건조함을 탄식한 다음, 경험의 의미를 철학적으로 고찰한다. 셋째 부분에서도 역시 이 문제가 다루어진다. 시간은 고쳐주는 자가 아니다. 우리에게는 나아가는 길밖에 없는 것이다. 넷째 부분에서의 항해하는 사람들과 그들을 사랑하는 사람들을 위한 기도를 거쳐 다섯째 부분에서는 "영원과 시간의 교차점을 이해하는 것은 성자가 할 일"이요, 우리는 "짐작이 뒤따르는 암시", 즉 예기치 않은 계시의 순간에나 의지할 뿐, 과거와 미래에서 해방된다는 것은 너무나 어려운 일이라는 사실이 설명된다.

「리틀 기딩」에서 시인의 명상은 절정에 달한다. 여기서 중요한 이미지는 정화를 의미하는 불의 이미지이다. 첫째 부분에서 시인은 겨울철의 즐거운 순간을 그리면서 어느 때 이곳에 오더라도 그것은 "기도가 효험이 있었던 여기에서 무릎 꿇기 위해서"라고 말하고 있다. 둘째 부분에서는 4대원소의 소멸로부터 개인적인 목표와 능력의 쇠멸로 주제가 전환된다. 셋째 부분에서는 집착과 해탈의 문제가 고찰되고, 사랑에 의한 구제의 방편으로서의 정화를 노래한 넷째 부분을 거쳐, 다섯째 부분은 좋은 글을 예로 들어 "우리가 시작이라고 부르는 것이 흔히 끝이요, 끝낸다는 것이 시작하는 것임을 풀이하고 천국의 사랑과 지상의 사랑이 하나가 될 때 만사가 길하리라"고 끝맺는다.

지금까지 살펴본 바와 같이 엘리엇의 시는 전기와 후기에 있어서 표면상 상당한 변화를 보이고 있으나 단편성과 암시성은 일관된다. 즉 상징주의는 그의 일관된 시적 방법이었던 것이다. 전기시가 보여주는 부정적인 시적 태도도 후기시의 긍정적인 시적 태도와 별개의 것이 아니다. 왜냐하면 이 긍정과 부정은 동일한 세계관과 신앙을 토대로 한 것이기 때문이다. 엘리엇은 위대한 시인의 업적 전체는 "뜻 깊은 통일성"을 지닌다고 말한 바 있는데, 그의 시도 뜻 깊은 통일성을 지니고 있으므로 엘리엇 자신도 위대한 시인이라고 할 수 있다.

Archibald MacLeish | 1892-1982

아치볼드 맥리쉬(Archibald MacLeish)는 자기 세대의 정치적 관심사와 스타일의 변화에 대체로 민감한 반응을 보였다. 그는 시인을 시인 자신이 살고 있는 공동사회에서 특권을 갖고 동료시민들의 삶에 초연한 상태로 있을 수 있는 사람으로 생각한 적이 없다. 또한 그는 오든(W. H. Auden)이 열광적으로 주장한, 시는 사물들을 발생시킬 수 없으며 또 발생시키려고 노력해서도 안 된다는 개념에 전적으로 만족할 수도 없었다. 그는 자신의 예술에 몰두하며 시는 선전이 될 수 없다고 생각했다. 예술과 사회에 대한 주장을 스스로 만족할만하게 조화시키지 못했지만, 그는 작가, 시민의 공복, 또 교사로서의 오랜 생활 가운데 이 문제에 용감하고 정열적으로 달려들어 해결하려고 노력했다.

맥리쉬는 일리노이(Illinois)주의 글렌코(Glencoe)에서 1892년 5월 7일 출생했다. 부친은 말을 아름답게 꾸밀 줄 아는 냉정하고 엄격한 사람이었으며, 모친은 맥리쉬의 아버지의 셋째 부인이었다. 그는 1907년부터 1911년까지 호치키스 학교(Hotchkiss School)를 다녔고 예일 대학교(Yale University)를 1915년에 졸업했다. 대학교에서 영어를 전공하였고, 대학을 졸업한 후에 하버드 법학전문대학원에 들어갔고, 1916년에 아다 히치콕(Ada Hitchcock)과 결혼하였다.

제 1차 세계대전이 발발했을 때 그는 이미 결혼하여 부인과 자녀가 한 명 있었음에도 불구하고 자원입대하여 구급차 운전병으로 전쟁에 참여했으며 후에 야전포병대의 대위가 되어 전선에 나가 직접 전투하기도 하였다. 전쟁에 참여하느라고 1919년이 되어서야 비로소 법학대학원을 졸업하였다. 그의 형은 벨기에에서 전투 중에 사망했으며 「기념의 비」(Memorial Rain)라는 작품은 이 죽음에 대한 슬프면서도 빈정대는 투로 된 증언담으로 전쟁이 끝난 후에 쓴 것이다.

전쟁이 끝난 직후에 그는 보스턴(Boston)에서 여러 해 동안 변호사 일을 하였고, 일이 과중하여 시에 집중할 수 없었다. 그는 1923년에 전 가족을 이끌고 프랑스 파리로 이주하여 모더니스트(Modernist) 운동에 참여했다. 이 때 거트루드 스타인(Grutrude Stein)과 헤밍웨이(Ernest Hemingway) 등의 문학가들과 교류하였다.

그는 1924년부터 1927년 사이에 시집을 네 권 출판했다. 이 초기 시편들은 파운드(Ezra Pound)와 엘리엇(T. S. Eliot)의 영향을 다분히 지니고 있다. 그는 이들 선배시인들과 마찬가지로 단편을 모아 시를 구성하는 경우가 많다. 그는 엘리엇으로부터 시행을 다양하게 구성하는 습관을 배웠으나 자신의 관용어를 발전시키는 데 있어서는 보다 더 옛 시인들의 도움을 받았다.

맥리쉬는 1928년에 미국으로 돌아와서 그 다음해 겨울에는 『정복자』(Conquistador)를 쓰기 위한 준비작업의 일환으로 멕시코를 경유하는 코르테즈(Cortez) 원정부대의 행군도로를 때로는 도보로 때로는 노새를 타고 답사했다. 1932년에 퓰리처상(Pulitzer Prize)을 탄 『정복자』는 서사시적 주제를 다룬 시편인데 사라져 버린 자신의 과거로부터 무언가를 이끌어내고자 하는 개인의 시도와 시간에 대한 맥리쉬 자신의 변함없는 선입관을 반영하는 방식으로 그 주제가 제시되어 있다. 그 정복전쟁의 이와 같은 해석은 정복자 중의 한 사람인 버날 디아즈 델 카스틸로(Bernal Diaz del Castillo)가 말하는 형식으로 되어 있는데, 그는 이제 노령에 달하여 역사의 공식적인 해석에 불만을 품고 자기 자신의 이야기를 말하는 사람의 역할을 한다.

맥리쉬는 이 작품에서 그 노인이 기억하고 있는 자신의 과거를 우리에게 전달해주는 일에 관심을 갖고 있기 때문에 이야기의 진행을 일련의 감각적인 세부사항으로부터 우리가 추측해야 하는 경우가 많다. 이 작품의 형식은 단테식의 3운구법(Terza Rima)으로 되어 있으며 맥리쉬는 영어에 운을 이루는 단어들이 많지 않다는 점을 두운을 많이 사용함으로써 보충하고, 이 형식을 의식의 흐름의 수법에 기술적으로 적용한다.

맥리쉬는 한때 『행운』(Fortune)지를 출판하는 회사에 근무했으며 1930년대 후반에는 파시즘(Fascism)과의 전쟁이 임박했음을 동료 시민들에게 경고하고 조국애를 고취시키기 위한 목적으로 일련의 작품들을 썼다. 그는

"시는 의미하는 것이 아니라 존재하는 것"이라는 유명한 격언을 만들어냈으며 대중연설에 힘을 쏟았다. 1937년에 쓴 라디오극 『도시의 몰락』(The Fall of the City)은 파시스트들의 꿈이 허황된 것이라는 사실을 극적으로 표현한 작품이다. 1938년에 쓴 또 다른 극 『공습』(Air Raid)에서 그는 미국인들에게 새로운 형태의 전쟁에 대비하도록 촉구했다. 1938년에 쓰인 시편인 「자유의 땅」(The Land of the Free)은 새로운 전달방식의 실험을 보여준다. 이 작품은 1930년대 후반의 미국의 실상에 대한 논평이다.

맥리쉬는 1940년에 『무책임한 자들』(The Irresponsibles)이라는 소책자를 발간하여 자기 시대의 많은 위대한 작가들이 독자들의 도덕적 의식을 약화시켜 파시즘에 물들게 하고 있다고 비난했다. 그는 엘리엇과 파운드의 시가 곧 전쟁에 돌입하게 될 나라의 필요에 적합하지 못하다고 믿었다. 그는 그들의 작품이 그들의 시대에 필요한 문학적 반동의 시였다는 것은 인정했지만 지금 행해져야 할 새로운 건설적인 작업은 할 수 없는 시라고 보았다. 모더니즘(Modernism)의 부적절함은 혁신에 대한 강조에서 나온다. 그는 현대시의 바로 이러한 특징이 우리시대의 우리의 경험을 인식시키는 데 실패한 이유라고 설명한다. 그는 우리들의 경험과 같은 경험을 믿고, 시를 씀으로서 그 경험을 인식하도록 하기 위해서는 책임 있고 위험한 수용과 믿음의 언어를 필요로 한다고 믿었다.

제 2차 세계대전이 임박해질 때 그는 매우 높은 공적인 인물이 되었다. 미국의 문필가들 중에서 그만큼 높은 공직에 올랐던 사람은 거의 없다. 루즈벨트(Franklin D. Roosevelt) 대통령은 1939년에 그를 국회도서관원으로 임명했다. 그를 도서관원으로 임명한 것에 대하여 직업사서와 정치가들이 심하게 반발하고 비판했지만 그는 5년 동안이나 그 직책을 고수했다.

제 2차 세계대전 동안에 그는 정보부서에서 일을 하였다. 1941년에 선동선전을 맡는 분야 특수기관의 책임자가 되었고, 1944년부터 1945년까지 국무장관보로 일했다. 제 2차 세계대전이 끝난 후 그는 유네스코(UNESCO)의 창설을 위해 일했고 1946년에 파리에서 개최된 유네스코의 첫 회의의 의장이 되었다.

오랫동안 막스주의를 비판했음에도 불구하고 맥리쉬는 1940년대와 1950년대에 에드가 후버(J. Edgar Hoover)와 맥카시(Joseph McCarthy)와 같은 보수적인 정치가들의 집중 공격을 받았다. 이는 미국작가연맹(League of American Writers)과 같은 반파시스트 단체와 관련이 있었고 저명한 좌익 작가들과 교류하였기 때문이다.

그는 1949년에 하버드 대학교(Harvard University)의 교수가 되어 1962년까지 근무했다. 1961년에 『시와 경험』(Poetry and Experience)이라는 제목으로 출판된, 시에 관한 강의는 과거에 그가 대단히 몰두했던 시인의 공적인 의무라는 문제는 거의 다루지 않았다. 1957년에 출판된 『J.B』라는 운문극은 「욥기」(the Book of Job)에서 그 내용을 따왔다. 이 작품은 서커스 텐트를 배경으로 한 것으로 주인공인 현대의 영웅은 인생의 공허함과 자아를 창조하는 자신의 힘을 혼동한다. 1963년부터 1967년까지 암허스트 대학(Amherst College)에서 강의하였으며, 1970년 경에 밥 딜란(Bob Dylan)을 만났다.

1967년에 발간된 『헤라클레스』(Herakles)라는 극은 존재와 무 사이의 갈등을 다루려고 시도한 작품이다. 이 작품보다 훨씬 이전의 극인 『도시의 몰락』에서 무에의 굴복에 대한 유혹은 정치적이었고, 그는 이 유혹을 피할 수도 있었을 것이다. 그러나 『헤라클레스』에서 그 영웅의 승리는 자신의 아들을 희생시키고 얻은 것이기 때문에 진정 비극적이다. 맥리쉬는 극을 쓰는 것과는 별도로 서정시를 계속 썼다. 그의 시의 특징은 『시와 경험』의 끝부분에서 그 자신이 한 말에서 짐작할 수 있다. 그것은 "흘러가는 세상의 진실에 대면하여, 그것으로부터 노래를 만들어내고, 그것으로부터 아름다움을 만들어내는 것은 우리 인간의 삶의 수수께끼를 푸는 것이 아니라 아마도 그 이상의 무엇을 성취하는 것이리라"는 말이다.

맥리쉬의 초기 작품은 전통적인 모더니스트의 작품으로 시인이 사회에서 고립되어 있다는 모더니스트의 견해를 수용하고 있다. 「시학」(Ars Poetica)이라는 작품에는 모더니스트의 미학에 대한 고전적인 진술인 "시는 의미하는 것이 아니라 존재해야 한다"라는 구절이 들어 있다. 후에는 모더니즘의 순수한 미학에서 벗어났고, 공적임 삶에 매우 몰두하였으며, 바로 이것이 시인의 역할이라고 믿게 되었다.

Wilfred Owen | 1893-1918

오웬(Wilfred Owen)은 슈롭셔(Shropshire)의 오스웨스트리(Oswestry)에서 1893년 3월 18일 네 아이의 첫째로 태어났다. 부친은 철도회사의 평범한 일을 하였으며, 가족의 수입이 충분하지 못했던 것은 오웬의 일생에 영향을 끼쳤다. 이 당시 부모님인 토머스 오웬과 수전은 할아버지의 집에서 편안히 살았지만, 1897년 할아버지가 사망하자 오웬 가족은 버켄헤드(Birkenhead)의 뒷골목에 있는 허름한 집으로 이사할 수밖에 없었다. 모친은 엄격한 캘빈교도로서 아들에 대한 애정이 깊었다. 그녀는 그가 약

10살 때부터 시적 야망을 품는 것을 보고 이를 북돋아 주었다. 오웬은 1900년부터 1907년까지 버켄헤드 초등학교에 다녔으며, 그 다음에는 슈루즈베리(Shrewsbury) 기술학교에 다녔다. 런던대학에서 입학허가를 받았으나 등록금이 없어서 입학할 수 없었다. 그래서 학생 겸 평신도 사제보가 되어 옥스퍼드셔(Oxfordshire)에 있는 던스덴(Dunsden)으로 갔다. 거기에서 그는 확고한 믿음을 확립하기 보다는 교구민들의 고통스러운 삶에 동정을 더 느끼게 되었다.

　　오웬은 교회에 있으면서도 세속적인 충동을 많이 느끼게 되었고, 이러한 불만의 결과로 이 직책을 버리고 1913년 8월에 보르도(Bordeaux)에 있는 벨리츠(Belitz)학교에 교사로 가게 되었다. 1915년 8월인가 9월에 영국으로 돌아와 군에 자원입대했고, 훈련을 받은 후 맨체스터 연대의 장교가 되어 1917년 1월에 서부전선으로 갔다. 날씨가 지독하게도 추웠고 전투가 격렬했는데 그해 6월에 병에 걸려 영국의 에딘버러로 후송되었다. 여기에서 그는 전쟁시인으로 이미 명성을 얻고 있던 써순(Siegfried Sassoon)을 만나 시를 보다 열심히 쓰도록 격려 받았다. 병원에서 오웬의 담당의사인 아서 브록(Arthur Brock)이 오웬에게 그의 경험을 시로 옮기도록 격려하였고 프로이드의 심리분석에 영향을 받은 지그프리드 써순이 모범을 보이며 도움을 주었다. 써순이 풍자시를 이용하는 방법이 오웬에게 큰 영향을 주었고, 오웬은 써순의 스타일로 시를 쓰려고 노력하였다. 더욱이 오웬의 시는 써순과 공동작업을 하면서 많이 변화했다. 써순은 사실주의와 경험으로 쓰는 것을 강조했는데, 오웬은 이것을 들어본 적이 없는 것은 아니었으나 예전에 사용한 스타일은 아니었다. 오웬이 예전에 연습한 것은 가벼운 마음으로 쓰는 소네트 위주였다. 오웬은 영웅을 숭배하듯이 써순을 숭배하였다. 써순은 로버트

로쓰(Robert Ross)와 로버트 그레이브즈(Robert Graves)를 오웬에게 소개시켜 주었으며, 오웬은 이들 이외에도 웰즈(H. G. Wells)와 아놀드 베넷(Arnold Bennett), 오스버트 씻웰(Osbert Sitwell), 새처브렐 씻웰(Sacheverell Sitwell)을 만났다.

병이 회복되어 1918년 8월 31일에 프랑스의 전선으로 다시 돌아갔다가 휴전이 성립되기 일 주일 전인 1918년 11월 4일에 25세를 일기로 생을 마감했다. 사후에 십자 무공훈장이 추서되었다.

그의 시는 대부분 1917년 8월부터 1918년 9월 사이의 13개월 동안에 쓰인 것들로서 써순에 의하여 『시집』(*Poems*)이라는 제목으로 1920년에 출판되었다. 그는 짧은 생애를 살았고, 시를 쓴 기간도 짧았지만, 제 1차 세계대전의 전쟁시인 가운데 가장 우수한 시인이라고 할 수 있다. 그의 시집의 "머리말"에 실린 오웬 자신의 다음과 같은 글은 그의 작품세계를 간결하게 요약한다.

    나의 주제는 전쟁이며 전쟁의 연민이다.
    시는 연민 가운데 있다.
    . . . 시인이 오늘날 할 수 있는 것은 경고하는 것뿐이다. 그것이 진정한 시인이 진실해야만 하는 이유이다.

이 글에서 명확히 드러나고 있듯이 전쟁의 진실, 실상을 적나라하게 묘사함으로써 전쟁의 연민을 표현하고, 그렇게 함으로써 인류에게 경고하는 것이 오웬의 시의 목표인 것이다. 그렇기에 그의 대표적인 작품들에는 처절한 전쟁의 진실 뒤에 뜨거운 인간애가 흐르고 있다. 예이츠는 오웬의 시를 두고

"피와 진흙과 빨아먹던 사탕막대기"라고 혹평했지만, 오웬이 젊음의 낭만을 지니고 있다면, 아니 적어도 낭만의 기미라도 지니고 있다면 그는 자신이 묘사하는 무시무시한 장면을 상쇄하도록 그것을 이용한 것이다. 1917년 2월 4일자 편지에서 오웬은 "가증스러운 광경, 사악한 소음, 욕설. . . 모든 것이 부자연스럽고, 부서지고 시들었다. 시체가 뒤틀리고, 매장할 수 없는 시체가 하루 종일 참소 속에 있었다. 영광스럽다고 쓴다"고 말하고 있다. 따라서 오웬에게 감상적, 낭만적인 면이 혹시 엿보인다면, 이는 고통 속에서 무의미하게 죽어가는 사람들의 오래된 광경에 반하여 자신의 젊음을 투사하는 것이었다고 할 수 있다.

오웬은 운율상의 실험으로 「헛 일」(Futility)에서 Sun-unsown, once-France, Snow-now와 같은 반운(half-rhyme)을 사용하기도 하고 「1914년 7월 일기초」(From My Diary, July 1914)에서 Leaves-Lives, Birds-Bards와 같은 블런덴(Blunden)이 유사운(pararhyme)이라고 부른 기교를 사용하기도 하였다. 이와 같은 기교상의 실험은 그의 뜻 깊은 실험정신을 보여주는 것이다. 그가 다음 세대, 특히 1930년대의 시인들에게 영향을 준 것은 따스한 인간애와 더불어 이러한 기교에 있어서였다.

제 1차 세계대전이 배출한 중요한 시인으로 여겨지는 오웬의 사실적인 전쟁시, 다시 말하여 참호속의 공포와 전쟁에 관한 시는 친구인 써순의 영향을 많이 받았다. 그 당시 전쟁에 대한 대중의 개념과 루퍼트 브룩과 같은 전쟁시인들이 예전에 쓴 애국시와는 정 반대의 입장을 보여준다. 써순의 영향과 에디쓰 씻웰의 후원 그리고 1931년에 에드먼드 블런덴(Edmund Blunden)이 편집한 새 사화집에 오웬의 작품이 실림으로써 오웬의 명성이 후세에 전해지게 되었다.

Edward Estlin Cummings | 1894-1962

커밍즈(Edward Estlin Cummings)는 현대 시인들 중에서 가장 혁신적인 사람들 중의 한 명이다. 그의 혁신적인 면은 예이츠(William Butler Yeats)나 스티븐즈(Wallace Stevens)의 혁신적인 면과는 다른 범주에 속한다. 어느 면에서 그는 기묘하게 전통적이라고 할 수 있다. 그가 비록 대부분의 구두점을 생략하고 대문자를 사용해야 할 곳에 소문자를 사용하며 구문을 정교하게 뒤틀어 놓지만, 그는 소네트와 다른 정형(定型)을 즐겨 사용한다. 그는 각운과 비각운(off-rhyme)을 반세기 정도 후의 개혁자들의 비난

거리가 될 만하다고 생각하는 방식으로 사용하기를 즐긴다. 비록 일상회화의 통상적인 구문의 일부 내용을 바꾸어 사용하고, 동사를 명사로 전용하거나 명사를 동사로 전용하는 경우가 많지만, 이렇게 하는 이유는 주로 어구들의 단순함으로 인하여 우리의 복잡한 모든 상태를 잘못 전달하는 일이 생긴다는 감정을 표현하기 위해서라고 짐작된다. 그는 예이츠나 엘리엇(Thomas Stearns Eliot)의 말과 같은 권위적인 말이나 스티븐스와 같은 철학적인 미묘함을 추구하지도 않고 발견하지도 않는다. 그러나 그는 장엄하며 파괴적인 작은 세계를 자신이 즐기려고 하는 영역 안에 이룩한다. 그가 어떤 한계를 설정하고 그것에 묵종한다는 사실은 일인칭 단수인 "나"(I)를 대문자로 표기하지 않는 점에서 분명하게 드러난다. 커밍즈는 모든 허영과 개성에서 벗어나기 위하여 "나"를 대문자로 사용하지 않는 듯이 여겨진다.

커밍즈는 매사추세츠(Massachusetts)주의 케임브리지(Cambridge)에서 1894년 10월 14일 출생했다. 부친은 유니테리언 교회의 목사로서 보스턴(Boston)에 있는 남부조합교회에서 설교했으며 하버드 대학교(Harvard University)에서 사회학을 강의하기도 했다. 커밍즈는 1915년에 하버드 대학교를 졸업하고 1916년에 여기에서 석사학위를 받았다. 제 1차 세계대전 때 그는 지원 입대하여 프랑스로 파견되었다. 그러나 프랑스의 검열관이 커밍즈와 사귀었던 동료 지원자가 그에게 보낸 편지를 보고 그의 사상성을 의심하여 커밍즈와 그의 동료를 수용소에 억류하였다. 수용소에서 보낸 3개월간의 경험은 소설 『거대한 방』(*The Enormous Room*, 1922)에 반쯤은 허구적으로 묘사되어 있다. 그는 이 작품에서 영혼을 파괴하는 상황에서조차도 죄수들 가운데 끈질기게 존재하는 용기 있는 개인의 특유한 성질을 찬양한다.

전쟁이 끝난 후 커밍즈는 파리에 정착하여 글쓰기뿐만 아니라 그림그리기를 직업으로 삼았다. 1923년에 발표된 그의 첫 시집의 제목 『튜울립과 굴뚝』(*Tulips and Chimneys*)은 유기적인 생명과 소위 그가 비인류(man unkind)라고 부르는 것 사이의 대립 또는 규칙에 얽매인 부정과 대조되는 것으로서 그가 자신의 아버지에게서 찬양하는 것 사이의 대립을 암시한다. 이러한 대립은 그의 작품에 끈질기게 나타나는 요소이다.

기존 제도에 대한 커밍즈의 공격의 일부는 시의 인쇄상의 기법으로 나타난다. 다시 말하여 인쇄술에서 기존의 틀에 대한 반발을 그는 보여주고 있다. 그는 특별한 효과를 위해서만 구두점을 사용했으며, 그의 작품 중에서 많은 것들이 기묘한 인쇄방법으로 배열되어 있다. 단어의 철자가 음절의 수에 전혀 관계없이 한 행에서 다음 행으로 분철되는 경우도 많다.

독자들이 이와 같은 기법에 처음에는 적대감을 느끼기조차 하지만 결국은 이상한 아름다운 모습에 공감을 느끼게 된다. 이러한 방법은 후에 올슨(Charles Olson)이 사용한 철자상의 간격조절과 기묘함의 선구가 된다. 커밍즈는 자신의 어리석음을 고집함으로써 그것이 일종의 지혜로 받아들여지도록 했다. 지면상에 시를 배열하는 방식은 그 시가 큰 소리로 소리 내어 읽혀지는 방식을 반영하며, 긴장을 불러일으키고, 해결을 초래하며, 흥미로운 궁금증을 유발시키고, 결국은 커밍즈의 인습타파를 표출한다.

무감각하고 기계화된 세계에서 우리가 사랑과 욕망을 여전히 느낄 수 있다는 것은, 사실상, 자칭 부적격자로서의 그가 지니고 있는 표식이다. 그는 높은 지위에 있는 사람, 복잡한 도시에서 살고 있는 사람, 그리고 관습에 빠져있는 사람에 대하여 반감을 느끼고 있으며, 이들에게 적합한 유일한 대명사가 "그것"(it)이라고 생각한다. 한 시편은 "판매원은 미안합니다 라는 악취를 풍기는 그것이다"라는 구절로 시작되는데, 커밍즈는 여기에서 "그것"

이 판매하는 물품이 란제리가 되었든 아니면 수의가 되었든 상관없다고 설명한다.

추상화는 그것이 어떠한 형태로 되어 있을지라도 단호히 반대한다. "지식은 죽은 자에게는 공손한 말이다. 그러나 매장된 상상력은 아니다 . . . 생각하기 전에 두 번 생각하라"와 같은 구문이나 "대부분의 사람들"(most people)과 같은 표현을 그는 반대한다. 그는 이 말을 한 단어로 축약하고 다음과 같이 설명한다.

> 대부분의사람들(mostpeople)과 우리들이 똑같은 체해도 쓸 데 없다. 대부분의 사람들은 마이너스1의평방근(squarerootofminusone)보다 우리들과의 공통점이 없다. 당신과 나는 인간이다. 대부분의사람들은 속물이다 ... 대부분의사람들에게 삶은 단순히 존재하지 않는다. 소위 생활수준(standardofliving)을 보아라. 대부분의사람들이 생활이라는 말로 뜻하는 바가 무엇인가? 그들은 삶을 의미하지 않는다. 그들은 과학이 유한하지만 억제되지 않은 지혜 가운데 그들의 부인들을 팔아치우는 것을 계승한 출산 전의 단수 수동성에 가장 가까운 최근의 복수 근사치를 의미한다.

그는 개인이 유일한 실재라고 생각하기 때문에 몰개성화하는 힘으로서의 과학에 반대한다. 그는 정치적으로는 무정부주의자로 로빈후드와 같은 유형에 속한다. 그는 30년대 초에 러시아로 여행하면서 그 나라가 하나의 거대한 방임을 발견하고 『나는 존재한다』(*Eimi*, 1933)에 그것을 묘사하고 있다.

커밍즈가 보수주의자들에게 더 너그러운 것은 아니다. 그는 실제로는 장식된 영혼이 아니면서 장식된 영혼 가운데 사는 케임브리지의 여인들을 비난한다. 철학가들, 과학자들, 그리고 종교적 광신자들은 자연스럽고 본능적인 세계에 부자연스러운 속박을 가함으로써 이 세계를 망치려고 한다. 선동가들은 자신이 미국을 사랑한다고 말하면서 미국이라는 말로 단지 클루엣 셔츠, 보스턴 각반, 스피어민트 걸의 땅만을 의미한다. 그 다음에는 공식적으로 시를 쓰는 예술가들이 있다. 신을 위해, 그리고 예일대학을 위해 기꺼이 죽을 각오를 하고 있는 건강한 젊은이들이 있다. 그들은 육체적인 성병뿐만 아니라 정신적인 성병을 앓고 있다. 또한 다른 사람들을 살지 못하게 하는 가장 좋은 이유들을 발견하고, 자유를 아침식사음식 같은 생산품으로 여기는 주전론자들이 있다. 간단히 말하여 이 모든 사람들이 금지와 금기와 비인류로 충만한 부정적인 세상에 살고 있다. 커밍즈는 바로 이런 것들에 대하여 활을 쏘고 있다.

커밍즈는 그가 친구로 여기는 가난한 사람들도 시로 쓴다. 그들은 도둑이 되어버린 사람으로부터 양심적인 반대자 올라프(Olaf), 버팔로 빌, 그의 아버지, 그리고 그의 모든 연인들 등이다. 이 사람들에게는 어떤 공통점이 있다. 다시 말하여 그들은 존재한다 — "존재"라는 말은 엄청난 말이다. 그들은 사랑하는데 "사랑"이라는 말은 두 번째 엄청난 말이다. 그들은 자발적이고, 어린이 같으며 그들 자신이다. 그의 친구 리틀 조 굴드(little joe gould)가 그러한 사람인데, 그는 커밍즈와 함께 하버드 대학교에 다녔으나 그린위치 빌리지(Greenwich Village)의 거렁뱅이가 되었다. 굴드는 항상 자기 자신이기를 그치지 않음으로써, 사회적으로 쓸모 있는 일을 전혀 하지 않음으로써, 그리고 이 세상의 기계화에 대한 항의로 라디오 한 대를 42번가와 브로드웨이가 만나는 곳으로 가지고 가서 도끼로 박살냄으로써 커밍즈의 소중한 친구가 되었다. 시적(詩的)이지 못한 경찰관이 굴드를 체포했지만 커밍즈는 그를 기념하는 시를 한 편 썼다.

커밍즈의 시는 완성된 시가 아니다. 그는 완성을 악이라고 생각하고 있었기 때문에 그의 시는 완성된 모습을 취할 수 없었다. 그렇지만 그가 한정된 사상으로부터 변형을 끊임없이 구축함으로써 그의 시는 그의 생애 전반에 걸쳐 항상 고상한 수준을 유지하고 있다. 그의 시편들은 서정적이거나 풍자적인데 어느 종류의 것이든 훌륭하다. 설령 그의 시가 그 시대 최고의 것은 아니라 할지라도 그것들은 그가 현대 영시에서 거의 독점하다시피 하고 있으며, 노년에까지 견지하고 있는 어린애같이 순수한 경이와 유머로 쓰인 지극히 성공적인 것들이다. 또한 그의 풍자시는 격렬할 뿐만 아니라 재치 있기도 하다. 그는 "단지 우리가 스스로를 비웃을 수만 있다면 우리들은 다른 어느 누구도 아니다"라고 쓰고 있다. 그가 현대적인 어법을 사용함에도 불구하고 고풍의 태도를 의외의 방식으로 결합하는 것에는 라파엘전파의 정열이 희미하게나마 엿보인다. 그는 현대라는 시대에 살고 있으면서 고의로 시대착오를 하고 있는 듯하다.

커밍즈는 만년에 하버드 대학교에서 찰스 엘리엇 노튼(Charles Eliot Norton) 강연을 하도록 요청받았는데, 그는 자신의 강연이 비강연(nonlecture)이어야 한다는 조건으로 이 요청을 수락했다. 이 강연 내용은 1953년에 『6개의 비강연』(*Six Nonlectures*)이라는 제목으로 출판되었는데, 변덕스러운 자유분방함과 그의 모든 작품에 특징적인 고상한 완고함의 혼합을 되풀이하여 요약하고 있다. 그는 1962년 9월 3일 뉴 헤이븐(New Haven)의 콘웨이(Conway)에서 사망했다.

Nicholas Vachel Lindsay | 1897-1931

린지(Nicholas Vachel Lindsay)는 일리노이(Illinois)의 스프링필드(Springfield)에서 1879년 11월 10일 출생했다. 아버지는 의사였으며 상당히 부유했기 때문에 주지사 저택 바로 옆집에서 살았다. 어린 시절에 이러한 집에서 산 것은 린지에게 영향을 끼쳐 주지사 존 알트겔드(John P. Altgeld)를 찬양하는 「잊혀진 독수리」(The Eagle Forgotten)라는 작품을 쓰기도 했다.

스프링필드에서 성장하면서 받은 또 다른 영향은 「스프링필드 건설에 대하여」(On the Building of Springfield)와 이 지역의 가장 유명한 거주자였던 에이브러햄 링컨(Abraham Lincoln)을 찬양하는 시편들을 쓴 것에서 분명해진다. 「링컨」(Lincoln)에서 린지는 "여러분 모두의 가슴에 링컨의 정신을 일깨우고 싶소!"라고 외친다. 1914년에 쓴 「에이브러햄 링컨이 한 밤에 걷는다」(Abraham Lincoln Walks at Midnight)의 서두에서 린지는 링컨을 스프링필드에 위치시킨다.

린지는 1897년부터 1900년까지 오하이오(Ohio)의 히람 대학(Hiram College)에서 의학을 공부했지만, 의사가 되기를 원치 않았다. 부모님은 의사가 되라고 권했지만, 그는 의사보다는 화가가 되기를 원했다. 히람 대학을 떠나면서 예술가가 되고자 결심하고 시카고(Chicago)로 가서 1900년부터 1903년까지 시카고 예술 학교(Art Institute of Chicago)에서 공부했다. 1904년에 뉴욕 예술학교(New York School of Art)에 들어갔다. 린지는 평생 미술에 관심이 있었으며, 자신의 시에 삽화를 그리기도 했다. 또한 영화라는 예술형식에도 관심을 가져 1915년에 영화 예술에 관한 책 『영화 예술』(The Art of the Moving Picture)을 썼다. 이 책은 최초의 영화비평서이다.

뉴욕에 있는 동안 1905년에 린지는 시에 대한 진지한 관심을 갖고 거리에서 자신의 시를 팔고자 했다. 『빵과 바꿀 시』(Rhymes To Be Traded For Bread)라는 소책자를 자비 출판하여 거리에서 빵과 바꾸려고 했던 것이다. 1906년 3월부터 5월까지 플로리다(Florida)의 잭슨빌(Jacksonville)에서 켄터키(Kentucky)까지 약 900킬로미터를 도보여행하며 시를 팔아 숙식을 해결했다. 1908년에는 4월부터 5월까지 뉴욕시(New York City)에서 오하이오의 히람(Hiram)까지 도보여행을 하며 시를 팔았고 1912년에는 5월부터 9월까지 일리노이에서 뉴멕시코까지 도보여행을 했다. 이 여행 중에 가장 유명한 작품인 「콩고」(The Congo)를 썼다. 여행을 마치고 돌아오자 해리엇 몬로(Harriet Monroe)가 『시』(Poetry)지에 린지의 「윌리엄 부쓰 장군이 천국에 들어가다」(General William Booth Enters into Heaven)를 1913년에, 「콩고」를 1914년에 수록해주었다.

「콩고」는 소리 자체를 위한 소리라는 린지의 혁명적인 미학을 예시한다. 이 작품은 리듬과 의성어적인 단어에서 드럼이 둥둥 울리는 소리를 모방한다. 이 작품은 콩고의 토착민들의 노래를 표현할 때 소리 자체에만 의존하고 관습적인 단어를 사용하지 않는다.

많은 비평가들이 린지가 흑인을 옹호하려는 의도를 인정한다. 이 의도는 특히 1918년의 작품 「재즈를 추는 새」(The Jazz Birds)에서 명확히 나타난다. 이 작품에서 린지는 대부분의 미국 백인 작가들이 관심을 갖지 않은 주제인 제 1차 세계 대전 동안의 미국 흑인들이 전쟁에서 행한 노력을 찬양한다. 린지 자신은 자신의 글에서뿐만 아니라 작가를 격려하는데 있어서도 인종차별주의자가 아니었다. 그는 랭스턴 휴즈(Langston Hughes)를 발굴해냈다.

듀 보이스(W.E.B. Du Bois)는 린지의 「부커 T. 워싱턴 삼부작」(Booker T. Washington Trilogy)에 대한 평에서 "린지는 흑인에 대하여 두 가지를 안다. 두 가지만 안다. 그들의 음악의 아름다운 리듬과 술고래 및 방랑자의 추한 면이다. 재료가 이처럼 빈곤한 상태에서 그는 이따금 흑인 문학에 기여하려고 노력한다"고 쓴 바 있다.

시인으로서 린지의 명성은 1910년대에 커졌다. 해리엇 몬로가 그를 다른 두 명의 일리노이 시인 칼 샌드버그(Carl Sandburg) 및 에드가 리 매스터즈(Edgar Lee Masters)와 함께 언급했기 때문에 그의 이름은 이들 두 사람과 연관되게 되었다. 샌드버그나 매스터즈 둘 중 누가 성공을 하거나 간에 그 성공은 린지에게 도움을 주었다. 매스터즈는 린지의 전기 『바첼 린지: 미국의 시인』(*Vachel Lindsay: A Poet in America*)을 1935년에 발간했다.

린지는 1915년에 바로 윌리엄 버틀러 예이츠(William Butler Yeats)같은 유명한 분이 자신의 작품을 존경했다고 『콩고』의 서문에 썼다. 예이츠는 자신과 린지가 원시적인 소리와 시에서의 노래 소리를 파악하는데 관심을 공유하고 있다고 느꼈다. 1915년에 린지는 우드로우 윌슨(Woodrow Wilson) 대통령과 각료들 앞에서 자신의 시를 읽었다.

린지의 생활은 행복하지 못했다. 1924년에 워싱턴(Washington)의 스포케인(Spokane)으로 이사하여 1929년까지 대븐포트 호텔(Davenport Hotel)에서 방 하나를 얻어 생활했다. 1925년 5월 19일에 23살의 엘리자베스 코너(Elizabeth Conner)와 결혼했다. 당시 린지의 나이가 46살이었으므로 나이 어린 부인을 부양하기 위해서도 돈이 필요했다. 1926년 5월에 딸을 낳고, 1927년에 아들을 낳게 되자 경제적인 필요는 더욱 커졌다. 경제적인 문제를 해결하기 위해서 1928년 10월부터 1929년 3월까지 동부지역과 중서부지역을 다니며 낭독회를 가졌다. 이 동안 『시』지에서 그 당시에는 상당히 많은 액수인 500달러를 수여했다.

여행이 끝난 후 1929년 4월에 린지는 가족을 데리고 고향인 스프링필드로 이사했다. 같은 해 세계 대공황이 와서 증권시장이 붕괴될 무렵 두 권의 시집 『워싱턴 거리의 연도』(*The Litany of Washington Street*)와 『모든 영혼은 서커스이다』(*Every Soul A Circus*)를 출판했다. 여러 가지 일을 하면서 돈을 벌었지만 여행 중에는 별로 많이 벌지 못했다.

경제적인 걱정과 6개월간의 도보 여행으로 건강을 해쳐서 린지는 우울증에 걸렸고, 1931년 12월 5일에 방부제를 마시고 자살했다. 일리노이 역사 보존 위원회(Illinois Historic Preservation Agency)는 린지가 태어나고 죽은 장소인 스프링필드 남쪽 5번가 603번지의 바첼 린지 저택의 유지 보존에 도움을 주고 있다. 위원회에서 이 저택을 구입하여 주 정부에 기부했고, 주 정부는 수리하여 일반인에게 공개하고 있다.

Hart Crane | 1899–1933

미국을 포용하려고 노력한 미국 시인들은 상당히 많다. 그들이 매력을 느낀 것은 아마도 이 나라가 너무도 거대하고 산만하고 다루기 어렵기 때문일 것이다. 이 장대한 관능성은 휘트먼(Walt Whitman)에게까지 거슬러 올라가는데, 금세기에는 매스터즈(Edgar Lee Masters), 샌드버그(Carl Sandburg), 하트 크레인(Hart Crane) 등이 미국을 가장 사랑하는 시인들이었다. 이들 모두에게 미국은 강렬하고 잡다한 느낌의 중심지처럼 보였다. 크레인은 지기 나름대로의 복잡성을 지니고 있으나, 시공을 초월하는 미국의 이미지를 만들어내고자 노력하면서 그것을 무시해버렸다.

이러한 야망은 자신의 개인적인 삶에 대한 불만으로부터 생겨났다. 그는 1899년 7월 21일에 오하이오(Ohio)의 가레츠빌(Garretsvill)이라는 펜실바니아(Pennsylvania)의 접경지역 마을에서 태어났다. 그의 부친은 사탕 제조업에 종사했는데, 부인이 자신을 극진히 사랑하지 않는다고 생각하여 싸움을 일삼는 격렬한 애정을 지닌 사람이었다. 그의 부모는 1908년에 별거하기 시작했는데, 모친이 신경쇠약에 걸려 몇 달 후에 재결합하였으나 1917년에 이혼할 때까지 심한 불화를 겪으며 살았다. 크레인은 모친의 편을 들었으나 그와 어머니 사이의 관계는 고통스러운 것이었고 결국 불화로 끝맺게 되었다. 그러나 크레인이 죽은 후 어머니는 그를 기념하는 일에 앞장섰으며, 자신이 비록 비천하게 살더라도 자식이 명예를 얻도록 하기 위하여 여러 방면으로 애썼다.

1917년에 부모님들이 이혼하자 크레인은 고교를 끝마치지도 않고 뉴욕으로 가서 여러 가지 일을 하였다. 여러 가지 직업 중에서 하나도 성공하지 못했고, 그의 삶은 불행의 연속이었다. 돈이 떨어지면 몇 년 동안은 오하이오로 되돌아가곤 했지만, 1923년에는 뉴욕에 영구히 정착했다. 한동안 동성연애를 했는데 선원과의 동성연애 이야기는 『항해』(*Voyages*)의 토대가 되기도 하였다. 성공을 거두지 못하고 많은 실패를 경험하고, 사람들과 소원해지기도 하였으나 도처에서 계시를 발견하였다. 예를 들면 다리, 바다, 강, 재떨이 등과 같은 모든 사물들이 변형되려 하는 것을 보았다. 그는 때때로 시신(詩神)을 더욱 격렬하게 몰아대는 상상력과 열정적인 감정을 통하여, 점점 명성을 얻게 된 감동적인 시를 썼다. 황홀경에 대하여 선입관을 지니고 있었으며, 자신의 시를 형이상학적으로 응축시켜 표현했다.

크레인은 초기시에서 주로 주문 같은 시의 개념에 관하여 스윈번(Algernon Charles Swinburne)과 와일드(Oscar Wilde)의 영향을 받았음을 보여준다. 그러나 곧 엘리엇과 프랑스 상징주의 시인의 영향을 보다 강하게 받았다. 이 영향을 받아서 일상 회화와 유사하지만 의미가 여러 층인 시를 쓰게 되었다. 특히 랭보(Arthur Rimbaud)와 유사한데, 환상적인 여행과 비범한 은유에 있어서 특히 그러하다. 크레인은 엘리엇이 현대의 장면을 시에 포용하려 하는 시도를 숭배했지만, 20년대 초에 그의 시가 지나치게 염세적이라는 것을 알았다. 그가 시를 쓸 수 있는 능력을 축적해감에 따라, 그는 자신의 시가 『황무지』(*The Waste Land*)와 정반대의 내용이 될 것이라고 말하게 되었다. 그는 1922년 6월 12일에 테이트(Allen Tate)에게 보낸 편지에서 다음과 같이 말하고 있다.

나는 그[Eliot]를 4년 동안 마주하고 있다. — 그리고 나는 그의 갑옷에서 약한 지점을 발견하지는 못했지만, 최근에 만일 내가 그 위치를 설명할 수 있다면 내려칠 만한 안전한 접점을 발견했다고 다소 자위한다. — 그를 통하여 다른 목표로 나아가는 것이다. 당신은 그를 모방하고자 하는 두려운 유혹이 너무도 강하여 내가 거의 혼란스러워질 때가 가끔 있는 것을 본다. . . . 엘리엇은 자기 자신의 영역에서 절대적인 곤경을 우리에게 제시하지만, 지극히 이상스럽게도 그는 우리를 다른 위치와 "새로운 풀밭"으로 이끌고 지향하도록 하는 데 이용될 수 있다. 그를 충분히 흡수하면 우리는 공중에서나 바다에서나 전에 없이 자신감을 가질 수 있다. 예를 들어 나 자신은 그의 "부정" 중의 몇 가지를 내 등 뒤에 남겨두고, 새로운 감흥을 추구하면서 보다 분명한 영역을 시험하고 싶어 한다.

윗글에서 분명히 알 수 있듯이 크레인은 엘리엇의 영향을 받았으면서도 자기 나름대로의 세계를 구축하고자 했다. 그는 "부정"의 시가 아니라 "긍정"의 시를 쓰고자 했다.

그의 시는 대부분 십자가에서의 처형과 부활을 찬양하거나, 그곳으로부터 공포 또는 희망과 빛이 갑자기 터져 나오는 더러움을 찬양한다. 그는 한 편지에서 "찰리 채플린(Charlie Chaplin)은 결국 감상주의자일지도 모른다. 그러나 그는 자신의 주제를 강력하고, 보편적으로 의미 있게 전달함으로써 감상성이 그 자체를 초월하도록 한다"고 말했는데, 이 말은 그 자신에게도 적용될 수 있다. 이 비전의 표현 자체가 환상적이다. 그는 일상적이지 않은 단어들을 취하여 그것들을 일상적이지 않은 방식으로 결합하고, 그것들을 뜻밖의 형식으로 형성하여 마치 그의 기술이 주제를 견지하며 의식의 영역을 확장시키고자 한 듯하다. 그의 작품이 난해하다는 비난을 받았을 때 크레인은 1926년 4월에 『시』(Poetry)지의 편집자에게 보낸 편지에서 자신의 목표는 합리적 사고의 논리가 아닌 은유의 논리를 찾고자 하는 것이라고 설명했다. 축약된 사고를 통하여 작용하는 "정서적 원동력"의 무의식적인 내적 연결의 이러한 추구는 형이상학파 시인들의 이미지들과도 다르다. 다시 말하여 그것은 표면 위에서 보다는 표면 아래에서 정당화되는 갑작스럽고 강제된 연결에 의하여 작용한다. 크레인은 현대 시인들 중에서 가장 복잡한 시인들 중의 한 사람이지만, 자기 자신을 난해한 시인으로 생각하지는 않는다. 그의 강력한 언어와 리듬은 그의 복잡한 이미지가 지체시키는 듯이 보이는 즉각적인 반응을 보이도록 한다.

크레인의 작품 중 가장 걸작인 『다리』(The Bridge)는 1923년에 쓰기 시작하여 1930년에 발표되었다. 한 친구에게 보낸 편지에서 그는 이 작품이 미국의 신비적인 종합을 목표로 하고 있으며 역사와 사실, 장소 등 각각의 것이 주제가 되면서 동시에 전체적인 주제에도 일치한다고 말하고 있다. 이 작품에서 다리는 인간적인 경험과 초인간적인 경험이 결합된 상징으로 시간과 공간을 결합하면서 그것들을 초월하고, 강과 바다와 시간과 공간에 펼쳐진다. 크레인은 『다리』를 미국의 신화로 만들고자 의도했다고 말한 바 있다. 다리는 그 아래에 있는 것들을 포함하며 동시에 초월하는 무엇을 상징한다. 「서시: 브루클린 다리에게」(Proem: To Brooklyn Bridge)에는 20세기의 미국 전체가 포함되어 있다. 크레인은 기계를 비록 무시하기는 하지만 강렬한 이런 양식의 일부로 받아들인다. 이 작품은 비록 그 형이상학이 다소 불분명하고, 과장에 지나치게 의존하는 결함을 지니고 있기는 하지만 훌륭하게 쓰였으며 이미저리가 놀랍다. 희망이라는 강렬한 감정이 상징 속에 상당히 임의적으로 구현되어 있어서 마치 시인이 자신의 소재를 강제하는 듯하다. 즉각적인 계시는 너무도 유혹적이기 때문에 그에게는 위험스러운 일이었다.

  그의 삶은 재생을 위한 일련의 시도였다. 그는 죽던 해에 자신의 성적인 면에 있어서 변화를 주고자 어떤 시도를 했다. 그는 멕시코에서 어느 여인과 연애를 했다. 그는 돌아오는 배에서 그녀의 선실로 가서 갑자기 작별인사를 했다. 그 여인은 그가 장난하는 것이라고 생각했으나 그는 갑판으로 걸어가서 바다 속으로 뛰어들었다. 그가 자신에게 던져진 구명대를 붙잡으려고 시도했다는 말과 붙잡으려고 하지 않았다고 하는 말이 있어 자신의 생명을 구하려고 했는지 여부는 알 수 없지만, 1933년 4월 27일 바다에 빠져 사망했다.

  그의 시는 항상 재난에 가깝지만 그 재난을 새로운 황홀한 초점으로 모으는 힘에 의하여 그것으로부터 벗어난다. 그의 시는 항상 이중성을 지니고 있다. 예를 들면 바다는 죽음이며 사랑이고, 재떨이는 성배이며, 자살하는 사람이 뛰어내리는 다리는 경이와 희망의 정점이다. 우리 시대에 그는 아마도 화려하고, 끈질기고, 애매한 듯이 보일 것이다. 그가 강렬함을 찾으려고 애썼다는 것을 우리는 느낄 수 있다. 그러나 그가 엘리엇의 초기시에 대칭이 되는 "극점"을 세웠다는 것은 분명하다. 다시 말하여 그는 자신의 대담하며 세속적이지만 환상적인 시로써 절망의 다른 측면 어딘가에 도달했다. 결론적으로 말하여 크레인은 웅장한 술책 때문에 보다는 그 술책의 아래로부터 밀고 올라오는 듯이 느껴지는 불행으로 인하여 우리에게 감명을 준다. 그는 모든 즐거운 소리와 탐구를 통하여 황야에서 들려오는 희미한 소리를 들었던 것이다.

Langston Hughes | 1902-1967

랭스턴 휴즈(Langston Hughes)는 카운티 컬른(Countee Cullen)과 같은 세대에 속하는 흑인이다. 컬른은 영문학 전통에 속하는 시인으로 자신의 작품을 시라고 생각했을 뿐 흑인시라고는 생각하지 않았다. 그러나 휴즈는 보다 독창적인 방식을 취했다. 그는 재즈 식으로 자신의 시를 썼으며 흑인 영가와 블루스를 좋아했다. 그의 많은 시편에 곡이 붙여졌으며, 그 자신이 희가극을 쓰기도 했다.

휴즈는 백인 혈통과 더불어 인디언의 혈통도 상당히 물려받았기 때문에 그에게 있어서 피부색의 문제는 상당히 복잡하다. 결과적으로 말하여 그는 차별대우는 그다지 받지 않았으나 백인과 흑인 양편에서 상당히 어색한 대접을 받았다. 남부지역의 한 식당에서 종업원이 그에게 흑인인가 아니면 멕시코인인가를 물었다고 자서전에서 밝히고 있다. 그 종업원은 만일 그가 흑인이라면 음식을 팔지 않고, 멕시코인이라면 음식을 팔겠다고 말했다 한다. 피부색에 관한 이러한 사건과 또 이와 유사한 여러 사건들을 그는 여러 번 흥미롭게 이야기한 바 있다.

휴즈는 학교 선생님 캐롤라인 머서 랭스턴과 제임스 나다니엘 휴즈의 둘째 아이로, 1902년 2월 1일에 미주리 주의 조플린(Joplin)에서 태어나 어린 시절을 미주리와 캔서스에서 보냈다. 그가 다양한 인종의 혼혈아라는 점은 그의 조상을 잠시 살펴보면 알 수 있다.

휴즈의 외할머니 메리 패터슨은 아프리카계 미국인, 프랑스, 영국과 원주민 혈통이었다. 그녀는 역시 혼혈이었던 셰리단 레어리와 결혼하였지만 레어리는 1859년 하퍼스 페리호를 공격한 존 브라운의 습격에 참가하여 부상을 입고 그 부상으로 사망했다.

1869년 메리 패터슨 레어리는 정치적으로 활동적인 랭스턴 가와 다시 결혼하였다. 그녀의 두 번째 남편은 아프리카계 미국인, 원주민, 유럽계 미국인 가계였던 찰스 헨리 랭스턴이었다. 그와 그의 남동생 존 머서 랭스턴은 노예제도 폐지주의자로 일했으며 1858년 오하이오 반노예 사회를 인도하는데 도움을 주었다. 찰스 랭스턴과 메리의 딸인 캐롤라인 머서 랭스턴이 랭스턴 휴즈의 어머니이다.

그의 부모님들은 이혼했다가 각각 다른 사람과 재혼했으며 그에게 항상 많은 관심을 기울였다. 부모님의 별거 후, 어머니가 일자리를 찾는 여행을 하는 동안, 랭스턴은 캔자스 주 외할머니 댁에서 자랐다. 외할머니의 죽음 뒤, 가족 친구들 및 제임스와 메리 리드 부부와 2년 동안 함께 살았다. 1914년에 일리노이 주의 링컨(Lincoln)으로 가서 아버지와 의붓어머니와 함께 살았다. 그는 여기에서 문법학교를 다니며 학급의 대표 시인으로 선발되어 시를 썼다. 그 후에는 다른 남자와 재혼하여 클리블랜드(Cliveland)에 살고 있는 어머니와 함께 살며 고등학교를 다녔다.

 이때 그는 폭넓게 독서하였다. 그가 독서를 통하여 영향을 받은 사람들은 드라이저(Theodore Dreiser), 훠버(Edna Ferber), 쇼펜하우어(Schopenhauer), 니체(Nietzsche) 등과 같은 자연주의 소설가, 철학자뿐만 아니라 샌드버그(Carl Sandburg), 매스터즈(Edgar Lee Masters), 린지(Vachel Lindsay) 및 로월(Amy Lowell) 등의 시인도 있다. 이 시인들의 영향으로 그는 자유시를 썼으며, 흑인시인 던바(Paul Lawrence Dunbar)의 영향을 받아서 방언으로 시를 쓰려고 하기도 했다.

 1919년 여름에 아버지와 함께 멕시코로 여행했고, 사업적 수완이 있었던 부친은 그가 기계기술자가 되기를 원했으나, 자신의 고집대로 콜럼비아 대학교(Columbia University)에 들어갔다. 그러나 1년 후에 학교를 그만두고 선원이 되어 아프리카로 갔다가 다른 배를 타고 프랑스로 건너갔다. 1924년까지 프랑스에서 여러 가지 잡다한 직업을 잡고 생활했다.

 그 후 미국으로 돌아와서는 워싱턴에서 살고 있는 어머니와 함께 지내며 한 호텔의 부속 식당의 사환으로 근무했다. 어느 날 바첼 린지가 그곳에서 식사할 때 휴즈는 수줍어서 말을 걸지는 못하고, 그의 요리 옆에 자신의 시를 몇 편 놓아두었다고 한다. 린지는 그 시편들이 자신이 목표로 하는 낭송에 적합한 요소를 지니고 있음을 즉각 알아보고, 그날 저녁에 한 무리의 청중들에게 몇몇 시편들을 읽어주었다.

이로 인해 휴즈는 식당 종업원 시인으로 차차 알려지게 되었다. 린지는 휴즈에게 시를 잡지사에 보내도록 촉구했고, 그는 그 권고를 받아들여 여러 잡지사에 시를 보냈는데 그 중의 한 편인 「지루한 블루우스」(The Weary Blues)가 영향력 있는 흑인 잡지인 『기회』(Opportunity)에 당선되어 상을 탔다. 이 작품은 그가 여러 번 고쳐 썼고, 그래도 끝맺음이 만족스럽지 못하다고 생각한 작품이지만 1926년에 나온 그의 첫 시집의 제목으로 사용되고 있다.

펜실바니아에 있는 링컨 대학에서 졸업장을 받았고, 1929년에는 그곳에서 석사학위를 받았다. 그는 1929년에 첫 소설 『웃는 사람 없진 않아』(Not Without Laugher)를 발표했다. 그는 성공적인 작가가 되었고, 자신의 시를 잘 낭송하는 낭송가로도 유명하게 되었다.

휴즈는 복부 수술 후유증으로 1967년 5월 22일 65세에 사망했다. 유해는 할렘에 있는 흑인 문화 연구를 위한 아서 스컴버그 센터 안에 그를 위하여 이름 지어진 강당 로비의 중앙 바닥에 매장되었다.

그는 예전에는 사회학자들의 고유영역이었던 종족의 특이성 및 종족 간의 긴장 등과 같은 주제를 택했다. 그는 자신의 시에서 밝히고 있는 것처럼 유프라테스(Euprates) 강에서 콩고(Congo) 강으로 또 미시시피(Mississippi) 강으로 흐르는 강물 소리를 들었고, 스스로를 아프리카계 미국인이라고 느끼고, 또 그렇게 느끼는 원형적인 흑인에 관심이 많았다. 그는 예이츠의 「미친 제인」(Crazy Jane)과 비슷한, 그를 통하여 흑인의 삶의 특이성을 익살스럽게 인습화시킨, 알베르타 존슨(Alberta K. Johnson)과 같은, 창조된 인물에도 관심이 많았다. 그는 씸플(Simple)이라는 이름의 흑인 노동자를 고안해내어 그 이름으로 『뉴욕 포스트』(New York Post)지에 매주 칼럼을 썼다.

그가 블루스에 관하여 한 다음과 같은 말은 그 자신의 작품에도 해당된다. "블루스의 기분은 거의 언제나 절망의 기분이다. 그러나 그 곡들이 노래로 불려질 때 사람들은 웃는다." 그의 시는 요즈음 흑인들이 쓰고 있는 시보다 난폭하지는 않지만, 그 정수, 그 본질에 있어서는 매우 유사해 보인다.

휴즈의 삶과 작품은 1920년대 할렘 르네상스 시기 동안 매우 큰 영향력을 행사했다. 이 당시의 동료들로는 조라 닐 허스턴(Zora Neale Hurston), 월리스 터먼(Wallace Thurman), 클로드 맥케이(Claude McKay), 카운티 컬른(Countee Cullen), 리차드 브루스 뉴겐트(Richard Bruce Nugent), 아론 더글러스(Aaron Douglas) 등이 있다. 이들은 젊은 세대 흑인 예술가들의 작품을 주로 실은 『불』(Fire)이라는 잡지를 발간하기도 했는데, 이 잡지는 오래 지속되지는 않았다.

휴즈와 동료들은 흑인 중산계급의 목표와 열망 등과 갈등을 빚는 경우가 종종 있었다. 할렘 르네상스의 산파역을 담당한 듀 보아(Du Bois), 포셋(Jessie Redmon Fauset), 로크(Alain Locke)에 대해서도 유럽 중심적인 가치와 문화를 지나치게 수용한다고 비판하였다. 특히 사회 경제적으로 미천한 삶을 영위하는 흑인들의 진정한 삶을 묘사하는 면과 흑인 사회 내부에서 피부색에 토대를 둔 피상적인 구분과 편견에 있어서 가장 큰 갈등을 빚었다. 휴즈는 자신과 동료들에게 선언서라고 할 수 있는 것을 1926년 「흑인 예술가와 종족의 산」(The Negro Artist and the Racial Mountain)이라는 제목으로 『국가』(The Nation)에 다음과 같이 발표하였다.

젊은 세대의 흑인 예술가들은 지금 개인적인 검은 피부를 지닌 우리의 자아를 두려움이나 수치심을 느끼지 않고 표현하고자 한다. 만일 백인들이 기뻐하면 우리도 기쁘다, 만일 그들이 기뻐하지 않더라도 아무 상관없다. 우리는 우리가 아름답다는 것을, 그리고 추하기도 하다는 것을 안다. 북이 울고, 북이 웃는다. 만일 유색 인종이 기뻐하면 우리도 즐겁다. 만일 그들이 기뻐하지 않더라도 아무 상관없다. 우리는 내일을 우리가 방법을 아는 만큼 단단하게 하기 위해 우리의 사원을 짓고, 우리 내면으로 자유로운 상태로 산꼭대기에 선다.

휴즈는 흑인성이 시대에 뒤진 것이 될 때 흑인이라는 것을 수치스러워하지 않았으며, 다양한 깊이로 흑인의 상태를 탐구하였다. 그의 주된 관심은 흑인의 상태를 전반적인 미국인의 경험의 일부로 기록하는 것이었다. 그렇기 때문의 그의 작품은 미국에서의 흑인 노동자 계급의 삶을 통찰력 있게 조망하고 있으며, 노동자들의 삶을 투쟁과 기쁨, 웃음과 음악이 가득한 것으로 묘사하고 있다. 그의 작품에는 흑인들의 정체성과 다양한 문화에 대한 자부심이 드러난다. 그는 자신이 추구하는 바가 미국에서의 흑인의 상태를 설명하고 밝히는 것이었으며, 또한 모든 인류의 상태를 시사하는 것이었다고 밝힌 바 있다. 그렇기 때문에 그의 작품에서 종족의 상투적인 표현에 도전하였으며 사회적인 상태에 항의하고 흑인들의 이미지 자체를 확장시켰다. 그는 청중과 예술가들을 다시 교육하려 하는 대중의 시인으로 흑인들의 미학 이론을 현실적으로 고양시켰다.

더욱이 휴즈는 종족 의식과 문화적 국수주의의 중요성을 강조하였는데, 흑인이 자기 비하의식을 버리고 다양한 흑인 문화와 흑인의 미학에 자부심을 갖도록 격려하였다. 아프리카계 미국인으로서의 종족 의식과 문화적 국수주의는 자크 루멩(Jacques Roumain), 니콜라스 귈렌(Nicolás Guillén), 레오폴드 세다 셍고르(Léopold Sédar Senghor), 에이메 세세르(Aimé Césaire)와 같은 외국의 많은 흑인 작가들에게 영향을 끼쳤다. 휴즈는 백인들 사회에 동화되기 보다는 흑인의 인종적 자부심을 갖도록 하였는데, 그것보다 중요한 것은 시에서 포크 리듬과 재즈 리듬을 강조함으로서 흑인의 인종적 자부심을 느낄 수 있도록 한 것이다. 그의 작품은 대부분 흑인 교회의 언어와 리듬에 의해 고무되었으며, 당시의 블루스와 재즈 리듬을 바탕에 깔고 있다. 그는 블루스와 재즈가 흑인의 진정한 정신을 표현한다고 생각했다.

휴즈는 명성이 세계적으로 증대됨에 따라 젊은 세대의 흑인 작가들에게 다양한 영향을 끼쳤다. 종족 의식이 고양됨에 따라 젊은 세대의 작가들은 흑인의 자존심을 고양시키는 그의 작품이 시대에 뒤진 것으로 생각하기도 하였다. 그는 또한 제임스 볼드윈(James Baldwin)과 같은 많은 작가들이 자존심이 부족하다고 생각했다. 그는 젊은 흑인 작가들이 자신의 종족에 대하여 객관적인 시각을 유지하기를 바랐다. 1960년대에 흑인 권리 운동이 활발하게 전개될 때 그는 이 운동을 지지하는 일부 젊은 흑인 작가들이 지나치게 분노하고 있다고 믿었다.

휴즈는 공산주의에 경도되어 있었고, 공산주의를 지지하기도 하였지만, 적극적인 활동가는 아니었다. 그가 공산주의자라고 고발되기도 하였지만, 공산당에 가입한 적은 없다. 급진적인 좌익이기는 하였지만 공산당원은 아니었던 것이다.

Cecil Day Lewis | 1904-1972

루이스(Cecil Day Lewis)는 옥스퍼드 대학 졸업반 학생일 때 2년 후배인 오든(W. H. Auden)과 친숙하게 되었다. 그들의 친교관계는 이들 둘과 스펜더(Stephen Spender), 먹니스(Louis MacNeice) 등 4명이 비평가들에 의하여 하나의 학파로 취급되도록 하는 방향으로 나아갔다. 오든은 루이스의 작품의 서지 목록 서문에서 다음과 같이 쓰고 있다.

문학 저널리즘의 페이지를 통하여 데이루이스오든먹니스스펜더

(Daylewisaudenmacneicespender)라는 이름의 이상한 괴물이 걸어 들어왔다. 비슷한 사회적 배경을 지닌 비슷한 또래의 4 시인은 동일한 역사적 사건에 직면하여 공통된 반응을 보였다. 그러나 우리가 쓴 글에 가치가 있는 요소들은 우리들 각자에게 독특한 것임이 분명하다.

그러나 데이 루이스는 이 시기 동안에 오든과 어쩔 수 없이 오든을 모방하게 되는 자신의 경향에 대하여 격렬한 반감을 느꼈다. 루이스 자신이 자서전 『묻힌 나날』(*The Buried Day*)에서 다음과 같이 쓰고 있듯이 오든의 영향을 많이 받았다.

언어의 활기, 오든의 초기시에 구현된 이미지와 개념들을 흥분시키는 신선함, 말하자면 그 시들이 스스로의 마음을 알고 있는 시에 관해 나에게 준 흥분된 느낌, 이 모든 것들은 너무나 전염성이 강하여 내 자신의 시가 한동안 오든의 모방 작품이 되었다는 것을 증명했다.

오든은 다소 다른 방향에서도 루이스에게 영향을 끼쳤다. 오든은 자신이 엘리자베스 시대의 존 다우랜드(John Dowland)의 노래와 예이츠의 후기 시에 접하게 된 것을 한 친구의 덕택으로 여겼다. 오든은 루이스에게 하디와 프로스트를 읽도록 충고했는데 하디는 사랑과 소외라는 고통스러운 감정을 시에 표현하도록 하는 면에서 루이스에게 영향을 끼쳤다. 그러나 루이스 자신은 홉킨스, 오웬(Wilfred Owen), 엘리엇(T. S. Eliot) 등의 영향을 받고, 그들과 유사한 전통에 입각하여 작품을 쓴다고 생각했다. 홉킨스의 기술상의 혁신, 오웬의 열렬한 연민, 엘리엇의 현대사회에 대한 통렬한 비난 등이 루이스의 새로운 시의 요소들임은 분명하다. 그러나 루이스의 시에서는 오웬이 내용과 형태에 있어서 끼친 영향이 너무도 명확하게 드러나고, 홉킨스의 상투적 수법이 너무 자주 반복되어 지극히 쉽게 간파되며, 엘리엇의 영향력은 떨쳐내야 할 것으로 파악된다. 이에 대한 변명으로 루이스는 자기 자신과 그의 친구들이 하고 있는 일에 흥미를 북돋워주기 위한 목적으로 쓴 『시에 대한 희망』(*A Hope for Poetry*)에서 다음과 같이 썼다.

> 비록 그들이 엘리엇과 그의 어떤 특징과 매너리즘에 대한 경의를 지니고 있기는 하지만, 그들은 진실하게 되고, 실제적인 농담을 하고, 사회혁명가들과 환담하고 일반적으로 자신의 개성을 주장하기 위하여 자기 방어적으로 그들 자신의 사적인 언어를 구성하기 시작했다.

미국에서 크레인(Hart Crane)이 느꼈듯이 그들은 새로운 목표를 가지고 엘리엇을 능가할 필요를 느꼈으며, 그들의 시는 엘리엇의 것과 같이 절망을 울리는 것이 아니라 혁명적인 희망의 소리를 울리게 되었다. 루이스는 "새로운 삶이 이미 시작되었다. 구원의 열차가 이미 움직이고 있다. 그러니 반격할 힘을 모으자"라고 주장했다.

루이스가 비록 시를 잘 쓰기는 했지만 전적으로 개성적인 스타일로 자신을 두드러지게 하는 데는 성공하지 못했다. 그 어려움의 일부는 그가 종종 고백했듯이 자신을 명확하게 하는 무엇인가에 대한 불확실함 때문이었다. 다른 시편에서도 그러했듯이 『묻힌 나날』에서 그는 "상반되는 것 사이에 결정을 내리거나, 내 본성이 나에게 부여한 수많은 상반되는 요소들 가운데서 내 자신의 실체성에 대한 일관된 개념을 형성하는 것이 지극히 어렵다는 것을 나는 알았다"라고 쓰고 있다. 『1954년 시집』(*Collected Poems 1954*)의 서문에서 루이스는 자신의 작품에서 끊임없이 이어지는 것이 개인적 실체성에 대한 탐구이며 또 다른 주제는 영웅숭배, 두려움, 동정, 사물들의 무상함에 관한 덧없는 느낌 등과 더불어 분열된 정신의 다른 특성을 포함한다고 주장했다.

자신의 목소리를 찾으려는 노력에서 루이스는 혁명적인 시를 썼을 뿐만 아니라 30년대에는 공산당에 3년 동안 가입하기도 했다. 그다지 열성적으로 공산당에 참여하지도 않았지만 3년 후에는 공산당에서 슬그머니 물러나서 제 2차 세계대전 동안에는 반 나치 활동을 했다. 전쟁이 끝난 후 그의 시는 변화에 대한 열의가 현저히 식었음을 보여주었다. 그가 계관시인이 된 것은 그의 신조에 있어서 변화가 있었다는 점을 분명히 한다. 그러나 그는 기존 제도의 준봉자(遵奉者)는 아니었다.

루이스는 1904년 4월 27일 북아일랜드의 발린투버(Ballintuber)에서 탄생했는데 모계는 귀족인 버틀러(Butler)집안이었다. 그리하여 모계로는 예이츠와 친척관계였으며, 때때로 그 점을 언급하기도 하였다. 그의 부친은 아일랜드 교회의 목사였다. 그가 네 살 때 어머니가 돌아가셨는데 그는 후에 이것이 아버지와 자신과의 마찰의 원인이라고 여겼다. 옥스퍼드의 윈담대학(Windam College)에 다니면서 워너(Rex Warner), 오든, 울프(Humbert Wolfe) 등과 교우 관계를 발전시켰고, 후에 그레이브즈(Robert Graves)를 사귀었다. 옥스퍼드를 졸업한 후 그는 라치필드 학원(Larchfield Academy)에서 교편을 잡았고, 니콜라스 블레이크(Nicholas Blake)라는 필명으로 탐정소설을 쓰기도 했다. 그러나 시가 그의 주된 관심분야였다. 그는 1925년에 『너도밤나무의 불침번』(*Beechen Vigil*), 1928년에 『시골 혜성』(*Country Comets*), 1927년에 『과도기 시편들』(*Transitional Poems*) 등의 시집을 발표했다. 이러한 활동 중에 그는 질병을 앓다가 1972년 5월 22일에 사망했다.

Louis MacNeice | 1907-1963

먹니스(Louis MacNeice)는 『현대시: 개인적 에세이』(*Modern Poetry: Personal Essay*)를 1938년에 출판했다. 그때는 30세였고, 이미 세 권의 시집과 『아가멤논』(*Agamemnon*)의 번역서를 발간한 상태였다. 그는 오든과 함께 아이슬랜드를 여행하고 거기에서의 생생한 경험을 토대로 둘이 힘을 합하여 책을 만들어내었다. 그리고 먹니스는 『가을 저널』(*Autumn Journal*)이라는 장시를 집필했다. 그는 현대시를 "순수하지 않은" 시에 대한 간청으로 여겼다. 다시 말하여 자연세계와 사회에 대한 시인의 직접적인 관심과 느낌을 표현하는 시에 대한 간청으로 여겼다. 그는 특히 자신의 "동시대인들" 중에서 오든(W. H. Auden)과 스펜더(Stephen Spender)와 루이스(C. D. Lewis) 세 사람의 주장을 옹호하고자 하였는데 이들의 작품은 『새 서명』(*New Signatures*)지에 모아져 출판되었다. 먹니스 자신의 시도 그렇지만 이들의 시는 모두 그가 옹호하고자 한 "순수하지 않은" 시였다. 이 시인들은 자신들이 예이츠(W. B. Yeats)와 엘리엇(T. S. Eliot)이라는 거인들의 경주를 계승했다고 생각했고, 먹니스는 그들의 독특한 미덕이 정서적 동지애에 있다고 다음과 같이 주장했다.

> 예이츠는 욕망과 증오에 등을 돌리라고 제안했다. 엘리엇은 뒤로 물러 앉아서 다른 사람들의 정서를 지루하게, 아이러닉한 자조를 갖고 바라보았다. 반면에 오든과 스펜더와 루이스의 작품은 모두 자기들이 자기 자신의 욕망과 증오를 지니고 있다는 것과 나아가 어떤 것들은 욕망의 대상이 되어야 하고, 어떤 것들은 증오의 대상이 되어야 한다고 스스로 생각하고 있음을 보여준다. . . . 내 자신의 편견은. . . 그들의 세계가 너무 심원하지는 않은 시인들을 좋아한다는 것이다. 나는 경험이 많고, 이야기하기를 좋아하고, 신문을 구독하고, 연민하고, 웃음을 지을 줄 알며, 경제학을 알고 여인에게 감사할 줄 알고, 개인적인 관계를 맺고, 정치에 적극적인 관심을 보이고, 육체적인 인상에 민감한 시인이고 싶다. 삶과 문학 사이의 관계는 분석하기가 거의 불가능하다. 그러나 그것이 한 언어를 다른 언어로 번역하는 것과 같은 무엇으로 격하되어서는 안 된다. 왜냐하면 인생이 문학은 아니지만, 플라톤이 있음에도 불구하고, 문학이 본질적으로 부차적인 것은 아니기 때문이다.

윗글에서 알 수 있듯이 먹니스는 다양한 경험과 지식을 시에 부어넣고자 하였다. 그는 시란 금욕적이거나 신성한 것이 아니라 인간의 오락의 한 형태일 뿐이라고 생각했다.

    먹니스는 1907년 9월 12일에 벨파스트(Belfast)에서 태어났다. 그의 부친은 아일랜드 교회의 목사였으며, 나중에 주교가 되었다. 그는 어른이 된 후에는 주로 런던에서 생활했으나 항상 자신을 이방인이라고 의식했으며, 그곳에서의 삶이 열광적이라는 것을 알고 있었으나 시에서는 어린 시절의 고향 풍경으로 돌아가는 경우가 종종 있었고, 자신이 아일랜드 출신이라는 것에 대하여 대단한 자부심을 갖고 있었다. 모친은 정신질환에 시달리다가 그가 어릴 때 돌아가셨기 때문에 다소 무관심한 환경에서 일종의 반쯤 버려진 아이처럼 성장했는데, 이는 매우 값진 경험이었다. 부친은 자애로웠고, 학식이 있는 사람이어서 먹니스는 그를 애정 깊은 태도로 묘사하고 있다.

    옥스퍼드에서 철학을 공부했고, 그의 시는 철학적인 문제에 관한 끊임없는 관심을 보여준다. 졸업 후에 런던 대학의 한 학부인 베드포드(Bedford) 대학에서 고전을 강의했다. 제 2차 세계대전이 발발하기 직전에 미국을 방문하여 코넬(Cornell) 대학에서 강연을 했다. 1940년에 영국으로 돌아와 결혼한 후 교직을 떠나 BBC방송국에 작가 겸 프로듀서로 취직했다. 가장 널리 알려진 그의 시극은 『크리스토퍼 콜럼버스』(*Christopher Columbus*, 1944)와 『어두운 탑』(*The Dark Tower*, 1947)이다. 1963년 9월 3일에 폐렴으로 죽은 직후에 그의 20번째 시집 『불타는 횃대』(*The Burning Perch*)가 출판되었다.

    초기에 먹니스는 마이클 로버츠(Michael Roberts)가 편집한 『새 서명』의 동인으로 활동하며 정치적 성향이 있는 것으로 인식되었으나, 기질적으로 정치적인 프로그램을 불신하는 사람이었다. 공산당이나 어떤 정당에 회원으로 가입한 적이 없으며 자신의 정치적 태도가 애매한 것이라는 사실을 솔직하게 털어놓기도 했다. 현대 시인의 특권으로 인식되는 우유부단함을 이용하여 자신의 마음의 실험적인 진전과 의문을 극화하고 궁극적으로는 시를 쓰는 데서 자신의 믿음의 문제에 대한 해결책을 발견한 것처럼 보인다. 감각적으로 분화되지 않고, 이념적으로 확실하지 않은 에덴동산을 동경하는 눈초리로 뒤돌아보지 않으며, 타락한 세상의 경험으로부터 시를 만들어낸다.

Wystan Hugh Auden | 1907-1973

오든(Wystan Hugh Auden)은 금세기 초 20여 년 간의 시와 제 2차 세계대전 이후의 시 사이에 위태롭게 위치하고 있다. 그는 시, 산문, 극, 오페라 가사 등 다방면에 걸쳐서 많은 작품을 썼으며, 금세기 주요 작가의 한 사람으로 자리를 굳히고 있다. 이는 그가 계속 갈채를 받기 때문은 아니다. 왜냐하면 최근 몇 년간 그의 후기시가 보여주는 두 가지 경향, 즉 고교회파 기독교 사상과 어두운 색채를 띤 명상에 대하여 많은 비난이 있었기 때문이다. 후기 작품들이 그의 특징 중의 한 가지인 "의외성"이 부족한 점을 보여주고 있지만 그래도 비할 수 없을 정도로 재치 있고, 이해력이 풍부함을 보여준다.

오든은 예이츠와 같은 시인들과 상반되는 입장을 취한다. 왜냐하면 그는 다른 작가들이 시인인 것에 대하여 너무 자랑하고 있다고 생각하기 때문이다. 예이츠는 시를 계시로, 셸리는 시를 인류를 위한 인정받지 못한 입법으로 받아들이도록 강제한다고 오든은 생각한다. 『제 9시 과』(Nones)의 서시에서 자신은 "가슴에서 울려나오는 예전의 웅장한 태도로" 글을 쓰기를 좋아했을 것이지만, 시대정신이 뒤틀리고 단색화된 낮은 소리의 시를 쓸 수밖에 없도록 한다고 말한 적이 있다. 그러나 그가 선호한 것에 대한 증거는 없다.

오든은 처음부터 자신의 정확하고, 삼가는 표현으로 다른 시인들의 수사와 부자연스러움을 논박하는 것을 자랑했다. 비록 그가 연인과, 시인으로서의 자신의 기술을 즐기기도 했지만, 자신의 가장 정열적인 서정시에서 사랑의 무상함을 주장했으며, 시인으로서의 자신의 기술의 효용에 관하여 의문을 품기도 했다. 비록 초기시 중에서 많은 것들이 사회적, 정치적 변화를 예고하고 있으나 시는 다른 분야에서 아무 가치도 가질 수 없다고 주장한다. 또한 비록 많은 작품이 기도와 기원의 형식으로 되어 있지만, 시인과 사제 사이에는 아무 관계도 없다고 주장한다. 그럼에도 불구하고 그는 시에서 평신도의 설교를 하는 경향을 지니고 있으며 실제로 웨스트민스터 사원에서 산문으로 그러한 설교를 하기도 했다.

오든은 1907년에 영국의 요크(York)에서 내과 의사의 셋째 아들로 태어났다. 1908년에 그의 부친은 버밍햄(Birmingham) 대학의 의사 사관 겸 공공건강 교수가 되었다. 이와 같은 의학적 배경은 그에게 상당한 영향을 끼쳤다. 오든은 어린 아이일 때, 자기 아버지의 의학 서적을 자세히 살펴보고, 거기에서 얻은 외설적인 이야기를 학급 동료들에게 퍼뜨렸다. 후년에도 자신의 시에서 임상적인 전통, 냉정함, 진단적인 태도, 설명되지 않는 것들에 대한 증오와 같은 것들을 보여주게 된다. 그의 시 중에서 많은 것들이 육체적인 질병이든, 정신적인 질병이든, 개인이나 시대의 질병을 다루고 있으며, 혁명, 사랑, 우정, 마음고침과 같은 특효약을 제공한다.

 오든은 사립학교를 다니고 옥스퍼드로 진학했다. 이 대학에 다니는 3년 동안 많은 시를 썼고, 그것을 추려서 『시집』(Poems)으로 1928년에 출판했다. 그의 친구 스펜더(Stephen Spender)가 손인쇄로 찍어낸 이 시집의 시편들은 오든의 대부분의 다른 작품들과 마찬가지로 여러 번 교정되었다. 오든은 1928년에 학위를 받고 독일로 여행을 떠났다. 이 여행은 시의 소재를 모으는 데 도움을 준 많은 여행 중의 하나였다. 그의 시는 대부분 어느 면으로든지 탐구와 관련되어 있다. 그는 독일에서 후에 미국에서 예언자로 변신한 호머 레인(Homer Lane)의 가르침을 받았다. 레인은 루쏘(Rousseau)와 마찬가지로 문명이 인간의 자연적인 충돌을 고양시키는 대신에 왜곡시켰다고 생각했다. 관습적인 종교는 사물들을 지나치게 역전시켰기에 신이 악마처럼 보이고, 악마가 신처럼 보이게 되었다. 신은 투옥되어 있으며 도망치려고 노력해야 한다. 그가 그렇게 하려는 노력은 결과적으로 질병을 가져온다. 그러므로 질병은 악마의 영향력을 벗어버리고자 하는 유기체의 노력으로 여겨져야 한다. 그것은 개인의 내적인 종교적 투쟁을 나타낸다. 오든은 이러한 견해를 받아들임으로써 적어도 한동안은 자신의 친구의 질병을 그들의 영혼의 질병의 표현으로 보았다. 예를 들면 그는 목이 아픈 크리스토퍼 이셔우드(Christopher Isherwood)에게 목이 아픈 것은 그가 거짓말을 했기 때문이라고 말했다. 오든은 병을 인간이 외적인 세계에 적절히 대항하지 못했을 때의 심리적 실패감이 육체적으로 나타나는 것이라고 생각했다. 레인의 이론의 흔적이 오든의 시에 나타나지만 레인보다 더 큰 영향을 끼친 사람은 프로이드(Freud)이다. 프로이드는 심리적인 비밀을 뚫고 들어가는 데 도움을 주었기에 오든은 『프로이드를 위한 만가』에서 그것을 감동적으로 인정하고 있다.

1930년대에 오든이 그의 세대의 가장 중심적인 시인이라는 점에는 이의가 별로 없다. 1930년대에 주로 활동한 시인으로는 오든 이외에 스펜더(Stephen Spender, 1909-1995), 먹니스(Louis MacNeice, 1907-1963), 루이스(Cecil Day Lewis, 1904-1972) 등이 있는데, 이들은 같은 범주에 속하는 것으로 여겨진다. 이들을 오든 그룹 또는 신 시골파(New Country School)라고 부른다. 이들을 하나의 범주에 넣는 것은 그들이 동인활동을 했기 때문이 아니라 대체로 사회주의 경향이 농후한 시를 썼기 때문이다. 그들은 30년대에 전 세계를 휩쓸었던 사회주의에 물들어 혹은 공산당에 입당하기도 하면서 사회의식이 두드러진 시를 썼다. 리차드 호가트(Richard Hoggart)는 30년대를 다음과 같이 설명하고 있다.

국내적인 문제로는 그 구조가 미국에서 1929년의 월가(Wall Street)의 파멸로써 울렸다. 이 불경기가 영국에 도착한 때로부터 지난 10년간의 재군비의 호경기에 이르기까지, 실직은 영국인의 생활에 늘 따라다니는 특징이었다. 이때는 불경기의 시대였고, 소위 오든이 말하는 "계약에 의한 할부식 판매에서 생겨난 초라한 서민"의 시대, "연기가 나지 않는 굴뚝, 파괴된 다리, 썩은 선창과 숨 막히는 운하"의 시대였다. 이때는 초라하고 얌전한 판매원들이 가정용 일제 싸구려 물품들을 이집 저집 팔러 다니는 것을 볼 수 있던 시대였다. 특히 실직으로 직접 영향 받는 수백만의 사람들에게는 초라하고 지저분하며 암담

한 시대였다. 국제적으로는. . . 히틀러가 1933년에 독일 총통에 오른 데서부터 시작된 것으로 생각된다. 그 후. . . 1939년의 폭발을 향하여 악화일로에 있었고, 결정적인 중간 단계는 1936년의 스페인 내란이었다.

영국의 좌경 젊은이들 대부분에게 이 시대는 열렬한 좌익활동의 시대였고, 스페인에는 밀크, 배스크의 피난민에게는 원조의 시대였고, "빅터 골란쯔씨의 좌익서적클럽"의 출판물 시대였다. . . . 다시 말하여 오든의 싯귀처럼 "위기와 낙담의 시대"였다.

 이러한 시대에 작품활동을 한 이 시인들은 시대정신을 반영하여 현실 참여의 기치를 내걸었으나 그 정도에 있어서는 서로 상당한 차이가 있었다. 루이스는 정통 공산주의자였고, 스펜더는 짧은 기간 동안 공산당에 입당한 적이 있으며, 오든은 자신을 "도색 자유주의자"라고 불렀고, 먹니스는 자신이 다분히 낡은 유형의 개인주의에 속한다고 밝히고 있다. 말년에 가서 오든은 종교시인이 되었고, 루이스는 개인적인 명상시를 썼고, 먹니스는 객관적 사물을 상식적으로 정직하게 묘사하는 서정시인이 되었으며, 스펜더는 다분히 종교적 색채가 가미된 내성적 주제의 시를 쓰게 되었다. 사상적 기반이 자유주의에 입각해 있었고, 정치적, 사회적 관점에서 현실을 파악하는 것이 아니라, 도덕적, 심리적인 면에서 현실을 보는 사람들이었기 때문에 이들은 그렇게 발전한 것이다.

 오든은 30년대에 마르크스주의에 심취했었지만, 그것은 계급을 거부하기 위해서가 아니라 보다 나은 부르주아가 되고자 하는 바램에서, 중산층의 이데올로기를 드러내 보이는 하나의 기술로서였으므로 프롤레타리아 계급을 옹호하려는 생각은 없었다. 그가 "여러분은 영국을, 누구나 모두 병들어 있는 우리의 이 영국을 과연 어떻게 생각하는가?"라고 외쳤을 때에도, 이는 어떤 정치적인 선동을 위해서가 아니라 썩고 병든 사회의 심리적 병상에 관심이 있었기에 여기에 초점을 맞추어 말한 것이다. 또한 그가 파시즘을 공격한 것도, 정치적 차원에서의 불만의 표시가 아니라, 그와 같은 사회현상이 삶을 위협하는 심리적 징후라고 보았기 때문이다.

사회의 불안과 그 안에서의 인간들의 비극에 깊은 관심을 가졌던 도덕가로서의 오든의 분노는 주로 인간의 정신적 질환, 즉 생명과 자유를 위협하는 인간의 내부적인 요인들로 향했다. 현실의 압력 하에서 생기는 그러한 정신적 병적 상태, 왜곡된 심리에는 비겁, 패배감, 무기력, 죽음에의 동경, 과도한 자기 사랑 등의 정신적 상태가 포함된다. 오든은 이와 같은 병적인 증상들을 모두 삶과 사랑을 파멸시키는 적의 영상이라고 보았다. 그에게 있어서 적이란 인간이 숙명적으로 싸워야 하는 자유를 위한 싸움, 사랑을 위한 싸움에서 스스로의 책임을 회피하는 인생의 도피자를 말하는 것으로, 결국 삶을 파괴하고 사랑을 시들게 하는 것들이다.

오든은 현대인의 불안, 공포, 비겁, 자애, 이기심 같은 악을 인간의 심리적 질환의 결과로 보고 사랑에 의하여 개인과 사회의 악이 해소된다고 생각했다. 그러므로 그의 사랑은 개인과 개인 사이의 애정관계라기보다는 하나의 정신요법과 같은 것이었다. 그의 시에는 개인 간의 사랑도 물론 있기는 하지만 자애와 이기심을 벗어난 몰아적, 대사회적인 사랑과, 기독교적인 사랑도 있다. 자아의 감옥에서 벗어나는 방법은 자신을 잊는 진정한 사랑이고, 사랑의 작용에 의해서만 의지가 순화되고, 개성이 불안과 압력에서 해방될 수 있다. 그는 서로가 이와 같은 몰아적인 사랑을 할 때 인류가 구원받을 수 있다는 희망을 가졌다.

1937년에 오든은 먹니스와 합작으로 『아이슬랜드에서 온 편지』(*Letters from Iceland*)를 출판했는데, 이것은 출판업자가 경비를 대어 그곳으로 여행한 후 그 이야기를 적은 것이다. 오든은 그 해에 스페인으로 가서 공화당을 지지하는 「스페인」(Spain)이라는 정치적인 시를 썼다. 일 년 후에 그와 이셔우드는 중국으로 갔고, 그는 『전쟁으로의 여행』(*Journey to a War*)을 썼다. 그 당시에 그는 시와 정치가 상호 관련이 있다고 생각하는 경향이 후기에 있어서처럼 강하지 않았다. 그는 1939년 1월에 미국에 영구히 정착할 결심을 하고 이셔우드와 함께 영국을 떠났으며, 1946년에 미국 시민권을 획득했다. 만년에는 뉴욕시 그린위치 빌리지(Greenwich Village)에 있는 집과 남부 오스트리아의 키르크스테텐(Krichstetten)에 있는 집에 주로 머물렀고, 1972년에 그의 모교인 옥스퍼드의 크라이스트 교회에 거주하도록 초청받았다.

	오든의 초기시는 그가 하디와 홉킨스를 면밀히 읽었다는 것을 보여준다. 그가 받은 영향은 하디에게서는 비꼬는 것이고, 홉킨스에게서는 금언적인 스타일이었다. 오든은 또한 엘리엇의 대화체 어조와 문화적 부패에 대한 예민한 통찰을 숭배했으며, 철학적인 문제를 서정시에서 다룰 수 있는 예이츠의 힘을 좋아했다. 오든의 초기시는 임박한 파멸, 외관상 개인적인 사악한 행위에 있어서의 우리의 일반적인 공모, 애정을 재구성할 필요 등을 다소 은밀하게 말하고 있다. 또한 혁명이 어렴풋이 암시되지만, 그 정확한 성격은 구체적으로 드러나 있지 않다. 아마도 그는 선의를 지닌 사람들의 공모를 촉구하고자 하는 뜻을 지니고 있는 것 같다. 작고 개인적인 움직임에 집중하기는 하지만 인간적인 필요나 결함의 상징으로 산, 홍수, 빙하, 사막 등과 같은 보다 큰 힘을 불러내는 것도 좋아한다. 이러한 방식으로 호언장담은 재치 있게 사소한 것으로 수축되고, 그것은 또한 웅변적으로 이루어진 큰 주장과 결합된다. 어휘는 소박한 것들과 추상적인 것들이 교묘하게 섞여 있다.

그의 작품은 발전함에 따라 두 가지 다른 경향을 보인다. 한 편으로 오든은 시를 "지식의 게임, 가능성의 탐구"로 여긴다. 이러한 기분에서 그는 엘리엇의 "보다 나은 형태의 오락"이라는 시의 아이러닉한 정의와 별로 다르지 않은, 계발된 오락으로서의 예술을 좋아한다. 다른 한 편으로 오든은 엄격한 정직성, 듣기 좋은 소리에 대한 약간의 감각을 선호하는 것을 강조한다. 예술은 기만을 벗겨내는 것이고, 마법을 깨뜨리는 것으로 예이츠뿐만 아니라 낭만적 전통에도 반대되는 입장을 취하고 있다. 그러나 오든은 자신이 주장하는 것처럼 현실적이지 않다. 작품은 점점 더 명상적으로 되어 가고 있지만 여전히 신중하고 대담하다. 더욱이 외관상 임의적인 듯하지만, 실제로는 중요한 내용을 추구하는 것, 즉 일상적인 것에서 비범한 것을 추구하는 것은 그것에 대하여 수수하게 공언하는 것 이상의 반향을 그것에 부여한다. 초기에 했던 것처럼 고대 영어의 조각들을 하나로 합치고 있든지 아니면 후기에 했던 것처럼 대중가요의 조각들을 섞고 있든지 간에 오든은 현대의 감수성의 대변인 역을 피할 수 없다.

오든은 엘리엇과 밀접한 교제를 했다. 엘리엇은 훼이버 앤드 훼이버(Faber and Faber)라는 출판사의 편집장으로 있을 때 오든이 처음 출판한 책들을 받고 그의 용기를 북돋워 주었다. 그들은 영국교회에 강한 집착을 보이는 것과 같은 여러 가지 면에서 공통점을 지니고 있다. 오든의 신앙심은 엘리엇의 신앙심보다 세속적이며 덜 신비적이다. 엘리엇은 질서와 전통을 찾아서 미국을 떠나 영국으로 갔으며, 오든은 다양함과 분산을 추구하여 영국을 떠나 미국으로 갔다.

오든의 초기시에 나타난 사랑의 의미는 매우 막연하여 때로는 프로이드의 성적 본능으로서의 사랑을 뜻하기도 하고 블레이크(William Blake)나 로렌스(D. H. Lawrence)의 생명력으로서의 사랑과 일치하기도 한다. 때로는 인간의 공존과 번영을 위한 생리적인 충동을 뜻하기도 한다. 그 막연하고 불확실한 의미가 점차 그리스도의 사랑, 양심, 은총과 같은 기독교적인 사랑의 의미로 고정되어 그는 정통적인 기독교 시인의 태도를 견지하게 된다. 기독교 교리를 수용한 것은 그가 미국으로 귀화한 무렵이라고 짐작된다. 그러나 옥스퍼드를 졸업할 즈음부터 인간이 자유로운 것은 아니라는 생각을 지니고 있었다. 인간이 인간으로 태어났다는 사실, 인간에게 이성과 선택의 자유가 있다는 사실 때문에 인간은 자신에게 주어진 책임을 피할 수 없는 것이다. 그에게 있어 자유의 의미는 신학에서 말하는 인간의 자유의지와 거의 일치한다. 인간이 선을 택하는 것은 이러한 자유의지에 의한 선택의 결과이다. 그러므로 인간은 죄악과 싸워 그것을 정복하도록 노력해야 한다.

오든이 미국으로 귀화한 후 모든 문학 활동에서 표현한 신념은 이러한 종교적 신념이다. 초기에 칼 막스(Karl Marx)와 프로이드의 영향을 받았듯이 후기에는 키에르케고르(Soen Kierkegaard)와 니버(Reinhold Niebuhr)와 같은 신학자를 스승으로 삼고 양심의 문제, 사랑의 본질, 신앙의 사회적 의의 같은 것을 다루고 있다. 1944년에 발표한 『당분간』(*For the Time Being*)이라는 시극은 이러한 기독교적 주제를 다루었다.

『단편시집』(*Collected Shorter Poems*)에서 오든은 자신의 생애를 4기로 나누고 있다. 제1기는 그가 아직 대학생이었던 1927년부터 「연설가들」(*The Orators*)을 출판한 1932년까지이다. 제2기는 오든이 좌익 영웅이었던 시기로 1933-38년이다. 오든은 자본주의 사회의 병폐를 분석하면서 전체주의의 발흥에 대해 경고하기도 했다. 제3기는 미국 시민이 되고, 종교적, 지적 시각이 결정적으로 변화한 1939-46년이다. 제4기는 1948년부터인데, 그해부터 오든은 매년 4월부터 10월까지 뉴욕을 떠나 유럽에서 지냈다. 1948년부터 57년까지 이탈리아의 이스키아 섬에서 여름을 보냈으며, 말년에 오스트리아의 키르크슈테텐에 있는 농가를 사서 그곳에서 여름을 보냈다.

    1972년 겨울철 거주지를 뉴욕에서 옥스퍼드로 옮겼는데, 원래 옥스퍼드대학교 크라이스트처치 칼리지의 명예 특별연구원이었다. 볼링겐상(1953), 전미도서상(1956)을 수상했으며, 옥스퍼드대학교의 영시교수(1956-61)를 지냈다.

Theodore Roethke | 1908-1963

　　데어도어 뢰쓰케(Theodore Roethke)는 자연을 이용하여 거대한 영적 풍경을 묘사하는 시인이다. 그 자연의 일부는 그의 감정을 투사한 것이고 또 일부는 그의 개성을 초월하는 것이다. 그가 자연을 이렇게 우화화하는 권위는 그가 자연을 사랑하고 열심히 연구한 데 기인한다. 그는 이러한 흥미의 근원을 예전에 비스마르크(Bismarck)의 최고 산림관이었던 할아버지가 1870년에 프러시아로부터 이민 온 다음에 그의 아들들과 함께 미시건주의 사지노(Saginaw)에서 온실을 시작한 사실까지 추적해 올라가기를 즐긴다. 온실은 "내가 삶, 자궁, 지상낙원의 완전체에 대한 상징으로 사용하는 것"이라고 뢰쓰케는 말한다. 그는 원초적인 과정과 생물체뿐만 아니라 무생물과도 가깝게 느낀다. 그는 「미세한 것들」(The Minimal)에서 나뭇잎에 있는 생명체들을 탐구하고 「빛나는 들판」(A Field of Light)에서 "모든 사물들의 분리된 상태를 볼 수 있다"고 갑자기 외친다.

자연에 참여하고 있다는 느낌이 지극히 극단적이지만 설득력 있는 효과에 기여한다. 그는 "나는 긴 물 속에서 내 자신을 잃고 찾는다"고 쓰고 있으며 또한 원소를 바꾸어 "나는 공기 속에 산다, 긴 빛이 내 집이다"라고 말하기도 하는데 이러한 구절들은 딜란 토마스(Dylan Thomas)와 유사하다는 느낌을 준다. 참여는 초월로 가는 지름길이다. 그는 "나는 다른 삶에 젖어 있다"고 쓰고 있으며 「뱀」(Snake)에서는 "나는 그것이 되고 싶다/그 순수하고 감각적인 형체,/나는 언젠가는 될 것이다"라고 말한다. 이러한 시편들의 문맥에서 우리는 윤회가 가능하다는 생각을 하게 된다.

뢰쓰케는 자신에게 이러한 속성이 있음을 알고 산문에서 "나는 자연을 진실로 사랑한다.... 자연의 기분을 거의 본능적으로 느낄 수 있다.... 자연물에 의해 아마도 너무 영향을 받는 것 같다"고 말한 바 있다. 그러나 자연에 관한 감상적인 느낌 때문에 맹목적으로 되지는 않았다. 그는 어떤 시편에서는 자연에 대해 덜 우호적인 태도를 취하기도 한다. 자연에 대해 로렌스(D. H. Lawrence)보다 덜 찬양하는데 이는 자연의 우호적인 측면뿐만 아니라 악의적인 측면도 잘 알고 있기 때문인 듯하다.

뢰쓰케는 키가 185센티미터였으며 몸무게가 200파운드를 훨씬 넘었지만 시에서는 매우 섬세한 모습을 보인다. 명성을 갈망하고 신경쇠약에 걸리고 알코올중독에 빠지기도 한 고통 받는 사람이었지만 시에서는 자기 자신을 순진한 사람으로 묘사한다. 그는 "모든 창작가에게 최고의 미덕인 정력적인 성실성"을 지니고 있었다. 자신이 절대적인 진리라고 믿는 것만을 쓰며, 설령 그 과정에서 주제를 망치게 된다 할지라도 그렇게 한다. 부풀어 오른 육체 속에 담긴 영혼이 연약하다는 느낌은 침투력이 있고, 그것은 상당한 정도의 자기혐오로 인해 복잡하게 된 "개인적 실체를 위한 투쟁"을 반영한다. 그는 자신이 갈망하고, 어떤 면에서는 자연이 모범으로 나타나는 그 순수성을 가질 수도 있었을 것이다. 왜냐하면 자연은 의식을 나타낼 수 있고 시처럼 의식을 확장시킬 수 있기 때문이다.

뢰쓰케는 1908년 5월 23일에 사지노(Saginaw)에서 출생했다. 그는 미시건 대학(University of Michigan)에 다녔으며 하버드 대학교(Harvard University)에서 대학원과정을 다니기도 했다. 그는 여러 대학교에서 여러 가지를 가르쳤으며 그가 가장 오랫동안 있었던 곳은 워싱턴 대학교(University of Washington)이다. 그 곳에서도 그는 때때로 신경쇠약 증세를 보였지만 학교 당국은 그것을 묵인했다.

그의 첫 작품집 『주택개방』(Open House)은 1941년에 출판되었고 상당한 관심을 끌었다. 그러나 그는 좀 더 인정받기를 갈망했고 작품을 보다 좋게 만들려고 열심이었다. 많이 쓰지는 않았으나 매우 주의해서 꼼꼼하게 썼다. 1959년에 『바람에게 하는 말』(Words for the Wind)을 냈고 1963년에 사망했다.

그는 때로는 소란스럽고 재미있지만 근본적으로 진지하고 열성적인 사람이다. 그는 자신이 에머슨(Ralph Waldo Emerson), 쏘로우(Henry David Thoreau), 휘트먼(Walt Whitman), 블레이크(William Blake), 워즈워드(William Wordsworth) 및 본(Henry Vaughan)의 전통을 이어받았다고 생각했다. 사실상 자신의 영적 자아를 나뭇잎, 물, 빛 및 하등동물과 환상적으로 결합시키는 면에 있어서 그 시인들과 같은 범주에 속한다고 할 수 있다. 그는 평생토록 온실의 질서 잡히고 보호되는 세계와 미시건의 황량한 풍경에 사로잡혀 있었다. 그는 이것을 "늪지대, 진창, 공백이 언제나 거기에 있었다. 직접적이고 무시무시하게. 그 곳은 영혼의 훈련에 매우 좋은 장소다. 그 곳은 미국이다"라고 쓰고 있다.

뢰쓰케의 시는 어린 시절의 광경을 다시 살펴봄으로써 영혼의 이 훈련을 다시 실시하는 경우가 종종 있다. 그의 초기작품 중에서 큰 부분을 차지하고 있는 자연시는 어린 아이의 의식과 자신의 아버지에 의해 지배된 어른의 신비 사이의 거리를 메우려고 노력한다. 뢰쓰케는 정신적 자서전이라는 느낌을 주도록 하기 위해 이 시편들의 배열 순서를 여러 번 고쳤다. 특히 『잃어버린 아들』(The Lost Son, 1948)과 『종말에 찬양을!』(Praise to the End!, 1951) 및 『깨어남』(The Waking, 1953)을 준비하면서 그는 배열 순서를 여러 번 고쳤다. 온실의 세계는 "현실보다 더 가혹한 현실"로 나타났고 경작자의 행동은 떨리게 하고 위협적인 것으로 나타났다. 그것을 바라보는 사람은 신, 운명, 시신 및 마녀가 하나로 합쳐진 것으로 나타났다. 식물이 성장하는 세세한 과정에 초점을 맞춤으로써 시인은 예전에는 낯설었던 세계의 신비에 참여하는 방법을 발견했다.

『잃어버린 아들과 다른 시편』(The Lost Son and Other Poems)과 『종말에 찬양을!』에서 뢰쓰케는 아이들의 수수께끼 같은 소리로서의 언어가 존재의 비논리적 상태를 되찾는 이성 이전의 말의 가능성을 탐구한다. 이 시편들에서 그는 언어의 가능성을 보여주었다.

첫 네 작품집들은 어린 시절부터 그와 함께 해온 고민의 탐구를 보여주는 반면에 후기의 연애시들은 그가 해방과 순간적인 쾌락을 즐기고 있음을 보여준다. 연애시는 대부분 『바람에게 하는 말』(*Words for the Wind*)과 『먼 들』(*Far Field*, 1964)에 실려 있는데 현대 미국시 중에서 가장 호소력있는 시에 속한다. 그 시편들은 뢰쓰케가 자신의 개인생활의 다른 부분에서 경험한 고통에 위안을 준다. 사후 유작집인 『먼 들』에는 꼼꼼히 운이 맞추어진 격렬한 서정시들도 실려 있는데 그 작품들에서 뢰쓰케는 정신적 통찰의 문턱을 향해 압박을 가하는 적나라하고 심지어는 무시무시한 진술을 시도했다. 이 작품집에 있는 자연시들은 인간이 미지의 어둠을 향해 나아가는 데 대한 자연적인 유사물을 발견하기 위하여 광활한 풍경을 사용한다.

뢰쓰케는 1948년부터 그가 사망한 1963년까지 워싱턴 대학에서 그와 함께 공부한 젊은 시인들과 비평가들로부터 시의 위대한 스승 가운데 한 사람으로 추앙받고 있다. 그는 소리와 운율법에 능통한 것으로 유명하다. 비록 그 자신의 시는 매우 개성적이지만 시를 창작할 때에는 규제되지 않은 자기표현을 사용하지 않도록 항상 주의하라고 학생들에게 권고한다. 그는 시창작을 시작하는 사람에게 "다른 사람처럼 쓰라"고 가르친다. 그러나 뢰쓰케 자신은 이 가르침을 지키지 않아서 그 대가를 톡톡히 치렀다. 그가 예이츠(William Butler Yeats)에게 도제역할을 한 것은 그 자신의 시적 목소리를 위태롭게 하여 후기의 몇몇 시편에서는 예이츠의 메아리가 너무 크게 울려 뢰쓰케 자신의 목소리는 거의 들리지 않게 된다.

뢰쓰케는 영예로운 말년을 보냈다. 그는 1953년에 『깨어남』으로 퓰리처상(Pulitzer Prize)을 탔고 『바람에게 하는 말』로 국민도서상(National Book Award) 및 볼링겐상(Bollingen Prize)을 수상했다. 또한 『먼 들』에도 사후에 국민도서상이 주어졌다.

Stephen Spender | 1909-1995

어떤 시인들은 별다른 노력을 하지 않고 자기 자신을 자기들의 세계와 자기들의 매개체(시)의 대가로 생각하는데 오든(W. H. Auden)이 그런 시인들 중의 한 사람이다. 스펜더(Stephen Spender)는 오든과의 오랜 교제 때문에 그와 종종 비교된다. 그러나 오든과는 달리 스펜더는 독재군주적인 성질을 전혀 지니고 있지 않다. 그리고 오든이 천성적으로 하는 듯이 결론적으로 말할 때 스펜더는 자신이 신비의식의 사제이기보다는 한 가지 분명한 목적을 지니지 않은 애원자라고 말하며, 연애시에서 자신의 모든 율동은 선교사적인 것, 즉 들리지 않는 간청하는 소리였다고 쓰고 있다.

자신의 『시집』(Collected Poems)의 서문에서 스펜더는 "우리가 다른 무엇에 관하여 보다도 시에 관하여 보다 덜 확신한다"고 말한 바 있다. 이는 주로 장인정신에 관하여 말하는 것이지만, 불확실함은 그가 자신의 여러 면을 가진 크리스탈 구조물을 세우는 토대의 역할을 한다. 스펜더가 쓴 시편들은 의지가 박약한 자들을 굳건하게 하고, 가능한 것들을 이상화함 없이 파악하려는 끊임없이 반복된 노력으로의 돌입이다. 그는 이것을 "결코 존재하지 않으며 항상 존재의 가장자리"에 있다고 쓰고 있다. 시의 중심은 자신의 일깨워진 고통 받는 의식인데, 그는 자화자찬하지 않고, 자신의 내면에 있는 부패되고 비실제적일 수도 있는 것들을 가차 없이 엄격하게 드러낸다.

스펜더는 다른 사람들에게 보다 자기 자신에게 더 엄격하다. 자기 자신의 동기, 심지어는 자신의 실체성은 의심하지만, 다른 사람들의 실체성을 의심하지는 않는다. 다른 사람들을 존경할 만하다고 생각하기 때문에 그는 정말로 위대한 사람들을 항상 생각한다고 한 시편에서 밝히고 있다. 비평문에서 그는 파괴적인 요소, 다시 말하여 믿음이 없는 세상의 곳곳에 스며드는 현재에 대담하게 맞부딪친 작가들에게 경의를 표한 바 있다. 보다 최근의 책 『현대인의 투쟁』(The Struggle of the Modern)에서 그는 모더니즘을, 현시대를 포함하려는 시도일 뿐만 아니라 현시대와 과거의 대결도 포함하려는 시도라고 밝히고 있다. 그는 힘 있고 신념 있는 사람들에게서 즐거움을 느낀 것이 분명하다.

그러나 그는 좀 더 미묘한 영웅주의를 우리에게 보여주는데, 그 영웅주의 안에서 사람들은 마음 이외의 모든 것에서 벗어나려고 노력하거나 겉으로 드러난 신경세포가 된다고 쓰고 있다. 그의 시편들은 시편 자체가 지닌 정서의 힘, 그 시편을 둘러싸고 있는 모든 것들의 불확실함 위에 자리 잡고 있다.

스펜더의 시는 정치적인 색채를 지니고 있는데 이것은 오든 및 30년대의 다른 작가들과의 공통점이다. 오든의 정치시는 후기로 갈수록 관심사가 보다 덜 직접적으로 드러난 듯이 보인다. 이것은 스펜더의 경우도 마찬가지이다. 이러한 변화는 그가 지지하는 혁명이 경제적 환경의 변화보다는 마음의 변화로 점차 바뀌었기 때문이다. 스페인 내란에 관한 그의 초기시를 다시 읽어보면, 그것들은 직접적인 행동에 대한 호소라기보다는 오히려 간접적인 행동에 대한 호소, 즉 주로 사회적 유대의 어려움과 절박함이라는 개인적 딜레마의 표명인 것처럼 보인다. 스펜더의 작품들은 대부분, 그것이 운문으로 되어 있든 아니면 산문으로 되어 있든 간에, 급진파 학생들, 이스라엘의 집단농장제도, 또는 다른 자유적이거나 좌익적인 관심사에 대한 위대한 사회적 공감을 표현한다.

그의 자서전 『세계 속의 세계』(*World Within World*)에 그의 활동이 많이 기록되어 있다. 그는 자기 자신과 자신의 세대를 여기에 솔직하고 휴머러스하게 제시한다.

스펜더는 1909년 2월 28일에 런던에서 태어났다. 그는 매우 어릴 때부터 시를 쓰기 시작했으며 옥스퍼드에 진학했을 때 오든에게 자신의 시를 보여주었다. 오든은 그의 시에서 낭만적인 요소를 발견했고, 그에게 용기를 북돋워주었다. 옥스퍼드를 졸업한 후 그는 한동안 독일을 여행하고 여러 독일 시인의 시를 번역하기도 했다. 30년대에 그는 친구들과 함께 스페인의 내란에 뛰어들어 왕당파를 위해 싸웠다. 그는 많은 시, 소설, 평론을 썼으며, 미국으로 강연여행을 하기도 했고, 런던 대학교의 유니버시티 칼리지 (University College)의 영문학과 과장이 되었다. 웨스트민스터에서 심장병으로 1995년에 86세의 나이로 사망했다.

Charles Olson | 1910-1970

올슨(Charles Olson)은 매사추세츠(Massachusetts)의 워세스트(Worcester)에서 1910년 12월27일에 출생했다. 그는 여름을 글루세스터(Gloucester)에서 보냈으며, 웨슬리안 대학교(Wesleyan University)와 하버드 대학교(Harvard University)에서 문학과 미국학을 공부하였다. 1941년에 뉴욕으로 이주하여 콘스턴스 윌콕(Constance Wilcock)과 결혼하고 미국시민자유연합(American Civil Liberties Union)의 공보관이 되었다. 일 년 후에 그들 부부는 워싱턴(Washington D. C.)으로 이사하였다. 이곳에서 그는 전쟁

정보국의 외국어 분과에서 일했으며 나중에 이 분과의 부책임자까지 승진하였다. 이 과의 최고 책임자는 후에 상원의원이 된 알렌 크랜스턴(Alan Cranston)이었다. 1944년에 올슨은 민주 국가 위원회 외국어분과에서 일하기도 하였으며 프랭클린 루즈벨트(Franklin Delano Roosevelt) 캠페인에 참여하기도 하였다. 루즈벨트가 사망한 후 해리 트루먼(Harry Truman)이 권력을 장악하고, 그가 쓰는 뉴스에 대한 검열이 강화되자 정치계를 떠나 창작에 전념하였다.

올슨이 발간한 첫 서적은 『나를 이스마엘이라 불러라』(*Call Me Ishmael*, 1947)라는 책으로 멜빌(Herman Melville)의 『백경』(*Moby Dick*)에 대한 연구서이다. 이 연구서는 그가 웨슬리안 대학교에서 쓴 석사학위 논문의 연장이다. 『투사시』(*Projective Verse*)에서 올슨은 시인의 호흡에 바탕을 둔 시적 운율과 구문이나 논리 보다는 인식의 연결과 소리에 토대를 둔 개방적인 구조를 주장하였다. 「물총새」(The Kingfishers)라는 1949년에 처음 발표되고 1953년의 시집 『차가운 지옥에서, 덤불에서』(*In Cold Hell, In Thicket*)에 수록된 작품은 이러한 선언을 그대로 적용한 작품이다. 두 번째 시집 『먼 곳』(*The Distances*)은 1960년에 출판되었다. 올슨은 1951년부터 1956년까지 블랙 마운틴 대학(Black Mountain College)의 학장으로 근무했다. 이때 이 대학은 존 케이지(John Cage), 로버트 크릴리(Robert Creeley), 알렌 긴스버그(Allen Ginsberg), 로버트 던컨(Robert Duncan), 필딩 더슨(Fielding Dawson), 조나단 윌리엄즈(Jonathan Williams), 에드 돈(Ed Dorn), 스탄 브라케이지(Stan Brakhage) 및 1950년대의 미국 아방가르드 작가들의 작품을 후원하였다.

올슨은 1950년대에 파운드(Ezra Pound)의 『시편』(*Cantos*)에 고무되어 『맥시머스 시편』(*The Maximus Poems*)을 쓰기 시작하여 사망할 때까지 완성을 보지 못했다. 올슨은 파운드의 작품과 자신의 작품이 직접적인 관련이 전혀 없다고 말한 바 있다. 넓은 의미에서 미국 역사의 탐구이기도 한 이 작품은 매사추세츠라는 장소, 특히 올슨이 정착했던 글루세스터라는 도시의 서사시이다. 이 작품은 방랑하는 그리스 철학자인 타이어의 맥시머스(Maximus of Tyre)에 토대를 둔 맥시머스와 올슨 자신의 목소리를 통하여 전달된다. 미완의 마지막 권은 이상적인 글루세스터를 상상하는데, 이곳은 공동사회의 가치가 상업적인 가치를 대신한다.

그는 자신을 '맥시머스'(Maximus)라고 불렀다. 실제로 키가 2미터를 넘기도 하였으나 그렇게 부른 것은 그가 생각하는 작가관에 기인한다. 그는 작가란 "자기 시대에 여기에 살고 있는 최고의 사람이며, 과거와 현재의 자신의 심리적 자아를 연결해 주며, 또한 항상 자신의 환경과 같은 역할은 하는 사람"이라고 보았다.

올슨은 사적인 편지를 많이 써서 젊은 시인들을 돕고 격려하였다. 그는 사망하기 직전에 중국어와 인도 유럽어가 동일한 원천에서 유래했을 가능성을 연구하였다. 그는 1970년 1월 10일에 사망하였다.

올슨은 에즈라 파운드와 윌리엄즈(William Carlos Williams)와 같은 초기의 시인들과 뉴욕 학파, 블랙 마운틴 학파, 비트(Beat) 시인들, 샌프란시스코 문예부흥 등과 같은 새로운 미국시인들을 연결시키는 중요한 역할을 한 제 2세대 미국 모더니스트 시인이라고 할 수 있다. 결과적으로 많은 포스트모던 그룹들은 올슨을 중요한 선구적인 인물로 생각한다. 그는 모스트모던이라는 말을 생각해낸 사상가들 중의 한 사람으로 여겨진다. 그는 대서양 건너편의 로이 휘셔(Roy Fisher), 에드윈 모간(Edwin Morgan), 제프리 힐(Geoffrey Hill)과 같은 시인들에게도 영향을 끼쳤다.

올슨의 관심사는 형식이지만, 시의 형식은 단순한 작시법의 형식을 넘어 인간존재의 양식이 된다. 그렇기 때문에 형식에 대한 관심은 존재의 양식에 대한 관심이다. 미학적인 태도가 단지 예술의 문제가 아니라 인간 존재에 대한 문제이므로 미학적인 세계를 구축하려는 노력은 인간의 가장 근원적인 도덕의 문제와 관련된다. 올슨의 시하면 떠올리게 되는 투사시도 마찬가지이다.

투사시의 원칙은 장(field)에 의한 작문인데, 이는 열린 상태에서 작업하는 것으로 종래의 일반적인 형식인 행이나 연과 같은 구분에서 벗어나는 것이다. 사물이나 사건의 발생을 행이나 연과 같은 형식의 틀에 집어넣어 묘사하는 것이 아니라 발생자체에 관심을 갖고 그대로 하나의 장으로 제시하도록 한다.

기술되는 말과 행위를 세상의 경험과 사건들이 실제로 일어나는 것보다 우선시하는 담론이나 문법에 따라 정리하는 대신에 그들이 발생하는 순서에 따라 자연스럽게 병치시키는 방법을 택한다. 발생하는 사건과 사물을 무작위로 나열하는 것이다. 이를 올슨은 장에 병치시키기라고 부르는데, 사물들을 말 그대로 발생하는 순서대로 그대로 나열하는 방식으로 글을 쓰는 것이다.

어떤 논리나 분류 방식에 따라 구분하고 정렬하는 것이 아니라 사건이나 사물이 발생하는 순서대로 글쓰기의 장에 옮겨놓는 것이다. 이런 방식으로 글을 쓰면, 개별적, 단편적, 우발적 사물이나 사건의 발생을 잘 기록할 수 있다. 담론이나 문법에 따라 글을 쓰는 것이 아니라 사건이나 사물의 발생을 따라가는 방식으로 글을 쓰기 때문에 사건이나 사물을 연장하는 방식이 된다. 이는 발생하는 것을 그대로 펼쳐서 보여주는 방법으로, 발생하는 그대로 기록하는 것이고 시인은 다만 기록자의 역할만 하게 된다. 올슨 자신이 이러한 원칙에 따라 시를 썼기 때문에 그의 시를 투사시라고 한다.

Elizabeth Bishop | 1911-1979

　　　　　　　엘리자베스 비숍(Elizabeth Bishop)은 매사추세츠(Massachusetts)의 워세스터(Worcester)에서 1911년 2월 8일에 출생했다. 생후 8개월 때 건축업자였던 아버지가 돌아가시고, 어머니의 정신병이 발병했다. 어머니는 1916년에 정신병원에 수용되었다. 어머니는 1934년 돌아가실 때까지 병원에 있었으며 비숍을 만나지 못했다. 비숍은 「마을에서」(In the Village)라는 단편 소설에서 어머니가 병마와 싸우는 모습을 묘사한 바 있다. 매우 어린 시절에 고아가 되어 그녀는 노바스코샤(Nova Scotia)에 있는 조부모님의 농장에서 성장하였다.

비숍의 아버지 가문에서 양육권을 획득한 후 그녀는 조부모님 곁을 떠나 워세스터에 있는 매우 부유한 가족과 함께 살았다. 그렇지만 그녀는 이곳에서 매우 불행했으며, 조부모님과 헤어진 후 외롭게 자랐다. 워세스터에 살 때 만성적인 천식에 걸려 평생 고생하였다. 「대합실에서」(In the Waiting room)에 이 당시의 삶이 간략하게 기록되어 있다.

비숍은 매사추세츠의 나틱(Natick)에 있는 월넛 힐 학교(Walnut Hill School) 기숙사에서 생활하였다. 이때 첫 작품들이 학생 잡지에 발표되었다. 1929년 가을에 바사 대학(Vassar College)에 들어갔고, 1933년에 콘 스피리토(Con Spirito)라는 문학 잡지를 매리 맥카씨(Mary McCarthy), 마가렛 밀러(Margaret Miller), 유니스 클락(Eunice Clark), 엘리노어 클락(Eleanor Clark)과 함께 설립하였다.

비숍은 1934년에 처음 소개받은 마리안 무어(Marianne Moore)의 영향을 크게 받았는데, 무어는 그녀의 작품에 많은 관심을 보였다. 그녀가 바사 대학을 졸업한 후 뉴욕으로 와서 들어간 코넬 의학교(Cornell Medical School)를 무어가 설득하여 그만둘 정도였다. 이 일은 비숍이 무어의 권고에 따라 "사랑하는 무어 양"이라는 호칭을 "사랑하는 마리안"으로 부르기 4년 전에 있었다. 두 사람은 많은 서신을 주고받았으며, 무어가 1972년에 사망할 때까지 서로 교제하였다.

비숍은 랜달 자렐(Randall Jarrell)의 소개로 로버트 로웰(Robert Lowell)을 1947년 알게 되었고, 두 사람은 서신왕래를 통하여 친한 친구가 되었다. 이들의 교제는 로웰이 1977년 사망할 때까지 계속되었다. 그가 사망한 후 그녀는 "헤어져 있는 세월 동안 편지로만 유지되었던 우리의 우정은 변함없고 상냥한 관계로 남아 있었다. 그리고 나는 그것에 대해 항상 깊이 감사할 것이다"라고 썼다. 그들은 서로의 시에 영향을 주고받았다. 로월은 자신의 시 「스컹크 시간」(Skunk Hour)에 끼친 그녀의 영향에 대하여 이 작품은 "비숍 양의 「아르마딜로」(The Armadillo)를 모델로 삼았다"고 말한 바 있다. 또한 다른 작품 「절규」(The Scream)가 "비숍의 단편 소설 「마을에서」에서 유래했다"고 했으며, 비숍이 생전에 발표한 마지막 시편 중의 하나인 「북쪽 항구에서」는 1978년 로월을 추도하여 쓴 작품이다.

비숍이 성인이 되었을 때 상속된 아버지에게서 물려받은 재산은 그녀가 살아가는 동안 바닥나지 않았다. 많은 재산을 물려받았기 때문에 직장을 걱정하지 않고 널리 여행할 수 있었으며, 그녀의 작품에 묘사된 다양한 도시와 나라에서 살아갈 수 있었다. 그녀는 바사에서 알았던 친구 루이스 크레인(Louis Crane)과 함께 1930년대 중반 몇 해 동안 프랑스에서 살았다. 크레인은 제지업을 하는 상속녀였다. 1938년 비숍은 크레인과 함께 플로리다(Florida)의 키웨스트(Key West)에 저택을 구입했다. 이곳에 살면서 1940년에 어네스트 헤밍웨이(Ernest Hemingway)와 이혼한 폴린 파이퍼 헤밍웨이(Pauline Pfeiffer Hemingway)를 알고 지냈다.

1946년에 마리안 무어는 비숍에게 호톤 미플린 상(Houghton Mifflin Prize)을 제안했고 비숍이 수상하였다. 그녀의 첫 작품집 『북과 남』(North & South)은 1,000부가 발행되었고, 랜달 자렐은 "그녀의 작품은 모두 바닥에서 쓰였고, '나는 그것을 보았다'"라고 생생한 묘사를 하는 비숍의 재능을 칭찬했다. 비숍은 1949년부터 1950년까지 미국의 계관시인이 되었다.

1951년 브린 모어 대학(Bryn Mawr College)에서 여행 연구비로 2,500달러를 받자마자 비숍은 배를 타고 남미 일주여행을 시작하였다. 그해 11월에 브라질의 산토스(Santos)에 도착하여 2주 머물 계획이었는데, 브라질이 마음에 들어 15년을 머물게 되었다. 브라질에 사는 동안 1956년에 비숍은 첫 작품집 두 권 『시편: 북과 남』(*Poems: North & South*)과 『차가운 봄』(*A Cold Spring*)으로 퓰리처상(Pulitzer Prize)을 탔다.

브라질에 사는 동안 비숍은 남미의 언어와 문학에 큰 관심을 갖게 되었다. 그녀는 남미의 작품을 영어로 번역하였으며, 중남미 시인들의 영향을 받았다. 그녀에게 영향을 준 시인으로는 멕시코의 옥타비오 파스(Octavio Paz), 브라질의 시인 조아오 카브랄 데 멜로 네토(João Cabral de Melo Neto)와 칼로스 드러몬드 데 안드라드(Carlos Drummond de Andrade) 등이 대표적이다. 안드라드에 대하여 비숍은 "나는 그를 전혀 모른다. 그는 매우 수줍은 것같다. 나도 매우 수줍은 편이다. 우리는 한번 만난 적이 있다. 밤에 보도에 서였다. 우리는 그저 같은 식당에서 나왔고, 서로 인사했을 때 그가 내 손에 키스했다"라고 말했다.

퓰리처 상 이외에 그녀는 국민도서상(National Book Award)과 전국 도서 비평가 협회 상(National Book Critics Circle Award), 두 차례의 구겐하임 연구비(Guggenheim Fellowship), 인그람 메릴 재단 연구비(Ingram Merrill Foundation Grant)를 받았다. 1976년에 그녀는 뉴스타트 국제 문학상 (Neustadt International Prize for Literature)을 탔는데, 지금까지 이 상을 수상한 미국인으로서는 그녀가 유일하다.

비숍은 상속 재산이 바닥나기 시작할 때인 1970년대부터 수년 동안 고등교육기관에서 강의하였다. 워싱턴 대학교(University of Washington)에서 잠시 교편을 잡았으며, 하버드 대학교(Harvard University)에서 7년 동안 가르쳤고, 매사추세츠 공과대학(Massachusetts Institute of Technology)에서 마지막으로 교편을 잡았다. 여름은 메인(Maine)주 노쓰 헤이븐(North Haven)의 섬에 있는 여름 별장에서 보낸 경우가 많다.

1977년에 비숍은 마지막 책 『지리 3』(Geography III)을 발간하였고, 2년 후인 1979년 10월 6일 보스턴의 루이스 워프(Lewis Wharf)에 있는 자신의 아파트에서 뇌동맥류로 사망하였다. 그녀의 묘는 매사추세츠 워세스터에 있다.

비록 비숍이 여성들과 낭만적 관계를 맺고 있었지만, 개인적인 삶이나 성적 취향을 시에서 쓰거나 자신을 동성애 시인이라거나 여성 시인이라고 밝힌 적이 없다. 그녀는 자신의 글의 질로 평가받고 싶어 했으며 여성이라는 점이나 성적인 취향 면 때문에 평가받기를 원하지 않았다.

로버트 로월이나 존 베리맨(John Berryman)과 같은 동시대의 시인들이 개인적인 삶을 자신의 시에서 중요한 부분으로 삼고 상세하고 친밀하게 묘사한 것과 달리 비숍은 이런 점을 적극 피했다. 그래서 비숍의 글의 스타일은 객관적이고 원거리 시점을 유지하는 것으로 알려져 있다.

비숍은 두 명의 여인과 오랫동안 사귀었는데, 한 사람은 브라질의 사회주의자이며 건축가인 로타 드 마세도 소레스(Lota de Macedo Soares)이다. 소레스는 유명한 정치가 집안 출신으로 두 사람은 15년 동안 동거 생활을 했다. 비록 비숍이 상세한 내용을 밝히지는 않았지만, 그들의 관계 중 많은 부분이 사뮤엘 애쉴리 브라운(Samuel Ashley Brown)과 비숍이 주고받은 많은 편지에 기록되어 있다. 비숍과 소레스의 관계가 악화되어 비숍은 다른 여자와 사귀고 결국 소레스를 떠나 미국으로 돌아갔다. 소레스는 우울증을 겪다가 비숍을 따라 미국으로 들어와서 1967년에 자살했다.

비숍이 사귄 또 다른 여인은 앨리스 메쓰페셀(Alice Methfessel)로 이들은 1971년에 만났다. 메쓰페셀은 비숍의 파트너가 되었고, 비숍의 사후 문학적 유산을 관리했다.

Dylan Thomas | 1914-1953

  1930년대의 영시를 대표하는 시인들이 오든(W. H. Auden), 스펜더(Stephen Spender), 먹니스(Louis MacNeice), 루이스(C. D. Lewis) 등 옥스퍼드 출신으로 구성된 오든 그룹이었다면 1940년대의 대표적인 구룹은 신묵시파(The New Apocalypse) 또는 신낭만파(The Neo-Romantics)라고 불리는 한 무리의 시인들이다. 그러나 이 두 가지 호칭은 엄밀히 말해서 같은 그룹을 말하는 것은 아니다. 신묵시파라는 것은 1940년대의 영시단을 특징짓는 새로운 낭만주의의 몇 개의 흐름 가운데서 시운동으로서의 성격이 가장 뚜렷한 것을 말한다. 주로 켈트적인 배경의 시인들로 구성된 이들은 1939년에 『신묵시록』(The New Apocalypse), 1914년에 『백인 기수』(The White Horseman)이라는 시집을 발간했는데 토머스(Dylan Thomas)는 『백인 기수』에 산문을 기고하기도 했다.

    토머스는 오든보다 7년 연하이고 첫 시집을 오든보다 4년 늦게 발표했으나 40년대 영시의 가장 뚜렷한 영웅이라고 할 수 있다. 그는 1934년에 첫 시집을 발표하고 계속하여 제 2시집, 제 3시집을 발표했으므로 시기적으로는 오든 일파와 거의 같은 시기에 작품 활동을 했다고 할 수 있다. 그의 시는 1930년대 영시의 주된 흐름이나 엘리엇적인 신고전주의에 대한 반발이라고 할 수 있지만, 그의 낭만적인 시풍은 영시에 있어서 그 이전의 낭만주의로 되돌아가는 것을 의미하지는 않는다. 그가 원래 낭만적인 체질인 것은 사실이지만, 시적 방법은 다분히 초현실주의에서 얻어온 것이다.

    그는 트리스(Treece)에게 보낸 한 서한에서 다음과 같이 말하고 있다.

    나는 내 안에서 한 이미지를 정서적으로 생겨나게 해서 그것이 내가 지닌 지적인 그리고 비평적인 힘을 적용하는 것이요, 그 이미지로 하여금 또 하나의 이미지를 낳게 하여 그것으로 하여금 첫째 이미지와 충돌하게 하고, 그 두 이미지에서 생겨난 셋째 이미지에서 넷째의 모순된 이미지를 만들어 그것들을 내 개인의 형식의 테두리 안에서 모두 한꺼번에 갈등하게 내버려 두는 것이요. . . . 내 작품은 어느 것이나 그 생명이 어떤 중심적인 이미지의 둘레를 동심원을 그리며 돌 수는 없고, 그 생명은 중심으로부터 나와야만 하오. 한 이미지는 다른 이미지에서 태어나고 죽는 것이오. 그리하여 나의 이미지들의 연속은 어느 것이나 창조와 반작용과 파괴와 모순의 연속이어야만 하오.

윗글은 토머스가 자신의 시적 방법을 가장 적절하게 표현한 말이다. 여기서 그가 말하는 이미지의 전개방식은 초현실주의의 이른바 "자동기술"을 연상하게 한다. 그러나 자기 마음속에서 정서적으로 생겨난 이미지에 "지적인 그리고 비평적인 힘을 적용"한다는 것은 초현실주의와는 구별되는 의식의 작용을 말한 것이다. 다시 말하면 그는 신묵시파의 시인들처럼 초현실주의의 경향을 받아들이되 그것에 의식적인 통제를 가하는 시인이었던 것이다.

    토머스의 시는 매우 모호한 경우가 많으며, 구두점이나 하이픈이 흔히 생략된다. 또한 그의 시에는 성서적 이미저리나 암시가 많고 성적인 이미저리가 노골적으로 암시되어 있다. 그의 시 전체에 걸쳐서, 특히 초기시에서는 탄생과 교접과 죽음이 하나의 집념처럼 되어 있다. 그의 시에서는 임신할 당시에 이미 죽음이 함축되어 있으며 삶과 죽음은 별개의 것이 아니며 동일한 과정의 두 면에 불과한 것처럼 암시되고 있다. 그러나 그의 시의 세부사항을 살펴보면 홉킨스를 방불케 하는 언어상의 기교 때문에 모호하고 난해할 때가 많다. 데이비드 에이브즈(David Aives)는 토머스의 시의 기교를 다음과 같이 잘 묘사하고 있다.

> 이미지 사이의 전이는 말장난, 이중의 뜻, 조어, 합성어, 명사형 동사, 이중의 선행사를 받는 대명사에 의존하고 있다. 그리고 거기에는 말과 문맥에 의한 더 큰 구성이 있는데, 앞으로도 읽을 수 있고, 거꾸로도 읽을 수 있는 절, 주문과도 같은 운율, 운, 도안한 말의 모양, 시형과 종지부를 대신한 쉼표로 쓰다듬어진 고르지 않은 이미지, 하나하나는 동요하지만 체제로서는 안정되도록 잇따른 이미지로 병치된 상말, 속어 및 형식적이고 일반적인 추상적 말씨가 그것이다.

이와 같이 토머스의 언어구사는 홉킨스의 그것과 유사하지만 홉킨스에게서 보이는 대상과 방법에 대한 철저한 추구가 토머스에게는 부족하다. 홉킨스에게 있어서는 표현이 수단이었지만 토머스에게는 표현 자체가 목적이 되는 수가 많았다. 그 결과 그는 "고의적으로 난해"하게 했다는 평을 받기도 한다.

토머스의 인생관은 기독교인의 인생관과 부합되지만, 이는 단지 기독교가 삶 속의 죽음과 죽음 속의 삶이라는 이미저리를 위해 필요한 상징을 제공해주기 때문이다. 토머스의 기독교는 그것이 삶의 감미로움을, 특히 아이가 시간과 죽음에 관한 어른의 느낌을 배우기도 전에 지극히 분명히 인식한다는 점에서 엘리엇의 기독교와는 구별되는 다른 형태의 기독교라는 것이 분명하다. 어린 시절에 기쁨을 느낀다는 점에서 17세기 시인 트라헌(Thomas Traherne)을 닮았다. 어른들에 관한 시는 다소 어두운 분위기를 지니고 있다. 그러나 그는 자신의 『시집』(Collectd Poems, 1952)에 붙인 주석에서 "이 시들은 비록 조야하고(粗野)하고, 의심과 혼동이 있음에도 불구하고 인간에 대한 사랑을 위하여 그리고 신을 찬양하여 쓰였다. 만일 그렇지 않다면 나는 지독한 바보다"라고 써놓고 있다.

토머스는 1914년 10월 27일에 웨일즈의 스완씨(Swansea)에서 태어났다. 그가 스완씨 문법학교를 졸업한 후, 학교 선생님이었던 그의 아버지는 그에게 대학에 진학하라고 하였으나 그는 버나드 쇼우(Bernard Shaw)를 예로 들며 즉각 작가로서의 길을 걸었다. 사실상 그의 스타일은 17세 때 이미 형성되어 있었다. 1934년에 20세의 나이로 그의 최초의 책 『18시편』(18 Poems)을 발표하여 씻웰(Edith Sitwell) 등으로부터 찬사를 들었다. 시 이외에 단편 소설과 희곡, 방송 대본 등을 썼으며, 시낭송을 잘하여 미국에서 오랫동안 강연여행을 다니기도 하였다. 과음과 알코올 중독으로 1953년 11월 9일에 뉴욕에서 사망했다.

토머스의 시적 경력은 4기로 나누어진다. 초기에는 농촌을 배경으로 웨일즈의 농민의 삶을 극명하게 묘사한다. 제 2기는 신념의 실험기로 갈등을 보여준다. 제 3기는 신에 대한 문제에 접근하며 비난과 희망과 절망을 보여준다. 제 4기에는 그림과 음악에 대한 관심을 표현하고 있다.

토머스의 시의 형식적 특색은 평이한 언어의 조신한 선택, 평이한 구문 사용, 적확한 심상의 제시(시각적 이미지의 제시), 함축성이 많은 은유 사용, 사소한 진술로 심각한 의미전달 등을 들을 수 있고, 내용적 특색으로는 교회가 무기력하고 쇠약해지는 모습을 부각시키고, 현대의 신도들이 겪는 실존적 갈등, 고뇌를 표출하며, 신앙적 진리를 역설적으로 표현하고 있으며, 하나님(신)의 호칭에 대한 탐구를 보여준다.

Randall Jarrell | 1914-1965

자렐(Randall Jarrell)은 테네시(Tennessee)의 내쉬빌(Nashville)에서 1914년 5월 6일 출생하였고 밴더빌트 대학교(Vanderbilt University)를 졸업하였다. 밴더빌트 대학교에서 그는 도망자 그룹의 시인들을 알게 되었다. 자렐은 비평가 랜썸(John Crowe Ransom)을 따라서 밴더빌트에서 오하이오(Ohio)의 갬비어(Gambier)에 있는 케년 대학(Kenyon College)으로 옮겼고 하우스먼(Alfred Edward Housman)에 관한 논문으로 석사학위를 받았다. 로버트 로웰(Robert Lowell)과 함께 기숙사에 있었으며, 자렐이 사망할 때까지 두 사람은 좋은 친구관계를 유지하였다. 로웰의 전기작가 폴 마리아니(Paul Mariani)에 따르면 자렐이 23살의 나이에도 불구하고 총명하고 자신감이 있었기 때문에, "자렐은 로웰이 정말로 경이감을 품었던 자기 세대의 첫 사람이었다."

자렐은 1938년에 밴더빌트에서 석사 학위를 받고 오스틴(Austin)에 있는 텍사스 대학교(University of Texas)에서 1939년부터 1942년까지 교편을 잡았다. 여기에서 그는 첫 부인 맥키 랭함(Mackie Langham)을 만났다. 1942년에 그는 대학을 떠나 미 공군에 입대하였고, 처음에는 비행 견습생으로 출발하여 후에는 그가 공군에서 가장 시적이라고 생각한 천문항법 관제사가 되었다. 초기시는 공군에서의 전쟁 경험이라는 주제에 초점이 맞추어져 있다.

자렐은 군 복무를 마치고 뉴욕의 브롱스빌(Bronxville)에 있는 사라 로렌스 대학(Sarah Lawrence College)에서 1년간 교편을 잡은 후, 북 캐롤라이나 대학교(University of North Carolina)의 여자 대학(Woman's College) 영어과 조교수로 현대시와 창작을 가르쳤다. 1947년부터 1948년까지 구겐하임 연구비(Guggenheim Fellowship), 1951년에 국립 예술과 문학 협회 (National Institute of Arts and Letters)의 연구비, 1960년에 국민도서상 (National Book Award)을 받았다.

1965년 10월 14일 해질녘에 채플힐(Chapel Hill)에 있는 도로를 따라서 걷다가 차에 치여 사망하였다. 검시관은 사고사라고 판정했지만, 정신병으로 치료받은 적이 있고, 자살을 기도한 적이 있기 때문에 자살일 가능성을 배제할 수 없다. 자렐이 사망하고 나서 1주일쯤 후에 엘리자베스 비숍 (Elizabeth Bishop)에게 보낸 편지에서 로버트 로웰은 "자렐의 죽음은 사고일

가능성도 조금 있지만, 내 생각에는 자살한 것 같아. 그를 잘 알고 있는 다른 사람들도 그렇게 생각해"라고 썼다. 그럼에도 불구하고 1952년에 결혼한 자렐의 두 번째 부인 메어리(Mary)는 그가 사고로 사망했다고 주장한다.

1966년 2월 28일 예일 대학교(Yale University)에서 자렐의 추도식이 개최되었는데, 로버트 로월, 리차드 윌버(Richard Wilbur), 존 베리맨(John Berryman), 스탠리 쿠니츠(Stanley Kunitz), 로버트 펜 워렌(Robert Penn Warren)등과 같은 유명한 시인들이 참석하여 애도사를 했다. 뉴욕 타임즈는 로월이 말한 "자렐은 우리 시대의 시인 중에서 가장 애끓는 마음을 자아내는 시인으로 제 2차 세계대전에 관하여 영어로 된 최상의 시를 썼다"는 말을 인용했다. 2004년에 내쉬빌 역사 위원회는 그를 기념하는 역사적인 표식을 그가 다녔던 흄포그 고등학교(Hume-Fogg High School)에 설치하도록 승인하였다.

첫 시집 『낯선 사람의 피』(Blood from a Stranger)는 그가 미 공군에 입대한 1942년에 출판되었는데, 오든(W. H. Auden)의 영향이 짙게 보인다. 두 번째 시집 『어린 친구, 어린 친구』(Little Friend, Little Friend, 1945)와 세 번째 시집 『상실』(Losses, 1948)은 군대의 경험을 노래하고 있다. 이 시집에서 자렐은 오든의 영향으로부터 벗어나 자신의 스타일과 시적 철학을 발전시키고 있다. 「선회 포탑 사격수의 죽음」(The Death of the Ball Turret Gunner)이 그의 전쟁시 중에서 가장 유명한 작품으로 많은 사화집에 실려 있다. 이 작품은 병사를 순진하고 천진난만하게 제시하면서 전쟁의 책임을 국가에게 돌리고 있다.

그렇지만 이 시기에 그는 시인으로보다는 비평가로 명성을 얻었다. 자렐의 비평을 『신 공화국』(The New Republic)에 수록한 에드먼드 윌슨

(Edmund Wilson)이 격려하자 자렐은 곧 동료 시인들을 비평하는 익살스러운 비평가가 되었다. 로버트 로월, 엘리자베스 비숍, 윌리엄 칼로스 윌리엄즈(William Carlos Williams)에 대한 평가는 그들의 명성은 드높이는 데 도움을 주었다. 이들도 또한 자렐의 평가에 인색하지 않았다. 로월은 1951년에 나온 자렐의 시집 『일곱 리그 목발』(The Seven League Crutches)에 대한 평에서 자렐이 "40세 이하의 시인 중 가장 재능이 있는 시인으로 위트와 페이소스와 우아함으로 인하여 동시대 시인 누구보다도 더 포우프(Alexander Pope)와 매튜 아놀드(Matthew Arnold)를 상기시킨다"고 쓴 바 있다. 로월은 또한 자렐의 첫 시집 『낯선 사람의 피』가 "오든 식의 놀라운 묘기"라고 말한다. 몇 년 후에 자렐의 『발췌 시편』(Selected Poems)에 대한 평에서 칼 샤피로는 자렐을 "현대의 위대한 라이너 마리아 릴케(Rainer Maria Rilke)"에 비유했고 이 책이 "틀림없이 우리 시에 더 좋은 영향을 끼칠 것이다. 젊은 시인을 위해서뿐만 아니라 20세기 시의 독자들을 위해서도 언급해야 할 요점이 되어야 한다"고 말했다.

자렐은 프로스트(Robert Frost), 월트 휘트먼(Walt Whitman), 마리안 무어(Marianne Moore), 월리스 스티븐스(Wallace Stevens)에 대한 글로도 널리 알려져 있다. 이 글들은 대부분 『시와 시대』(Poetry and the Age, 1953)에 모아져 있다. 많은 학자들은 그가 준엄한 시 비평가라고 생각한다. 1979년에 작가 겸 시인인 피터 레비(Peter Levi)는 젊은 작가들에게 "어떤 학구적인 비평가보다 랜달 자렐에게 더 주의를 기울여라"고 충고하기까지 했다.

시인으로서의 자렐의 명성은 1960년이 되어서야 확고하게 수립되었다. 이때는 그가 국민도서상(National Book Award)을 수상한 『워싱턴 동물원의 여인』(The Woman at the Washington Zoo)이 출판된 해이다. 1966년에 출판된 그의 마지막 서적 『잃어버린 세상』(*The Lost World*)은 그의 명성을 확고하게 하였고, 많은 비평가들이 자렐의 최상의 작품이라고 평가했다. 이 책의 주제는 자렐이 좋아하는 어린 시절이다. 자렐은 또한 풍자소설 『공공시설의 그림』(*Pictures from an Institution*)을 1954년에 발표하여 1955년에 국민도서상 후보작으로 추천되었다. 이 작품은 그가 사라 로렌스 대학에서 가르친 경험을 그린 것이다. 그는 또한 여러 편의 아동 소설을 썼는데, 그 중에서 『박쥐 시인』(*The Bat-Poet*, 1964)과 『동물 가족』(*The Animal Family*, 1965)은 매우 훌륭한 작품으로 평가받고 있다. 라이너 마리아 릴케의 시, 안톤 체홉(Anton Chekhov)의 극, 그림(Grimm) 동화를 번역하였다. 1956년부터 1958년까지 지금은 계관시인이라는 명칭으로 불리는 국회 도서관 시 고문역을 했다.

John Allyn Berryman | 1914-1972

존 앨린 베리맨(John Allyn Berryman)은 오클라호마(Oklahoma)의 맥알레스터(McAlester)에서 1914년 10월 25일 출생하였다. 그는 20세기 후반의 중요한 미국 시인으로 고백파를 설립한 시인 중의 한 사람으로 여겨진다. 그는 『꿈 노래』(*The Dream Songs*)의 저자로 이 작품은 장난스럽고, 재기발랄하며, 병적이다. 그는 젊은 시절에 "나는 예이츠처럼 되고 싶지 않다. 예이츠가 되고 싶다"라고 말한 바 있다.

베리맨은 콜럼비아 대학교(Columbia University)를 1936년에 졸업했다.

『시집』(*Poems*)이라고 이름을 붙인 소책자를 1942년에 출판하였고 제대로 된 책은 6년 후에 『빼앗긴 자들』(*The Dispossessed*)라는 이름으로 출판되었다. 최초의 중요한 작품은 『브래드스트리트 여사에게 보내는 찬사』(*Homage to Mistress Bradstreet*)로 1953년 『지지자 평론』(*Partisan Review*)에 발표되었고, 1956년에 책으로 출판되었다. 그는 『꿈 노래』로 명성을 얻었는데, 1964년에 발표된 『77편의 꿈 노래』(*77 Dream Songs*)로 퓰리처 상(Pulitzer Prize)을 수상하였다. 다음 권은 『그의 장난감, 그의 꿈, 그의 휴식』(*His Toy, His Dream, His Rest*)으로 1968년에 나왔고 이 두 권을 묶어 1969년에 『꿈 노래』(*The Dream Songs*)로 출판하였다.

1970년에 베리맨은 전혀 다른 작품 『사랑과 명예』(*Love & Fame*)를 발표하였다. 이 작품은 칭찬도 조금 받기는 했지만 그보다는 부정적인 평가가 많았다. 특히 솔 벨로우(Saul Bellow)와 존 베일리(John Bailey)의 평가가 그러했다. 부정적인 평가에도 불구하고 이 책은 회화체 스타일과 솔직한 성적 묘사로 인하여 영국과 아일랜드 출신의 젊은 시인들에게 많은 영향을 끼쳤다. 마지막 작품은 『환상 등』(*Delusions Etc.*)인데, 출판을 준비하는 중에 시인이 사망하였다. 또 다른 시집으로 『헨리의 운명』(*Henry's Fate*)이 있는데, 이는 베리맨의 사후 그의 원고를 간추린 것이다. 이 외에 수필집 『시인의 자유』(*The Freedom of the Poet*)와 소설 『회복』(*Recovery*)도 사후에 원고를 추려 출판한 것이다.

『꿈 노래』를 구성하는 작품들은 화자가 되었다가 화자의 말을 듣는 청자가 되었다가 하는 한 인물을 포함하고 있다. 독자들은 이 목소리가 시인 자신의 목소리라고 간주하기 때문에 베리맨의 시는 고백시라고 생각된다. 그렇지만 베리맨 자신은 자신이 고백시인이라는 생각을 거부하였다.

베리맨이 아이오와 대학교(University of Iowa) 작가 연구집회의 교수일 때 원래의 고백시인인 스노드그라스(W. D. Snodgrass)가 그 반에 있었다. 윌리엄 디키(William Dickey)는 『에드 딩거스의 시대는 옛 시대처럼 보인다』(*Ed Dinger's Seems Like Old Times*)에서 다음과 같이 말하고 있다.

시를 배우는 학생으로 내 삶에 매우 운이 좋은 경우가 두 번 있었는데, 첫 번째는 리드 대학(Reed College)에 학생으로 있으면서 개리 스나이더(Gary Snyder), 필립 휠렌(Philip Whalen), 루 웰치(Lew Welch)를 만난 것이고, 또 하나는 존 베리맨의 특별하고 강력한 시 연구집회에 있으면서 스노드그라스, 도널드 저스티스(Donald Justice), 필립 레빈(Philip Levine), 폴 페트리(Paul Petrie), 로버트 다나(Robert Dana), 콘스턴스 어당(Constance Urdang), 제인 쿠퍼(Jane Cooper), 도널드 핀켈(Donald Finkel), 헨리 쿨렛(Henri Coulette) 등을 만난 것이다. 이 목록은 내 기억의 용량을 넘는다. 그렇지만 이 과목은 내가 황홀경에 빠져 두려워하면서 접근했던 과목이다. 부분적으로는 예를 들어 그가 내 작품 중 하나의 치명적인 결점을 보여주겠다고 사전에 경고한 후에, 그것을 수업 중에 손에 잡고 팔을 쭉 뻗어 혐오스럽게 바라보면서 '자 이 웃기는 시에 대해 뭐라고 말할까?'라고 말한 것과 같은 베리맨이 가끔 보여주는 돌연한 행동에 기인한다.

로버트 다나는 다음과 같이 회고한다.

교실로 사용되는 강가에 있는 낡은 양철 건물에 있던 어느 날 존 베리맨이 내 작품의 몇 행을 칠판에 갈겨썼다. 그리고는 의자 두 줄 건너에 앉아 있던 나에게 소리쳤다. '다나! 이게 무엇인지 아는가?' 그는 재빠르게 운율을 표시했다. '운율의 혼란이야! 저게 저렇단 말이야! 운율이 혼란스럽다고!'

그렇지만 혼란은 베리맨 자신의 삶에서 크고도 자연스러운 부분이었다. 다나는 계속하여 다음과 같이 회고한다.

그러한 종류의 갑작스러운 접근법으로 인하여 베리맨의 수업을 수강하는 학생들의 숫자는 2주 만에 약 40명에서 13명으로 줄어버렸다. 지금은 우리가 '운 좋은 열세 명'이라고 생각하고 싶지만, 우리도 또한 미쳤었다. 그러한 강인함에 미쳐서 변덕스러움, 총명함, 잔인함이 뒤섞인 존 베리맨의 특별한 수업에 집착했다. 그리고 우리는 우리들 나름대로 경솔했다. 필립 레빈은 어느 날 밤 베리맨의 눈두덩이를 후려 패서 안경을 깨뜨리고는 평생의 친구가 되었다.

이러한 종류의 개인적인 관계는 베리맨에게 매우 중요했다.

베리맨이 12살 때인 1926년에 미니애폴리스(Minneapolis)의 은행가였던 아버지 존 앨린 스미스(John Allyn Smiths)는 총을 쏘아 자살했다. 아버지가 돌아가신 후 어머니는 재혼했고, 그는 새로운 이름 베리맨을 갖게 되었다. 아버지가 자살하는 환상이 베리맨의 시적 상상력에 항상 따라다녔고, 이 주제는 『꿈 노래』에서 간접적으로 여러 번 다루어졌고 직접적으로도 한 번 다루어졌다. 베리맨은 알코올 중독자였으며, 대학 재학 중일 때에도 술을 마시면 전혀 다른 사람이 되어버렸다. 알코올 중독과 우울증으로 인하여 베리맨은 낭독을 하거나 대중연설을 하는데 지장을 받았으며, 일을 하는 데에도 지장을 받았다. 우울증으로 인하여 미네소타의 미니애폴리스에 있는 워싱턴 애비뉴 다리에서 1972년 1월 7일 뛰어내려 자살하였다.

『꿈 노래』는 3연으로 된 18행의 시편으로 구성되어 있다. 각각의 시편은 서정시로 일상적인 사건에서 유발되는 정서에 토대를 두고 있다. 작품의 어조는 초현실적이라기보다는 연상적이나 흥분적이다. 노래의 주인공은 헨리인데, 그는 이 작품의 화자이면서 화자의 말을 듣는 청자이다. 1967년에 베리맨은 청소년용 서적인 『베리맨의 소네트』(*Berryman's Sonnets*)를 출판했다. 여기에서 시인은 운문으로 서문을 쓰면서 자신을 3인칭으로 묘사했다.

베리맨의 초기 작품에 보이는 엘리자베스 시대 시인들의 상상력과 형이상학적 재치는 후기 작품에서 젊음의 정열로 연결되어 있다. 후기의 작품에서도 소네트에서 발견되는 매력과 혈기가 느껴진다. 시인 겸 비평가인 로버트 필립스(Robert Philips)는 베리맨의 두 번째 시집에 대하여 다음과 같이 말하고 있다.

> 친구의 죽음과 자살로 가득하다. 베리맨의 영혼에 조종을 울린 사건들, 랜달 자렐(Randall Jarrell), 데어도어 뢰쓰케(Theodore Roethke), 실비아 플라쓰(Sylvia Plath), 블랙머(R. P. Blackmur), 윈터즈(Yvor Winters), 윌리엄즈(William Carlos Williams) 그리고 델모어 슈워츠(Delmore Schwartz)의 죽음과 자살이 그것이다. 특히 델모어 슈워츠를 추도하여 베리맨은 그 책을 헌정했으며 『꿈 노래』 146번부터 157번, 344번을 썼다. 베리맨은 또한 존 케네디(John Kennedy), 로버트 케네디(Robert Kennedy), 마틴 루터 킹(Martin Luther King), 어네스트 헤밍웨이(Ernest Hemingway), 윌리엄 포크너(William Faulkner)같은 위대한 인물들의 죽음을 개인적인 상실로 경험했다. 그렇지만 이러한 개인이나 공적인 인물의 죽음보다 아버지의 자살이 더욱 중요하게 다루어져 있다.

베리맨의 자살이 고백시인들 중에서 처음 있는 일은 아니었다. 『꿈 노래』를 발전시키면서 베리맨은 로웰이 취한 것과 반대 방향을 취했다. 그는 더욱 정교해지고 모호해졌다. 제임스 디키(James Dickdy)는 다음과 같이 말하고 있다.

베리맨은 시적인 효과에 너무도 몰두하기 때문에 전적으로 속박되는 시인이다. 어순전환, 개인적이고 종종 짜증스러울 정도로 기민한 회화체, 사려 깊은 오자, 기묘한 언급, 행과 시편 전체를 사적인 언급으로 처리하는 것 등이 엠프슨(William Empson)의 작품 이후 가장 조밀한 언어의 덤불숲이 되는 것을 창조한다.

베리맨 자신이 366번 「꿈 노래」에서 자신의 작품이 이해되기를 바라지 않고 두려움을 주고 위안을 주기를 바란다고 말하고 있을 정도이다. 필립스는 이 작품이 "사적인 농담과 총론적이고 문학적인 인유가 가득 들어 있어서 많은 사람들을 깜짝 놀라서 움찔하게 한다"고 말한다. 로버트 로월도 『77편의 꿈 노래』가 처음 나왔을 때 "너무도 어둡고 무질서하고 괴상하기 때문에 처음에는 골치가 아프고 머리가 얼어붙는다"고 이 작품의 난해함을 인정하고 있다. 필립스는 『그의 장난감, 그의 꿈, 그의 휴식』에 수록된 308편의 꿈 노래가 어려움을 배가시켰다고 말한다.

베리맨은 형식주의자로 남아 있으면서 자신의 작품을 위해서 시어와 자신만의 독특한 창작 스타일을 발명했을 뿐만 아니라 특별한 시 형식을 발명했다. 형식은 일관된 각운형식이 없는 것으로 이루어진다. 각 연의 3행과 6행은 다른 행들보다 짧다. 또 다른 형식상의 특징으로는 말하는 목소리와 관련이 있다. "헨리"와 헨리를 "본스 씨"(Mr. Bones)라고 부르는 이름이 밝혀져 있지 않은 인물, 그리고 시인 자신의 목소리라고 할 수 있는 "나"를 포함하여 여러 인물들 사이의 대화이기 때문에 이 목소리들은 엄격히 말해서 자아시(egopoem)가 아니다. 극적인 요소도 분명히 있다.

『꿈 노래』의 서문에서 베리맨은 다음과 같이 적어놓고 있다.

> 이 작품은 본질적으로 시인이 아니라 헨리라는 중년에 이른 상상적인 인물에 관한 것이다. 그는 때로는 1인칭으로 때로는 3인칭으로 때로는 2인칭으로 자신에 관하여 말한다. 그에게는 친구가 한 명 있는데 이름을 말하지는 않지만, 그에게 본스 씨나 그것에서 변한 이름으로 말한다.

이 설명으로 볼 때 헨리와 본스 씨가 동일한 인물이고 헨리가 주된 화자라는 것이 분명하다. 헨리를 본스 씨라고 부르는 이름이 밝혀져 있지 않은 친구는 대시로 표시된다. 헨리와 본스 씨는 베리맨 자신의 측면으로 생각되어져 왔다.

Robert Lowell | 1917-1977

　　　　　　　　　　로버트 로월(Robert Lowell)은 자신의 시에서 자신을 심술궂고 곤란하며 다루기 힘든 인물로 표현한다. 다시 말하여 자신을 푸대접 받는 형이상학적 시편의 괴물 형상을 한 홈통주둥이나 의인화로 표현한다. 이러한 자화상은 뉴잉글랜드 귀족집안의 후예에게서 기대될 것같지 않은 모습이다. 사실 그는 모계로는 필그림 파더즈(Pilgrim Fathers: 1620년 메이플라워 호를 타고 도미하여 플리머쓰에 정착한 영국 청교도단)의 한 사람인 에드워드 윌슨(Edward Wilson), 독립전쟁 당시의 영웅 존 스타크(John Stark)

같은 사람이 있고, 부계로는 로월(R. T. S. Lowell)의 후손이며, 유명한 시인 겸 외교관인 제임스 러셀 로월(James Russell Lowell)과 유명한 사상파 시인인 에이미 로월(Amy Lowell) 등이 가까운 친척이다. 로버트 로월은『삶의 연구』(*Life Studies*)라는 자신의 책에 붙인 산문 자서전에서 증조할아버지가 유태인인 모드케이 마이어즈(Mordecai Myers)였다고 주장함으로써 가족사를 시작한다. 그는 자신의 부모를 포함한 증조할아버지의 후손들에 대하여 관대한 태도를 거의 보여주지 않으며, 자기 부모들의 평생에 걸친 이야기를 비틀거리는 사람과 잔소리 많은 여자의 이야기라고 회상하고 있다. 그는 자신이 좀더 매력적으로 제시하는 다른 조상들과 에드워드(Jonathan Edwards), 호손(Nathaniel Hawthorne), 엘리엇(T. S. Eliot), 베리맨(John Berryman), 파운드(Ezra Pound) 등과 같은 죽은 작가들 및 메어리 맥카티(Mary McCarthy) 같은 살아 있는 작가들로 자신의 새로운 가족을 구성하는데 이는 혈통에 의해서가 아니라 고통 받은 인생의 귀족으로서의 가족이다. 그는 이들을 시와 헌사로 기념하고 있다.

그가 청교도적 양심의 복잡성을 논하고 있든지 아니면 가톨릭교도나 무신론자의 입장에서 글을 쓰든지 간에 로월은 자신의 "파이드라"(Phaedra)처럼 항상 번민하고 있다. 그는 소위 자신이 "우리 방의 막다른 골목"이라고 부르는 것에 부딪치고 있다. 그는 번역시집『모방』(*Imitations*)의 서문에서 "어둡고 성미에 어긋나는 것이 특히 자신을 흥미롭게 한다"고 선언한다. 그는 미국 생활도 같은 맥락에서 파악하여 "나는 미국인의 야망과 문화의 뒤에는 두 명의 위대한 상징적 인물이 서 있다고 항상 생각한다. 하나는 밀튼의 루시퍼(Lucifer)이고 다른 하나는 에이햅(Ahab) 선장이다. 숭고한 야망이 있는 이 두 인물은 자신의 이상주의를 위하여 아무리 많은 폭력이든지 그 폭력에 직면할 운명이고, 직면할 각오를 하고 있다"라고 말한다. 로월은 투쟁과 죄가 자신을 둘러싸고 있음을 습관적으로 발견한다.

그는 1917년 3월 1일에 출생했으며, 해군장교였던 그의 부친이 머물고 있던 워싱턴과 필라델피아에 몇 번 간 것을 제외하고는 유년시기를 대부분 보스턴에서 보냈다. 로월은 『사령관 로월』(*Commander Lowell*)과 『삶의 연구』에 실린 다른 시편에서 1950년에 사망한 자신의 부친을 냉정하며 가혹한 모습으로 묘사하고 있다. 성 마크 학교(St. Mark's School)를 다녔으며, 그곳에서 가르치고 있던 시인 리차드 에버하트(Richard Eberhart)를 알게 되었다. 그는 예술에 점차 관심을 갖게 되었으며 세잔(Cezanne)과 다른 화가들의 그림에서 문학작품과의 유사성을 발견하였다. 아마도 이때부터 시인으로서의 삶을 살아갈 생각을 품게 되었던 것 같다. 하버드 대학교(Harvard University)에 입학하여 문학에 심취했으나 2년 후에 갑자기 케년(Kenyon) 대학으로 전학하여 랜썸(John Crowe Ransom)과 함께 연구하였다. 랜썸의 지도를 받아가며 그는 고전과 논리학과 철학을 연구하였다. 1940년에 졸업한 후, 로월은 루이지애나 주립대학교(Louisiana State University)에 다녔으며, 여기서 워렌(Robert Penn Warren), 브룩스(Cleanth Brooks)와 함께 연구했고 알렌 테이트(Allen Tate)와도 친밀한 교우관계를 이루었다. 그리하여 그는 신비평(New Criticism)학파에 심취하게 되었으며, "딱딱하고 난해한 시"를 선호하게 되었다.

케년에서 로월은 지극히 다양한 스타일로 실험적인 시를 썼다. 『케년 평론』(*Kenyon Review*)의 편집자였던 랜썸이 출판해 준 시편은 윈터즈(Yvor Winters)와 브리지즈(Robert Bridges)에 의하여 고무된 것으로 상징주의의 기미가 없는 상당히 조용하고 고전적인 시편이다. 『애매함의 7가지 유형』

(*Seven Types of Ambiguity*)에서 엠프슨(William Empson)이 인용하고 공들여 설명한 예문뿐만 아니라 크레인(Hart Crane), 토머스(Dylan Thomas), 테이트(Allen Tate)에게서도 로월은 보다 마음에 맞는 모델을 발견했다. 로월 자신의 시는 점점 더 애매하게 되어 랜썸도 그 시편들이 "가까이 하기 어렵게 응고되어 있다"고 할 정도로 되었다. 로월 자신도 그 시편들에 만족할 수 없었다.

1940년에 로월은 소설가 스타포드(Jean Stafford)와 결혼했고, 1948년에 이혼했다. 1949년에 그는 하드윅(Elizabeth Hardwick)과 재혼했다. 가톨릭으로 개종하여 가족들의 종교인 감독교회주의로부터 벗어남으로써 새로운 강렬함, 새로운 유리한 위치를 발견했다. 첫 작품집 『비유사의 땅』(*Land of Unlikeness*)에서 현대세계의 현재와 미래를 바빌론이나 황무지로 통렬하게 비난하며 역사가 토우니(R. H. Tawney)처럼 청교도 전통을 약육강식의 자본주의의 발흥과 연결 지었다.

로월은 제 2차 세계대전이 발발하자 대단히 불안해했으며, 처음에는 군에 입대하려 하였으나 입대하지 못했다. 1943년에 자신의 계시적인 견해가 날카로와 짐에 따라, 특히 민간인 폭격 때문에 공포에 사로잡히게 되었으며, 자신이 양심적인 전쟁 반대론자라고 선언했다. 체포되어 투옥되었다가 6개월 후에 석방되었다. 그 후 코네티컷(Connecticut)의 브리지포드(Bridgeport) 근교 블랙 록(Black Rock)에서 한동안 살았다. 여기서 그는 자신의 최상의 시편들 몇 편에 사용된 이미저리를 발견했는데, 그것들은 세상과 자기 자신에 대하여 그 당시에 그가 느꼈던 날카로운 고통을 반영한다.

로월은 20년대의 가장 성공적인 시인은 하트 크레인이라고 생각했다. 왜냐하면 크레인은 자신의 시대에 사물의 중심에 위치하려고 했기 때문이다. 로월 자신도 자기 나름대로 중심에 위치하려고 노력했다. 이것을 시도한 한 방법은 문체론적인 것이었다. 금세기의 많은 시인들처럼 그는 중년에 자기 자신의 형식성과 애매함을 깨뜨리고 자신의 경험을 더욱 친숙하고 더욱 공개적으로 쓰려고 시도했다. 이러한 변화는 운율과 형식이 보다 느슨해진 것이 특징이며, 『삶의 연구』에서부터 시작된다. 또 다른 변화는 상징주의에 서였다. 로월은 후기시에서 초기 작품의 기독교적인 상징을 버리고, "내가 어떤 믿음을 믿고 있는지 아마도 말할 수 없을 것이다"라고 말했다. 한편 그는 자신의 후기시가 훨씬 더 종교적이고 "같은 종류의 투쟁, 빛과 어두움, 경험의 분출"을 묘사한다고 느낀다. 그러나 그의 태도는 보다 덜 혐오스럽고, 세부사항은 보다 덜 끈끈하게 제시되고, 개성적인 날카로움은 보다 더 뚜렷해진다. 그는 멜빌(Herman Melville)과 호손의 무대이야기를 개작함으로써 자신의 기분을 극적으로 표현하는 수단을 발견했다.

로월은 『1967-68년 필기장』(Notebook 1967-68)에서 자신의 개인적 감정과 그 당시의 정치적 장면의 역사를 그리고 있다. 그는 마치 형식성과 비형식성 사이에 감금되어 있는 것처럼 그 책을 일련의 소네트로 구성했으나 그 소네트는 각운을 맞추지 않은 것이었다. 이 시편들은 그의 초기 작품처럼 야만적이지 않고, 다른 사람들을 훨씬 더 인식하고 있음과 보다 다양한 반응을 보여주고 있으나 그의 특징인 괴상함은 변함없음을 보여준다.

로월의 시의 고백적인 측면과 그것의 강력한 표현은 그를 최근의 시의 중심적인 위치에 가깝게 자리 잡도록 한다. 그는 존경도 가장 많이 받고 질투도 가장 많이 받은 시인이다. 자신의 시를 끊임없이 교정하는 것에서도 알 수 있듯이 불완전한 시인이지만 그것은 시대정신을 반영한다.

로월은 프로스트(Robert Frost)와 마찬가지로 뉴잉글랜드의 전통과 자연을 배경으로 한 시인이지만 프로스트를 긍정의 시인이라고 한다면 로월은 부정의 시인이다. 적어도 그의 초기시는 반역자로서의 마음가짐에서 출발한 것이다. 다시 말해 그러한 반역적인 자세에서 어둡고 비판적인 시정, 신랄한 문명 비판적 태도, 짙은 종교적 색채가 연유했다. 반역적인 자세는 인간과 세계에 대한 불만으로 향하고 나아가 일체의 부정으로 발전하여 궁극적인 부정인 죽음에로 이끌린다. 그가 그리는 자연에는 자갈과 시궁창과 오물이 가득 차 있고, 부패와 파멸이 있을 뿐이고, 인간세계에는 성공이나 정상적인 사랑이나 전통적인 아름다움이 없다. 초기시는 전체 사물의 질서에 대한 극도의 반감이 주제이며, 그 반감의 대상은 과거와 현재의 사회와 권위이다.

로월은 현대문명의 황폐와 혼돈에 민감하게 반응했다. 그는 인간의 잔인함과 물질만능 사상을 통렬히 비난했으며, 긍정과 조화를 발견하지 못했다. 강한 역사의식을 바탕으로 현대문명을 보고, 그것을 전통적, 종교적 상징으로 파악하려 한다. 뉴잉글랜드의 정신문화를 지배하는 청교도 정신에 바탕을 두고 자기의 조상과 자기의 고장 보스턴과 자기의 시대를 비판한다. 그의 시는 이러한 문명비평의식에서 출발한다.

이러한 자세는 변함없는 그의 도덕적 태도이다. 변화는 초기 시집에 뚜렷이 나타나던 그리스도에 대한 언급과 종교적 이미저리가 후기시집에는 별로 나타나지 않는 것, 초기시에 나오는 자신의 조상의 이름이나 주변 인물의 이름, 구체적인 장소의 이름 등이 사라지면서 보편화되고, 그러한 인물과 장소에 대한 비판적인 태도가 보다 큰 보편적인 의미로 용해된 것 등이다.

로월은 두 번째 시집 『위어리 경의 성』(*Lord Weary's Castle*)에서 자신의 시적 스타일의 완성을 보았고, 자신의 독특한 목소리를 갖게 되었다. 이 시집은 제 2차 세계대전 직후인 1946년에 나온 것으로 전쟁이 중요한 주제이며 인간의 잔인성이 시 전편에 흐르는 주제이다. 전쟁이라는 인류 역사상의 중요한 사건을 로월은 종교적 고정관념에서 파악하여 엘리엇이나 파운드와 같은 수법으로 표현하고 있다. 다시 말하여 로월은 인간의 어리석음과 잔인성을 통하여 전쟁을 보고, 이러한 역사의 암흑을 영원이라고 하는 역사의 패턴으로 파악함으로써, 멸망이 아닌 삶과 구원을 암시한다. 「낸터케트의 퀘이커 묘지」(The Quaker Graveyard in Nantucket)가 이 작품집에 실려 있다. 이 작품은 전체가 143행 7부로 구성된 그의 대표작이다.

Gwendolyn Brooks | 1917-2000

그웬돌린 브룩스(Gwendolyn Brooks)는 1917년 6월 7일 켄사스(Kensas)의 토피카(Topeka)에서 데이비드 앤더슨 브룩스(David Anderson Brooks)와 케지아 윔스(Keziah Wims) 부부의 첫 딸로 태어났다. 어머니는 결혼 전에는 학교 선생님이었으며, 아버지는 남북전쟁에 참전했던 도망친 노예의 아들로 의대에 갈 경비가 없어서 의사가 되려는 야망을 포기하고 빌딩 관리인을 하는 사람이었다. 브룩스가 생후 6주되었을 때 가족이 모두 일리노이(Illinois)의 시카고(Chicago)로 이사하여 브룩스는 그곳에서 자랐다.

가정생활은 안정되고 사랑스러웠지만 학교와 이웃에서는 인종적 편견을 마주쳐야 했다. 백인 학생들의 학교인 하이드팍 고등학교(Hyde Park High School)를 다니다가 흑인 학생들의 학교인 웬델 필립스 고등학교(Wendell Phillips High School)로 전학하였고 흑인과 백인이 함께 다니는 잉글우드 고등학교(Englewood High School)를 다녔다. 1936년에 윌슨 주니어 대학(Wilson Junior College)을 졸업하였다. 이 네 학교를 다니면서 작품에 계속하여 영향을 끼친 도시에서의 인종적 활력에 대한 시각을 갖게 되었다.

읽기와 쓰기에 관심이 많았기에 아버지는 그녀에게 책상과 서가를 마련해주었고, 어머니는 그녀가 고등학교에 다닐 때 할렘 문예부흥의 시인인 랭스턴 휴즈(Langston Hughes)와 제임스 웰던 존슨(James Weldon Johnson)을 만나게 해주었다.

브룩스는 13살 때 첫 작품을 아이들의 잡지에 수록하였다. 16살이 되었을 때 그녀는 약 75편의 시를 발표한 포트폴리오를 갖게 되었다. 17살에 그녀는 자신의 뿌리에 관심을 갖고 작품을 아프리카계 미국인의 신문인 『시카고 옹호자』(Chicago Defender)의 「빛과 그림자」(Lights and Shadows) 란에 투고하기 시작하였다. 그녀의 작품 스타일이 전통적인 발라드와 소네트 형식에서부터 자유시형으로 블루스 리듬을 사용하는 것까지 다양하지만 인물들은 종종 가난한 도시 내부로부터 이끌어낸 인물이었다. 75편 이상의 작품을 발표하고도 『시카고 옹호자』에서 자리를 잡지 못하자 브룩스는 일련의 타이핑 일을 하기 시작했다.

1941년까지 브룩스는 시 연구집회에 참여하였다. 특히 큰 영향을 받은 연구집회는 이네즈 커닝햄 스탁(Inez Cunninham Stark)이 조직한 연구집회였다. 스탁은 문학적 배경이 단단한 부유한 백인 여성으로 연구집회의 참석자들은 모두 아프리카계 미국인이었다. 스탁의 연구집회의 집단 활력은 브룩스에게 에너지를 공급하는데 특히 효과적인 것으로 드러났고, 그녀의 시는 진지하게 받아들여지기 시작했다. 1943년에 그녀는 중서부 작가 회의(Midwestern Writers' Conference)에서 상을 받았다.

1945년에 발간된 그녀의 첫 시집『브론즈빌에 있는 거리』(*A Street in Bronzeville*)는 즉각 찬사를 받았다. 그녀는 처음으로 구겐하임 연구비(Guggenheim Fellowship)를 탔고『마드모아젤』(*Mademoiselle*) 잡지가 선정한 '올해의 젊은 여성 10인'에 선정되었다. 1950년에 두 번째 시집『애니 알렌』(*Annie Allen*)을 출판했는데, 이 시집으로『시』(*Poetry*)지가 수여하는 유니스 티첸 상(Eunice Tietjens Prize)과 퓰리처 상(Pulitzer Prize)을 수상하였다. 그녀가 아프리카계 미국인으로서는 처음 퓰리처 상을 탄 인물이다.

존 케네디(John F. Kennedy)가 1962년에 그녀를 초대하여 국회 시 축제에서 시를 읽은 후 그녀는 창작을 가르치기 시작했다. 그녀는 시카고의 콜럼비아 대학(Columbia College), 북동 일리노이 대학교(Northeastern Illinois University), 엘름허스트 대학(Elmhurst College), 콜럼비아 대학교(Columbia University), 뉴욕의 클레이 대학(Clay College), 위스콘신 매디슨 대학교(University of Wisconsin – Madison) 등에서 가르쳤다. 1967년에 그녀는 피스크 대학교(Fisk University)에서 개최된 작가 회의에 참석하여 그곳에서 자신의 피부색이 검다는 사실을 다시 발견했다고 말했다. 이러한 재발견은 책 한 권이 될 정도로 긴 시편『메카에서』(*In The Mecca*)에 반영되어 있다. 이 작품은 어머니가 시카고 주택 프로그램에서 잃어버린 아이를 찾는 내용으로 되어 있으며 국민도서상(National Book Award) 후보 작품으로 추천 받았다.

국민도서상 후보 작품으로 추천되고 퓰리처상을 받는 것에 더하여 브룩스는 1968년에 일리노이의 계관시인이 되었다. 1985년에 브룩스는 국회 도서관의 시 고문이 되었는데, 일 년 후에는 이 직책의 명칭이 계관시인이라는 명칭으로 바뀌었다. 1988년에 그녀는 국립 여성 명예의 전당에 들어갔다. 1994년에는 연방정부가 수여하는 미국 문학에서 가장 높은 명예이며, 인문학분야 최고의 상인 인문학의 제퍼슨 강연자(Jefferson Lecturer)로 국가 기금을 받았다. 또한 그녀는 프로스트 메달(Frost Medal), 셸리 기념 상(Shelley Memorial Award), 미국 예술 문학 학술원(American Academy of Arts and Letters) 상을 수상하였다. 브룩스는 전 세계의 대학과 대학교에서 75개 이상의 명예 학위를 받았다. 1995년에 그녀는 하버드 흑인 포럼에서 올해의 최고의 여성으로 선정되었다. 1996년 5월 1일 그녀는 고향인 캔사스의 토피카로 돌아갔다.

1938년에 브룩스는 헨리 블레이클리(Henry Blakely)와 결혼하여 1940년에 헨리 블레이클리 주니어(Henry Blakely Jr.)를, 1951년에 노라 블레이클리(Nora Blakely)를 낳았다. 암 투병을 하다가 2000년 12월 3일, 83세의 일기로 시카고에 있는 자신의 집에서 사망했다. 일리노이의 블루 아일랜드(Blue Island)에 있는 링컨 공동묘지(Lincoln Cemetery)에 매장되었다.

Jack Kerouac | 1922-1969

잭 케루악(Jack Kerouac)은 윌리엄 버로우즈(William S. Burroughs) 및 알렌 긴스버그(Allen Ginsberg)와 더불어 비트(Beat) 세대의 선구자이며 문학적 인습타파자로 여겨진다. 그는 재즈, 혼잡한 성생활, 불교, 마약, 가난, 여행 등의 주제를 끊임없이 다루었다. 그의 글은 헌터 톰슨(Hunter S. Thompson), 톰 로빈스(Tom Robbins), 레스터 뱅스(Lester Bangs), 윌 클라크(Will Clarke), 리차드 브로티건(Richard Brautigan), 켄 케이시(Ken Kesey), 하루키 무라카미(Haruki Murakami), 톰 웨이츠(Tom Waits), 밥 딜란(Bob Dylan) 등과 같은 저명한 작가들에게 영감을 불어넣었다.

1950년대와 1960년대의 보수주의자들은 그의 작품을 부도덕하고, 감상적이라고 피하는 경향이 많았지만, 그래도 그는 상당한 명성을 얻었고 한동안 히피 운동의 선구자로 알려졌다. 알코올 중독을 벗어나지 못하고 47세의 나이로 1969년 사망한 이후 문학적 명성이 점차 높아지고 있다.

잭 케루악은 매사추세츠(Massachusetts)의 로월(Lowell)에서 1922년 3월 12일에 출생했다. 세례 증명서에는 장 루이 키루악(Jean Louis Kirouac)라고 되어 있을 정도로 어린 시절의 이름에 대하여는 논란이 많다. 케루악은 자신이 귀족의 혈통을 이어받았다고 주장하며 가족사에 대하여 모순되는 이야기를 많이 했다. 케루악은 여섯 살이 되어서야 비로소 영어를 공부하기 시작하였으며, 집에서는 여전히 불어를 사용했다. 네 살 때 형이 사망했는데, 이 사건은 그에게 평생 영향을 끼쳤다.

케루악은 운동에 소질이 있어서 고등학교 시절에 100미터 허들 선수로 활약했으며, 미식축구를 잘 하여 여러 대학교에서 장학금을 제의할 정도였다. 결국 콜럼비아 대학교(Columbia University)에 장학생으로 입학하였다. 대학 일학년 때 미식축구 선수로 활동했지만, 코치와 사이가 좋지 않았다. 코치와의 불화로 미식축구를 그만두면서 학교를 그만두었다. 뉴욕(New York City)의 어퍼 웨스트 사이드(Upper West Side)에서 여자 친구 에디 파커(Edie Parker)와 한동안 살았다. 이때 알렌 긴스버그, 윌리엄 버로우즈, 닐 카사디(Neal Cassady), 존 클레론 홈즈(John Clellon Holmes), 허버트 헝크(Herbert Huncke) 등의 비트 세대 작가들을 만나 교류하였다. 1942년에 미국 상선의 선원으로 들어갔다가 1943년에 해군에 입대하였다. 그렇지만 제2차 세계대전 동안에 정신병이 있다는 이유로 제대하였다.

케루악은 세인트 루이스(St. Louis) 출신의 친구인 루시엔 카(Lucien Carr)를 쫓아다니던 데이비드 카머러(David Kammerer)의 살인 사건에 대한 증인으로 1944년에 체포되었다. 그가 버로우즈와 긴스버그를 알게 된 것은 카의 소개에 의한 것이었다. 카머러가 카를 지나치게 쫓아다니며 공격적으로 행동하자 카가 그를 칼로 찔러 죽이고 케루악에게 도움을 청했다. 그들은 함께 증거를 없애고 버로우즈의 충고에 따라 자수했다. 케루악의 아버지가 보석금을 대주지 않자 에디 파커가 보석금을 지불했고 그들은 결혼했지만, 일 년 후 헤어졌다.

케루악은 오존 파크(Ozone Park)에서 살며 작품활동을 하였다. 첫 소설 『시골과 도시』(*The Town and the City*)를 썼고, 1949년 경에 『길에서』(*On the Road*)를 쓰기 시작했다. 『시골과 도시』는 1950년에 존 케루악(John Kerouac)이라는 필명으로 출판하였다. 이 작품은 괜찮은 평가를 받기도 했지만, 별로 팔리지는 않았다. 『길에서』는 두 번째 부인 조안 하버티(Joan Haverty)와 맨하탄(Manhattan)에 살 때인 1951년 4월에 완성되었다. 이 책은 대체로 자서전적이고, 닐 카사디와 1940년대 후반에 미국과 멕시코를 여행한 모험담 및 다른 비트 세대 작가들과의 관계를 다루고 있다.

이 작품은 완성되는 데에는 시간이 별로 걸리지 않았지만, 출판업자를 찾는 데는 많은 시간과 어려움이 따랐다. 왜냐하면 실험적인 글쓰기 스타일로 되어 있고, 소수자에 대한 동정적인 어조를 지니고 있으며, 전후 미국의 사회 집단을 뒤쳐진 대로 놓아두었기 때문이다. 또한 마약을 사용하고 동성애를 즐기는 모습을 생생하게 묘사한 것도 출판을 어렵게 한 요소이다.

1954년에 케루악은 드와이트 고다드(Dwight Goddard)의 『불경』(*A Buddhist Bible*)을 읽고 불교에 몰입하게 된다. 1955년에 『깨어남』(*Wake Up*)

이라는 제목으로 고타마 싯달타(Gautama Siddhartha)의 전기를 썼다. 이 작품은 생전에 출판되지 못하고 1993년부터 1995까지 『세 발 자전거: 불교 평론』(Tricycle: The Buddhist Review)에 연재되었고, 2008년 9월에 책으로 출판되었다.

『길에서』는 1957년에 바이킹 출판사(Viking Press)가 판권을 구입했는데, 출판하기 전에 많은 수정을 요구하였다. 노골적인 성적 묘사가 생략되고 등장인물의 실명 대신에 가명을 사용하는 등 대폭적인 수정이 이루어졌다. 이러한 수정으로 인하여 케루악의 스타일이 보여주는 자발성이 비판의 도마 위에 올랐다.

1957년 7월에 플로리다(Florida)의 올란도(Orlando)에 있는 작은 집으로 이사하였다. 몇 주 후에 『길에서』가 출판되고 케루악을 새로운 세대의 목소리라고 평하는 평론이 『뉴욕 타임즈』(New York Times)에 발표되었다. 알렌 긴스버그, 윌리엄 버로우즈, 그레고리 코르소(Gregory Corso) 및 다른 비트 세대 작가들과의 교류 때문에 그는 비트 세대의 대표자로 알려지게 되었다.

이 작품이 성공을 거둠으로써 케루악은 단숨에 명성을 얻었다. 출판업자의 강요에 쫓겨 케루악은 불교와의 경험 및 개리 스나이더(Gary Snyder)와 몇몇 샌프란시스코(San Francisco)지역의 시인들과의 모험을 『부랑자 달마』(The Dharma Bums)에 그렸다. 이 작품은 1957년 11월 26일부터 12월 7일 사이에 올란도에서 쓰여졌고, 1958년에 출판되었다.

케루악은 1958년 3월에 뉴욕의 노쓰포트(Northport)로 이사하여 나이 든 어머니 가브리엘(Gabrielle)을 돌보며 지냈다. 만년에 부모님의 영향을 받아 정치적으로 보수적인 가톨릭이 되었으며 베트남 전쟁을 지지하고 윌리엄 버클리(William F. Buckley)와 친하게 지냈다. 플로리다의 세인트 피터스버그(St. Petersburg)에서 1969년 10월 21일 사망했다. 사망원인은 과음으로 인한 장출혈이었다. 무덤은 매사추세츠의 로웰에 있으며, 고향에 있는 매사추세츠 대학교(University of Massachusetts)가 2007년 6월 2일 명예 문학박사 학위를 추서하였다. 사망 당시에 그는 세 번째 부인인 스텔라 삼파스 케루악(Stella Sampas Kerouac)과 함께 어머니를 모시고 살고 있었다.

케루악은 비트 운동의 창시자로 여겨지지만 그 자신은 그러한 호칭을 싫어했고, 특히 뒤따라 발생한 히피 운동의 선구자로 간주되는 것도 싫어했다. 재즈의 영향을 짙게 받았으며 후기에는 불교 연구에서 비롯된 개념을 많이 사용한다. 자신의 스타일을 자발적인 산문이라고 불렀으며, 이는 의식의 흐름 수법과 유사한 기법이다. 그의 산문은 자발적이고, 편집을 의도적으로 피했지만, 자서전적인 소설을 주로 썼다.

케루악의 시의 특징은 『길에서』, 『코디의 환상』(Visions of Cody), 『제라르드의 환상』(Visions of Gerard), 『큰 서』(Big Sur), 『지하에 사는 사람』(The Subterraneans) 등에서 볼 수 있다. 작품의 중심인물이 자기 자신이거나 자신과 같은 사람이 된다. 이러한 창작방법의 주된 특징은 재즈와 불교의 호흡법에서 차용한 호흡의 개념이다. 이 호흡에 따라 마음의 내적 구조에 맞는 단어를 즉흥적으로 불러오고 편집을 전혀 하지 않는다. 마침표를 사용하지 않는 것도 이러한 호흡의 개념과 관련되어 있다. 마침표 대신에 대쉬를 사용한다. 대쉬 사이에 들어간 구절들은 즉흥적으로 만들어낸 재즈의 악절과 유사하다.

케루악은 개리 스나이더를 대단히 존경했고, 그의 영향을 많이 받았다. 『부랑자 달마』에는 케루악이 스나이더와 함께 했던 등산 여행에 대한 설명 및 스나이더가 케루악에게 보낸 편지의 구절들이 들어 있다. 이 작품은

1956년에 캘리포니아(California)의 밀 계곡(Mill Valley) 근방에서 스나이더와 함께 사는 동안 썼다.

케루악에게는 『금강경』이 가장 중요한 불교 경전으로, 그가 받은 영향 중 세 번째나 네 번째로 큰 영향을 끼쳤다. 1955년에 이 경을 집중적으로 연구하기 시작하였다. 자신의 마음을 공의 상태로 가져가려고 노력하였고, 아마도 어떤 환상을 보았는지도 모른다.

Philip Larkin | 1922-1985

1950년대 영시의 대표적인 흐름으로는 시류파(The Movement)를 들 수 있다. 그러나 이 "시류파"라는 것이 하나의 시파로서 공동의 기치를 내건다거나 어떤 새로운 운동을 한 것은 아니다. 여기에 속한 시인들의 시선집인 『신시』(New Lines, 1956)의 편자 로버트 콩퀘스트(Robert Conquest)는 서문에서 다음과 같이 말하고 있다.

여러 관점에서 어떤 통일된 길, 하나의 새롭고 건전하며 일반적인 입장으로 나아가고 있었던 몇 사람의 시인들이 나타나기 시작한 것은 1940년대 후기 및 1950년대 초기의 일이다. 어떤 뜻으로는 그 입장이란 새로운 것이 아니고 건전하고 보람 있는 시적 태도, 즉 시란 인간 전체, 다시 말하여 이성과 지성, 정서, 감각 및 그 밖의 모든 것으로, 그리고 그것을 위하여 쓰인다는 원칙을 회복한 것에 지나지 않는다.

이러한 지극히 평범하지만 비평적인 태도를 지닌 젊은 시인들은 주로 옥스퍼드에 있는 판타지 프레스(Fantasy Press)와 레딩대학 예술과에서 출판한 한정판 소책자를 통하여 세상에 알려졌다. 이 그룹의 시인들은 대부분 대학 출신으로 대학에 근무한 경우가 많다. 이 그룹에서 가장 탁월한 시인이 라킨(Philip Larkin)이다. 그는 헐대학(Hull University)의 도서관원이며 소설가이기도 하다. 그가 직접 받은 영향은 리비스(F. R. Leavis)의 엄격한 비평과 엠프슨(William Empson)의 지적인 시와 조지 오웰(George Orwell)의 정직이라는 원칙이었다. 따라서 그의 시풍은 일반적으로 온건하고 견실할 뿐 기교나 과장이 없고, 그는 현대의 지식인으로 정직하게 보고 느낀 것을 정확하게 표현한다는 것 이외에 별다른 야심은 품지 않은 듯이 보인다. 라킨은 자신의 시적 태도를 다음과 같이 말하고 있다.

나는 내가 보고, 생각하고, 느낀 것들 (하나의 혼합되고 복잡한 경험을 이렇게 표시할 수가 있다면)을 나 자신과 남들을 위해 보존하기 위해 시를 쓴다. . . . 내가 왜 이렇게 하는지 나는 모르지만, 보존하려는 충동은 모든 예술의 밑바닥에 있는 것이라고 생각한다. 그러므로 대체로 나의 시는 나 개인의 생활에 관련되어 있으나 결코 언제나 그런 것은 아니다. 나는 내가 본 적이 없는 말을 상상할 수도 있고, 여자가 되어 보거나 결혼해 보지 않고도 한 신부의 정서를 상상할 수 있기 때문이다.

이와 같이 말하고 있기도 하지만 사실 라킨의 시는 대체로 생활과 사실의 경험을 기록할 뿐 그것에 감상적인 해석을 붙이지 않는다. 그는 과묵한 사람이며 시를 많이 쓰지는 않은 사람으로 10년 동안 자신이 쓴 시를 모은, 약 50쪽에 달하는 두 번째 시집 『덜 속은 자들』(The Less Deceived, 1955)로써 1950년대의 영시에서 가장 높은 지위를 차지하게 되었다.

그의 작품은 대개 어떤 묘사로 시작하여 사실이나 경험의 의미를 미묘하게 헤치고 들어가는 종류의 것으로 얼핏 보아서는 그다지 눈에 뜨이지 않는다. 따라서 그의 시의 성가는 그다지 높지 않다. 대체로 전통적인 형식으로 시를 쓰며 모든 작품이 어떤 진리에 대한 어떤 유력한 접근을 보이고 있다. 예를 들어 『덜 속은 자들』에 사용된 제재는 젊은 여인의 사진첩, 결혼식날 밤에 부는 바람, 여자의 결혼 전의 이름, 교회 등 우리의 생활 주변의 비근한 것이 많다. 여기에 실려 있는 오늘날에 있어서 종교의 몰락을 생각하게 하는 「교회 방문」(Church Going)은 그 운율과 균형에 있어 1950년대의 영시가 낳은 가장 성숙한 작품 중의 하나이다. 그리고 이러한 성숙함은 세 번째 시집 『성령 강림제의 결혼식』(The Whitsun Weddings, 1964)에서 한결 힘차게 표현되어 있다.

라킨은 1922년 8월 9일에 와윅셔(Warwickshire)의 코벤트리(Coventry)에서 태어났고 옥스퍼드의 성 존스 칼리지(St. John's College)에 다녔다. 옥스퍼드 대학의 학창시절은 그의 첫 소설 『질』(Jill)에 묘사되어 있다. 그는 1945년에 발표한 첫 시집 『북쪽 배』(The North Ship)의 서문에서 자기가 좋아하는 시인은 하디이고, 자신은 하디의 시무룩함뿐만 아니라 거칠음도 물려받았다고 말하고는 있지만, 그는 하디보다 점잖고 재미있다.

　라킨은 식도암에 걸려 수술을 받았으나 재발하여 1985년 12월 2일 63세의 나이로 사망하였다. 그의 무덤은 헐 근방의 코팅햄(Cottingham) 시립 공동묘지에 있으며, 간략하게 "필립 라킨 1922-1985 작가"라고 쓴 묘비가 세워져 있다.

James Ingram Merrill | 1926-1995

제임스 메릴(James Ingram Merrill)은 헬렌 인그람 메릴(Hellen Ingram Merrill)과 찰스 메릴(Charles E. Merrill) 부부의 아들로 1926년 3월 3일에 태어났다. 찰스 메릴은 메릴린치(Merrill Lynch) 투자회사의 공동설립자이다. 그러므로 메릴은 어릴 때 경제적, 교육적인 면에서 매우 특별하게 대접받으며 성장하였다. 어린 시절에 가정교사가 프랑스와 독일어를 가르쳤는데, 메릴은 1974년의 작품「번역에 빠져」(Lost in Translation)에서 이때의 경험을 적어놓고 있다.

그의 부모님은 그가 11살 때부터 별거하였고, 13살 때 이혼하였다. 메릴은 로렌스빌 학교(Lawrenceville School)를 다녔고, 여기에서 장래에 소설가가 되는 프레데릭 부흐너(Frederick Buechner)를 만나 사귀었다. 메릴이 16살이 되었을 때 아버지는 메릴의 단편 소설과 시를 모아『짐의 책』(Jim's Book)이라는 제목으로 출판하였다. 메릴은 처음에는 기뻐했지만 나중에는 조숙한 책의 출판을 당혹스러운 일로 생각했다.

메릴은 1944년에 미국 육군에 징병되어 8개월간 복무하였다. 전쟁 때문에 중단되었던 공부를 계속하기 위하여 메릴은 1945년 암허스트 대학(Amherst College)으로 돌아와 1947년에 졸업하였다. 메릴의 암허스트 대학 교수이며 연인인 키몬 프라이어(Kimon Friar)가 그리스의 아테네(Athens)에서 1946년에 개인적으로 출판한『검은 백조』(The Black Swan)는 메릴의 작품을 모은 것으로 단 100부만 출판하였다. 이때가 메릴의 나이 20살이었다. 이 책은 20세기의 문학 희귀본 중에서 수집할만한 가치가 가장 높은 것 중의 하나이다. 메릴의 상업적인 첫 시집은『첫 시편』(First Poems)으로 1951년에 알프레드 노프(Alferd A. Knopf)가 번호를 붙여 990부 출판했다.

메릴의 파트너로 40년 이상 함께 한 데이비드 잭슨(David Jackson)도 작가이다. 메릴과 잭슨은 1953년 메릴의『미끼』(The Bait)의 공연 후 뉴욕에서 만났다. 이들은 코네티컷(Connecticut)의 스토닝턴(Stonington)으로 1955년에 함께 이사했다. 20년 동안 이들 커플은 매년 그리스의 아테네로 가서 한동안 지냈다. 그리스의 주제, 장소, 등장인물이 메릴의 글에서 중요한 부분을 차지하는 것은 바로 이러한 이유 때문이다. 1979년에 메릴과 잭슨은 매년 일정한 시간을 플로리다(Florida)의 키웨트스(Key West)에 있는 잭슨의 집에서 지냈다.

메릴은 1993년에 발간한 회고록 『다른 사람』(*A Different Person*)에서 자신은 작가의 장애를 일찍 경험했고 그 영향을 극복하기 위해 정신의학적인 도움을 추구했다고 밝혔다. 메릴은 1950년대 동성애자의 삶을 솔직하게 그리면서, 클로드 프레데릭스(Claude Fredericks), 미술품 판매상 로버트 아이잭슨(Robert Isaacson), 데이비드 잭슨, 그리고 마지막 파트너인 배우 피터 후텐(Peter Hooten) 등 여러 남자들과 관계를 맺었다고 묘사하고 있다.

어린 시절에 신탁한 재산에서 나오는 막대한 부에도 불구하고 메릴은 검소하게 생활했다. 그는 박애주의자로 이혼한 부모님의 이름을 합한 인그람 메릴 재단(Ingram Merrill Foundation)을 설립하였다. 시인의 생존시에는 개인적인 재단으로 운영되었고, 문학과 예술과 대중 텔레비전에 보조금을 지급하였다. 메릴은 시인인 엘리자베스 비숍(Elizabeth Bishop), 영화제작자인 마야 데렌(Maya Deren)과 가까운 사이였고, 두 사람 모두에게 중요한 재정적인 도움을 주었다. 또한 많은 다른 작가들에게도 재정적인 후원을 했는데, 익명으로 하는 경우가 많았다.

메릴은 1979년부터 사망할 때까지 미국 시인협회(Academy of American Poets)의 재무이사로 봉사하였다. 애리조나(Arizona)에서 휴가를 즐기다 에이즈와 관련된 심장마비로 1995년 2월 6일 사망하였다.

대학 재학 중일 때 『검은 백조』로 글래스콕 상(Glascock Prize)을 탄 것을 시작으로 미국에서 수여되는 중요한 시 상을 모두 탔다. 1977년에 『신곡』(*Divine Comedies*)으로 퓰리처 상(Pulitzer Prize)을 탔고, 1973년에 볼링겐 상(Bollingen Prize)을 탔다. 1983년에 『샌드오버에 비치는 변하는 빛』(*The Changing Light at Sandover*)이라는 서사시로 전국 도서비평가 협회 상(National Book Critics Circle Award)을 탔다. 1990년에 국회 도서관이 수여하는 제 1회 보빗 국가 상(Bobbitt National Prize) 시 부문을 수상하였다. 1967년에『낮과 밤』(*Nights and Days*)으로 국민도서상(National Book Award)을 수상하였고, 1979년에『미라벨: 숫자 책』(*Mirabell: Books of Number*)으로 국민도서상을 또 수상하였다.

메릴은 우아하고 재치가 넘치는 작가로 말장난에 매우 능하다. 전통적인 시적 운율과 형식의 대가이면서 많은 양의 자유시와 무운시를 지었다. 일반적으로 고백시인으로 여겨지지 않지만, "사랑과 상실의 연대기"에 연료를 공급하기 위해서 개인적인 관계를 자주 사용한다. 부모님의 이혼을 다룬 작품이 매우 많다. 분열되었다는 느낌과 세상이 이중이라는 느낌은 부모님의 이혼에서 비롯된 것이다. 시의 논리를 개선하거나 환경적, 미학적, 영적 주제에 대하여 쓰기 위하여 자전적인 내용의 사소한 부분을 망설이지 않고 바꾼다.

성숙함에 따라서 초기의 세련되고 완전하게 정비된 광휘가 좀 더 비형식적이고 이완된 목소리로 변한다. 1970년대에 이미 최고 시인의 반열에 올라간 메릴은 자신의 작품에 신비적인 메시지를 넣기 시작할 때 놀라울 정도로 옆으로 우회한다. 그 결과 560 페이지에 달하는 계시적인 서사시『샌드오버에 비치는 변하는 빛』이 나오게 된다. 이 작품은 메릴과 그의 파트너 데이비드 노이에스 잭슨이 주최하는 점판 강령회 동안에 내세의 영혼들이 말하는 메시지를 20년 동안 기록한 것이다. 이 작품은 이 세상에 있는 가장 긴 서사시 중의 한 편으로 시인 오든(W. H. Auden), 메릴의 죽은 친구 마야 데렌, 그리스의 사교계 명사 마리아 밋소타키(Maria Mitsotáki) 및 대천사 미카엘(Michael)을 포함한 천상의 존재들의 목소리를 특색으로 한다. 점판을 통해서 목소리를 연결하는 것은 "나로 하여금 상상력에 대하여 두 번 생각하도록 한다"고 메릴은 후에 설명한 바 있다. "만일 영혼들이 외적인 것이 아니라면 그 매개체는 얼마나 놀랍게 되는가! 빅토르 위고(Victor Hugo)는 자신의 정신력에 5를 곱한 것과 같은 자신의 목소리에 대하여 말한 바 있다."

이 책이 출판된 후 메릴은 변덕스럽고 향수어린 짧은 시를 다시 썼다. 그의 작품 세계는 크게 둘로 구분할 수 있다. 하나는 초기의 세련되고 형식적인 서정시이고 또 하나는 후기의 영혼과 천사들 사이의 신비로운 의사소통을 기록한 서사시이다.

Allen Ginsberg | 1926-1997

 알렌 긴스버그(Allen Ginsberg)는 그의 추종자들과 마찬가지로 자신이 윌리엄 블레이크(William Blake)와 월트 휘트먼(Walt Whitman)을 선구자로 기념하는 전통에 입각하여 글을 쓴다고 말한다. 긴스버그는 예언자 겸 시인으로서의 자신에 대한 확신에 있어서 두 선배시인들과 유사하다. 또한 시와 종교의 구별을 무시하는 점과 절충주의에 있어서, 그리고 추상적인 것에 대한 불신과 청중들이 정서적 육체적으로 완전히 참여하도록 유도하는 시를 쓰고자 하는 욕망에 있어서도 두 선배시인들과 유사하다.

    1956년에 긴스버그가 『외침』(*Howl*)을 발표한 것을 어떤 독자들은 부주의하고 단명한 시적 변덕의 시작으로 여겼다. 다시 말하여 어떤 독자들은 그것을 위험스러울 정도로 부주의한 행동을 부추기는 부주의한 시의 유행의 시작으로 여겼다. 또 어떤 사람들은 그것을 미국시의 방향에 혁명적이고 다행스러운 변화로 여겼다. 모든 시적 혁신가들과 마찬가지로 긴스버그는 시를 위한 새로운 경험 영역과 문화적 상황을 요구하는 듯이 보였다. 『외침』은 자기만족에 빠진 아이젠하우어(Eisenhower) 시대의 어두운 측면을 만화경처럼 보여준다.

    이 작품은 방랑자, 부랑자, 아편중독자, 동성연애자들의 반사회를 보여준다. 긴스버그의 시는 신비평의 영향 하에서 쓰여진 꼼꼼하게 구성되고 점잖은 시에 대한 대체물의 역할을 했다. 그의 시는 정서적으로 폭발적이고 선입관에 사로잡혀 있으며 운율적으로 개방적이다. 그의 시는 로버트 로윌(Robert Lowell)의 『삶의 연구』(*Life Studies*)와, 노만 메일러(Norman Mailer)의 『나 자신에 대한 광고』(*Advertisements for Myself*) 및 노만 브라운(Norman O. Brown)의 『죽음에 반한 삶』(*Life Against Death*)과 같은 60년대의 영향력 있는 책의 독자를 만들어내는 데 도움을 주었다.

    알렌 긴스버그는 뉴저지(New Jersy)의 뉴웍(Newark)에서 1926년 6월 3일 출생했다. 그의 부친 루이스 긴스버그(Louis Ginsberg)는 고등학교에서 교편을 잡기도 했던 시인이다. 그의 모친 나오미(Naomi)는 공산당원이었으며 그가 급진적인 편견을 갖도록 부추긴 것으로 짐작된다. 그녀는 말년을 정신병원에서 보냈으며 1956년에 사망했다. 긴스버그의 『카디시』(*Kaddish*)는 모친의 죽음에 바친 긴 애가로 1961년에 발표되었다.

그는 뉴저지의 패터슨(Paterson)에서 학교를 다녔는데 그 때 사권 사람 중에는 패터슨이 낳은 저명한 시인인 윌리엄즈(William Carlos Williams)가 있다. 윌리엄즈는 『외침』에 붙인 서문에서 젊은 긴스버그가 "항상 떠나려고 하고 있는 듯이 보였다, 그 곳이 어느 곳이든 상관없는 듯했다. 그는 나를 어지럽게 했다. 나는 그가 자라서 시집을 내리라고는 생각하지 못했다"고 썼다. 윌리엄즈는 "사물에서가 아니면 생각을 마라"는 자신의 신조에 따라서 긴스버그를 교육시켰다. 그 영향에 대하여 긴스버그는 자신의 전기작가에게 다음과 같이 말한 바 있다.

내가 윌리엄즈를 만나기 전에는 와트(Wyatt)나 써레이(Surrey), 던(John Donne)과 같은 사람들에게 전적으로 매달렸다. 그들의 작품을 읽고 그들의 것과 같은 시가 되리라고 내가 생각하는 것을 베껴내곤 했다. 그 다음에 그들 중 몇 편을 윌리엄즈에게 보냈는데 그는 그 시편들이 지독하다고 생각했다. 그 시편들은 어떤 장래성을 보여주었지만 가짜였고 부자연스러웠다. 그는 나 자신의 목소리의 리듬에 귀를 기울이고, 귀에 의존하여 직관적으로 나아가라고 말했다.

긴스버그는 패터슨에서 고등학교까지 마친 후 콜럼비아 대학교(Columbia University)에 갔다. 1945년에 그는 정학을 당하기도 했는데 윌리엄 버로우즈(William Burroughs)의 지도로 문학교육을 받았다. 윌리엄 버로우즈는 시험 삼아 마약을 복용하고 그 경험을 『벌거벗은 점심』(Naked Lunch)이라는 노골적으로 무질서한 소설로 쓴 사람이다. 대학에 다니는 동안 대학의 문학잡지에 투고하기도 하여 상을 타기도 했고, 문학 토론 그룹의 의장을 맡기도 했다.

긴스버그는 1948년에 콜럼비아 대학을 졸업하고 그 해 여름에 그의 정신적 발전에 큰 영향을 끼친 특별한 경험을 겪었다. 그는 뉴욕에 홀로 남아서 친구들에게서 단절되었다고 느끼며 자신의 직업에 대하여 불안감을 느끼고 있었다. 그러던 어느 날 그가 시인 자신의 목소리라고 생각하는 한 목소리가 블레이크의 「아! 해바라기」(Ah! Sun-Flower) 및 다른 서정시를 낭송하는 것을 들었다. 이 청각적 환상은 그가 보편적 하모니에 참여하고 있다는 느낌을 수반했다. 긴스버그는 이 경험을 다음과 같이 회상했다.

창문을 내다보고, 그 창문을 통해 하늘을 바라보는 가운데 갑자기 단지 고대의 하늘을 들여다봄으로써 내가 우주의 심연을 들여다보고 있는 듯이 보였다. 하늘이 갑자기 매우 오래된 것처럼 보였다. 그리고 이곳은 그(블레이크)가 말하고 있는 매우 오래된 장소, 감미로운 황금빛 지방이었다. 나는 이 존재가 바로 그것이라고 갑자기 인식했다.

비록 긴스버그가 이 기억 속의 순간에 의존하는 것을 궁극적으로는 탈피해야 했으나, 그것을 모든 고차원적인 시에 공통된 특성인 개인적인 계시로 여전히 믿었다.

1953년에 긴스버그는 윌리엄즈가 케니스 렉스로쓰(Kenneth Rexroth)에게 써준 소개장을 가지고 샌프란시스코(San Francisco)로 갔다. 샌프란시스코에서 개리 스나이더(Gary Snyder), 필립 휠렌(Philip Whalen), 류 웰치(Lew Welch)와 같은 시인을 만났다. 그는 대학시절부터 비트(Beat) 세대에 속하는 버로우즈와 잭 케루악(Jack Kerouac), 그레고리 코르소(Gregory Corso) 등과 닐 카사디(Neal Cassady)라는 문학적 관심이 있는 철도 제동수 등을 이미 알고 있었다.

비트 세대는 1950년대와 60년대에 긴스버그가 만나 사귄 시인들을 일컫는 용어가 되었다. 긴스버그가 지도자는 아니었고, 그의 친한 친구들인 코르소, 올로프스키, 케루악, 버로우즈 등이 주된 시인들이었으며, 동일한 의도와 주제를 많이 공유했다. 그가 사귄 친구들의 이름을 열거하면 다음과 같다. 밥 카우프먼(Bob Kaufman), 아미리 바라카(Amiri Baraka)로 개명하기 전의 르 로이 존스(LeRoi Jones), 다이안 디프리마(Diane DiPrima), 로버트 크릴리(Robert Creeley)와 데니스 레버토프(Denise Levertov) 같은 블랙마운틴 대학(Black Mountain College)과 관련을 맺은 시인들, 프랭크 오하라(Frank O'Hara)와 케니쓰 코치(Kenneth Koch) 같은 뉴욕 학파와 관련된 시인들이다. 긴스버그는 1950년대의 비트 운동과 1960년대의 히피 사이를 연결하는 역할을 하며 티모씨 리어리(Timothy Leary), 켄 케시(Ken Kesey), 로드 맥쿠엔(Rod McKuen) 및 밥 딜란(Bob Dylan) 등과도 교류하였다.

『외침』과 다른 비트 시인들의 서적을 출판해준 로렌스 펠링게티(Lawrence Felinghetti)의 도시 빛 서점(City Lights Bookstore) 근방에 정착한 긴스버그는 한동안 시장조사원으로 일했다. 직업을 바꾸기를 열망하던 중 정신과 의사와 상담하고는 시장조사원이라는 직업을 포기하고 자신의 시적 성향을 따르기로 결심했다. 그는 평생의 동료가 된 피터 올로프스키(Peter Orlovsky)를 만났고 『외침』의 제 1부를 완성했다. 올로프스키의 영향으로 티벳 불교에 접하게 되었다.

1955년에 윌리 헤드릭(Wally Hedrick)을 만나 "여섯 화랑 독회"(The Six Gallery Reading)를 개최하였다. 이 독회는 1955년 10월 7일에 있었는데, 이 사건은 동부지역의 비트 세대와 서부지역의 비트 세대를 함께 모이도록 한 중요한 사건이다. 이날 밤 『외침』을 처음 낭독하였기 때문에 긴스버그 개인적으로도 매우 중요한 날이었다.

긴스버그는 자신의 시에 영향을 준 것으로 잭 케루악의 산문에 특별한 감사를 표한다. 긴스버그는 수정하지 않은 초고가 신성한 것이라는 사실을 그로부터 배웠으며 자신의 창작으로 자기 자신의 개인적 관계를 확장시키는 법을 배웠다. 그는 원래 『외침』을 출판하지 않으려 했다. 그는 이 작품을 자기 자신과 친구들을 위해서 썼다. 내용이 상당히 외설적이기 때문에 폭넓게 관용하며 읽을 사람, 도덕적 관점에서 평가하지 않고 인류나 은밀한 생각이나 실제 사실의 증거를 찾으려는 사람을 위해서 이 작품을 썼다고 그 자신이 말한 바 있다.

외설적임에도 불구하고 현재 강의실에서 읽혀지고 있는 사실에 대하여 그는 긍지를 느끼고 있다. 그는 활기찬 시는 친구에게 말하는 것과 시신에게 말하는 것을 구별하지 말아야 한다고 주장한다. 그의 이상은 창작 당시의 시인의 육체적인 상태를 표현하는 생생한 언어와 유기적 운율을 만들어내는 것이다. 그러므로 『외침』에서 중간에 호흡을 위해 멈추지 않고 큰 소리로 소리 내어 읽혀져야 하는 긴 시행들이 반복되는 것은 시인의 신체 상태를 나타내며 독자에게도 유사한 상태를 초래한다.

그는 1956년에 도시 빛 서점에서 『외침』의 초판을 발간했다. 그런데 1957년에 제 2판을 발간하려하자 미국세관이 허락하지 않아 재판에 회부되었다. 전문가들의 증언을 들은 후 클레이튼 혼(Clayton Horn) 판사는 『외침』이 사회적 중요성을 회복하지 않는 것은 아니라고 판결했다. 그 결과 『외침』은 폭발적인 대중적 인기를 끌었고 긴스버그 자신과 그의 친구들이 대중의 주목을 받게 되었다. 『외침』은 1967년에 14만 6천부가 팔렸다. 그의 친구들의 삶 중에서 특히 선풍적인 인기를 끈 것은 마약에 대한 관심이었다. 그는 소위 "경건한 조사"라는 것에 접근하는 수단이 되었다. 『외침』의 2부는 환각상태에서 쓰였다. 마약에 의한 환각상태에서 그는 써 프랜시스 드레이크 호텔(Sir Francis Drake Hotel)의 전면을 몰록(Moloch)의 낄낄거리는 얼굴로 보았다. 또한 『카디시』도 암페타민 주사를 맞은 상태에서 썼다.

긴스버그는 한때 자신을 불교도 유태인으로 묘사하고 크리쉬나(Krishna), 쉬바(Siva), 알라(Allah), 성심 등 모든 신에 집착했다. 그는 정신적인 모험가였던 것이다. 60년대 초반에는 주로 동양을 여행하면서 살았다. 이때 그는 매우 설득력 있는 현자들과 이야기하면서 마약을 통하지 않고 의식을 탐구할 수 있는 수단을 찾으려고 노력했다. 그가 만난 현자 중에 유태인 철학자 마틴 부버(Martin Buber)가 있는데 그는 인간과 비인간 사이의 관계보다는 인간들 사이의 상호관계에 의존하라고 그에게 충고했다. 긴스버그에 따르면 부버는 "젊은이여 내 말에 주목해라, 2년쯤 지나면 내가 옳았다는 것을 깨달을 것이다"라고 말했는데 정말로 2년쯤 지나서 그는 그의 말에 주목했다고 한다. 또 다른 인도의 성자에게서 그는 "인간의 형태로 사는" 것이 중요하다는 점을 배우고 결국 마약을 끊게 되었다. 마약을 끊은 경험은 「변화」(The Change)에 기록되어 있다.

긴스버그는 1965년에 동양의 여행에서 돌아왔다. 영국으로 건너가 블레이크의 원고들을 조사하고 문학적인 기념 장소들을 방문했고 앨버트 홀(Albert Hall)에서 열린 시낭송회에도 참여했다. 미국으로 돌아와서는 구겐하임 장학금(Guggenheim Fellowship)을 타고 친구 올로프스키와 함께 미국 대학여행을 하였다. 학생들에게 자신의 시를 노래로 불러주고 그들과 끊임없이 대화하며 실제적인 충고를 해주었다. 그 결과 그가 방문한 대학들은 그에게 강의실과 사무실을 제공해 주었다. 시낭송회에서든, 평화시위에서든, 사랑의 모임에서든, 히피들의 모임에서든, 아니면 상원 위원회 앞에서든, 법정에서든, 아무 곳에서든지 그는 자신의 급진적인 신조를 강력히 표현했다.

60년대 후반에 긴스버그는 미국생활의 생생한 존재가 되었으며 그의 시를 전혀 읽지 않은 사람도 그의 얼굴을 알게 되었다. 한편 그의 시는 대중들의 뇌리에서 점차 사라지게 되었다. 그는 자신의 시를 정신적 탐구의 부산물이라고 말하기도 한다. 미국시의 낭만주의의 부흥에 기여한 인물인 애몬즈(A. R. Ammons)가 말하듯이 "긴스버그의 작품의 통일성은 통일성을 추구하는 긴스버그 자신이다. 그리하여 그 결과 시편들은 탐구의 단편들이다. 추구된 통일성을 시편들이 보여줄 때 즉 시인이 자신의 단편적 경험에서 단편을 전체에 공급할 때보다 위대한 시편이 가능하다"고 할 수 있다. 긴스버그가 자신의 시편을 큰 고백의 단편으로 광고했다는 사실은 우리가 어떤 한 편의 작품에서 배울 수 있는 것보다 그에 관하여 훨씬 많이 알고 있다고 믿게 해준다. 그러나 이러한 믿음이 그의 작품이 지니고 있는 개성적인 충일함과 대담함을 흐리게 하도록 해서는 안 된다.

긴스버그는 1997년 4월 5일 가족과 친지들에 둘러싸여 뉴욕시에서 사망하여 뉴저지에 있는 가족 묘지에 매장되었다.

Archie Randolph Ammons | 1926-2001

애몬즈(Archie Randolph Ammons)는 1926년 2월 18일 북 캐롤라이나(North Carolina)의 남동부에 위치한 화이트빌(Whiteville) 근방에서 출생하여 그곳의 담배 농장에서 성장하였다. 제 2차 세계 대전 동안 미국 해군에서 복무하였고, 남태평양에 있는 미국 해군 호위함 선상에서 시를 쓰기 시작했다. 전쟁이 끝난 후 웨이크 포레스트 대학교(Wake Forest University)에서 생물학을 전공하였다. 버클리(Berkeley)에 소재한 캘리포니아 대학교(University of California)에서 영문학으로 석사 학위를 취득하였다.

초등학교 교장 선생님, 부동산 판매인, 편집자, 아버지의 생물학적 유리회사의 이사로 일을 하였다. 1964년 코넬 대학교(Cornell University)에서 교편을 잡기 시작하여 영문학과 골드윈 스미스 교수(Goldwin Smith Professor) 겸 거주 시인이 되었고 1998년에 은퇴하였다.

애몬즈는 첫시집 『오마티움: 영광의 성가와 함께』(*Ommateum: With Doxology*)를 1955년에 발표한 후 거의 30권의 시집을 발간하였다. 그는 많은 상을 수상하였는데 몇 개만 열거하면 1973년에 『1951-1971년 시집』(*Collected Poems 1951-1971*)으로 국민도서상(National Book Awards)을 탔고, 1993년에 『쓰레기』(*Garbage*)로 국민도서상을 또 탔다. 1998년에 미국 시인 협회(Academy of American Poets)에서 수여하는 상금 10만 달러의 월리스 스티븐즈 상(Wallace Stevens Award)을 탔고, 1981년에 맥아더 연구비(MacArthur Fellowship)를 탔다.

1981년에 『나무 해안』(*A Coast of Trees*)으로 전국 도서 비평가 협회 상(National Book Critics Circle Award)을, 1993년에 『쓰레기』로 시 부문에서 국회 도서관 레베카 존슨 보빗 국가 상(Library of Congress Rebekah Johnson Bobbitt National Prize)을, 1971년에 『구체』(*Sphere*)로 볼링겐 상(Bollingen Prize)을 수상하였다. 이외에 미국 시인 협회(Poetry Society of America)에서 수여하는 로버트 프로스트 메달(Robert Frost Medal), 루쓰 릴리 상(Ruth Lilly Prize), 구겐하임 재단(Guggenheim Foundation) 연구비, 미국 예술과 문학 협회(American Academy of Arts and Letters) 연구비를 받았다.

애몬즈는 2행연이나 3행연을 쓰는 경우가 종종 있다. 데이비드 레만(David Lehman)은 애몬즈가 사용하는 3행연과 셸리(Shelley)가 『서풍부』(*Ode to the West Wind*)에서 사용한 3운구법의 유사성에 주목한다. 애몬즈의 작품 중에서 어느 것은 매우 짧아서 한 행이나 두 행으로 이루어지는 경우도 있고, 수백행이 되는 경우도 있다. 심지어는 책 한권의 길이가 되는 경우도 있다.

많은 독자들은 애몬즈가 구두점을 독특한 방식으로 사용하는 것에 주목하였다. 레만은 애몬스가 시는 구두점의 시스템이라고 한 엘리엇(T. S. Eliot)의 말을 실증한다고 말한 바 있다. 마침표 대신에 어떤 작품은 생략으로 끝나기도 하고 어떤 작품에는 구두점이 전혀 사용되지 않기도 한다. 콜론의 사용은 애몬즈의 특징이다. 그는 콜론을 모든 구두점을 대신하는 부호로 사용한다.

콜론을 사용하여 그는 절과 절 사이의 연결을 강조하기도 하고, 끝맺음을 계속 미루도록 하기도 한다. 그는 시를 쓰기 시작할 때 만일 그 작품이 중요해질 것이라고 생각하면 쓸 수 없다고 말한 바 있다. 그래서 그는 자기 부인이 집에 갖다 놓은 이면지를 사용하여 그 위에 글을 쓰기도 하고, 소문자와 콜론을 사용하기도 한다. 이렇게 함으로써 그 글의 앞과 뒤에 무언가가 있을 수 있음을 암시한다. 그래서 글쓰기는 일종의 계속되는 흐름이 될 수 있다.

스티븐 버트(Stephen Burt)는 애몬즈의 많은 작품에는 세 가지 유형의 어법이 결합되어 있다고 주장한다. 첫째는 정상적인 범주의 시어로 교육받은 사람들이 회화에서 사용하는 표준영어와 문학에서 발견되는 다소 드물게 사용되는 단어를 포함한다. 둘째는 민중의 언어로 그가 자란 북 캐롤라이나 동부지역의 민중의 언어와 진지한 시에서는 기대하기 어려운 세련되지 못한 미국인의 소리를 포함한다. 셋째는 그리스어와 라틴어에서 파생된 자연과학의 용어로 특히 지리학, 물리학, 인공지능학 용어이다. 이러한 용어의 혼합은 거의 유일무이하다고 버트는 말한다. 다시 말하여 이러한 세 가지 양식을 발견할 수 있는 것은 그의 작품밖에 없다는 것이다.

리차드 하워드(Richard Howard)는 "애몬즈는 우리의 루크레티어스(Lucretius)로서 길에서 벗어나고 옆으로 비껴나가 사물의 속성 속으로 들어가 국내의 우울함, 기본 그리고 모과나무 숲, 항성으로 측정된 힘 등을 지나서 그가 매우 정확하게 '기쁨의 생존하는 빛'이라고 부르는 것 속으로 들어간다"고 말한다.

그는 뉴욕의 이타카(Ithaca)에서 살다가 2001년 2월 25일 사망했다.

Robert Creeley | 1926-2005

　　　　　　　　　　로버트 크릴리(Robert Creeley)는 대중들이 쉽게 접근할
수 있는 작품들을 썼다. 그는 젠체하거나 점잔빼는 말씨에 관심이 없었고
즉각적인 친밀함을 보여주는 데 관심이 있었다. 그는 찰스 올슨(Charles
Olson)학파에 속한다. 그의 시편들은 전체적인 길이, 각행의 길이, 심지어는
제목까지도 짧고 항상 겸손하다. 짧은 구절로 가능한 한 상세하게 감정을
표현하고, 자기 자신을 한 상황에 둘러싸이게 한다. 그는 자신이 하고 있는
일을 산문으로 기술하려고 시도할 때 분명하지 않은 경우가 종종 있다. 한

인터뷰에서 자기 학파의 시인들에 대하여 다음과 같이 말한 바 있다.

> 창작은 작가가 요구하는 경우가 아니라 글 쓰는 사람에게 주어진 경우이다. 다시 말하여 올슨의 객관화하는 시의 개념은 사람의 주의가 순간적으로 집중되어야 하는, 개방된 분야의 느낌에 있으며 감정의 태도에 대한 어떤 가정 위에서 움직일 수 없고 그 모든 증거와 그 모든 의도에 일시적으로 자격을 부여해야 한다.

이는 강제된 형태를 수용하기보다는 시인에게 주어지는 주제의 허용을 강조하는 것이다.

그는 젊은 시절에 사물들이 그 자신의 특별한 점에 있어서 말해지도록 하는 윌리엄즈(William Carlos Williams)의 방법에 대한 느낌에 골똘했다고 말한 바 있다. 그는 그 사물들의 특수성에 대한 가정에 보다는 그 사물들이 말해지는 방법에 더욱 관심이 있었다. 즉 사물들의 자율성에 대한 자신의 가정보다 사물들이 자율적으로 발생하는 방법에 더욱 관심이 있었던 것이다. 윌리엄즈와 올슨처럼 그는 즉각적인 감흥에 대하여 경건한 태도를 지니고 있었다. 그는 너무 메마르고 너무 지적인 시에 반대하여 잠재의식적이거나 내적인 경험의 보다 명확한 메아리를 얻으려고 했다.

『사랑을 위하여: 1950-1960년 시편』(*For Love: Poems 1950-1960*)에 붙인 서문에서 크릴리는 창작을 위한 고상한 경우를 부인하고 있다. 그는 우리가 어느 곳에 도달한다 할지라도 이 단계나 저 단계를 취할 때 어떤 방법이 있을 것이라고 말한다. 그의 시편들은 그런 방식으로 되어있다. 또한 그의 작품에서 수동성은 필수적인 듯이 보인다. "발생했던 사건들이 이 세상을 구성한다. 가장자리에서 바라보며 산다"고 한 작품에서 쓰고 있다. 한 시편의 제목을 「분명한 이유 없이」(For No Clear Reason)라고 했는데 이는 비이성적이거나 초이성적인 동기와 주제를 나타내는 표지이다.

크릴리가 환기시키는 것은 사소한 것들이고, 그것들을 옹호하는 경우가 많다. 그는 「공상」(Fancy)이라는 작품에서 진실이 무엇인지 아는가하고 묻고는 "나는 한 장소에 앉아 있었는데 거기에는 거의 느껴지지도 않는 작고 희미한 것, 일종의 작은 무가 있었다"고 대답한다. 비록 그가 다루는 것이 작기는 하지만 그것이 무의미한 것은 아니다. 그는 「손가락」(The Finger)이나 「구조」(The Rescue)에서와 같이 순간들을 일상적으로 신비화하는 경우가 있다. 비록 그 개인이 예이츠(Yeats)적인 인물이 전혀 아니라 할지라도 효과는 개인적이어야 한다고 그는 생각한다. 효과는 개성이 노래하는 것이어야 한다.

아니면 그가 산문에서 말하듯이 언어는 한 사람에 의한 한 사람의 주장이다. 그는 「영웅」(Heroes)이란 작품에서 "저것은 쿠마에의 시빌이 이야기하는 것이고 이것은 로버트 크릴리가 말하는 것이다"라고 익살스럽게 이야기한다. 비록 그의 작품들이 개인적인 특성을 지니고 있지만 시편들은 어떤 관계에서 만들어져야 한다. 왜냐하면 관계 속에서만 인간은 살아갈 수 있기 때문이다. 그러한 관계는 생존과 성장을 위한 공통의 필요에 사용된다. 의사소통이란 정보의 교훈적인 과정이 아니라 누군가와 서로 느끼는 것이다.

크릴리는 비록 전통적인 운율과 각운을 거부하지만 그 나름대로의 재미있고 분명한 리듬을 발전시키고 있다. 그는 「리듬」(The Rhythm)이라는 작품에서 대문이 닫히는 소리에서부터 창문이 열리는 소리까지 모두 한 리듬이라고 말하고 있다. "형식이란 내용의 확장에 불과하다"는 말은 미학에 관한 태도를 보여준다. 또한 「손가락」이라는 작품에서 "이 세상에서 말해 지거나 잊혀지는 것, 아니면 말해지지 않는 것은 어느 것이든 형식을 구성 한다"고 말하고 있다.

모든 경험은 잠재적이고 독특한 형식을 갖는다고 생각하는 점에 있어서 로렌스(D. H. Lawrence)와 의견을 같이 한다. 그러나 형식은 우리가 알기 전에, 안다고 생각하기 전에 변한다. 위험은 추상적인 개념을 부과하는 데 있다. 형식은 애매하게 될 수도 있고 시편의 묘사적인 행위도 끝냄으로써 시편 자체가 상실될 수도 있다. 여기서 묘사적인 행위란 우리의 주의를 시편 밖으로 돌리게 하는 것을 말한다. 그는 피어링(Fearing)이나 샤피로(Shapiro) 같은 시인들이 이런 결점을 지니고 있는 것으로 파악한다. 그런 시인들은 그들의 시편의 내용이 지향하는 이미지들을 만들어낸다. 그들은 시를 인식의 구조라기보다는 인식의 수단으로 만든다.

크릴리의 삶 자체도 그의 시론과 비슷한 과정을 보여준다. 그는 여기 저기 옮겨 다녔다. 그는 매사추세츠(Massachusetts)의 알링턴(Arlington)에서 1926년 5월 21일에 출생했다. 의사였던 부친은 그가 어릴 때 돌아가셨다. 어머니의 손에 자랐으며, 네 살 때 한쪽 눈을 잃었다. 뉴 햄프셔(New Hampshire)의 플리머스(Plymouth)에서 홀더니스 학교(Holderness School)를 다닌 후에 1943년 하버드 대학교(Harvard University)에 들어갔으나 곧 그만 두고 미보병에 입대하여 인도와 버마에서 근무했다. 권태에서 벗어나기 위해 마약을 맛보기도 했는데 몇 편의 시는 마약에 취한 환각상태의 경험을 묘사하고 있다. 일 년 후에 하버드 대학교로 돌아왔고 대학 재학 중인 1946년에 결혼했으며 졸업을 한 학기 앞두고 학교를 다시 그만두었다. 1955년이 되어서야 블랙 마운틴 대학(Black Mountain College)에서 학위를 받았다.

그와 그의 부인은 케이프 코드(Cape Cod)에서 살았고 뉴햄프셔에 있는 농장에서 3년을 보낸 후에 에익 상 프로방스(Aix-en-Provence)와 마조르카(Majorca)로 옮겨 다녔다. 마조르카에서 그는 다이버스 출판사(Divers Press)를 시작했다. 이 출판사에서 폴 블랙번(Paul Blackburn), 로버트 던컨(Robert Duncan), 찰스 올슨(Charles Olson) 등의 시를 출판했다. 그가 평생에 걸쳐 쓴 산문의 절반가량을 이 당시에 썼다. 1954년에 찰스 올슨이 그를 블랙 마운틴 대학의 교수로 초빙하자 그는 『블랙 마운틴 평론』(*Black Mountain Review*)을 창간하고 편집했다. 블랙 마운틴 대학의 교수직을 그만두고 샌프란시스코(San Francisco)로 이주하였는데, 여기에서 잭 케루악(Jack Kerouac)과 알렌 긴스버그(Allen Ginsberg)를 만났고, 잭슨 폴록(Jackson Pollock)과 교류했다.

뉴 멕시코(New Mexico)에서 한 동안 교편을 잡았고 1960년에는 뉴 멕시코대학에서 석사학위를 받았다. 그 다음에는 과테말라로 가서 커피농장에서 교편을 잡았고, 1966년부터 버팔로(Buffalo)에 있는 뉴욕 주립대학교에서 학생들을 가르쳤다. 2003년까지 이곳에 머물다가 브라운 대학교(Brown University)로 옮겼다. 텍사스의 오데사(Odessa)에서 2005년 3월 30일 사망하여 매사추세츠의 케임브리지에 매장되었다.

아서 포드(Arthur L. Ford)는 크릴리에 대하여 다음과 같이 말하고 있다.

크릴리는 자신이 금세기 미국시의 명확한 전통의 일부라는 것을 오랫동안 인식하고 있었다. 전통이라는 말이 일반적인 용어로 생각되는 한, 그리고 그 구성원들 가운데 중요한 특징으로 인식되는 한에 있어서 그랬다. 일반 대중에게 가장 뚜렷하게 보이는 전통은 1940년대와 1950년대 초에 신비평가들의 지적인 탐사에 의해 지탱되는 엘리엇에서 스티븐스로 이어지는 전통이다. 크릴리가 이 전통에 필적한다고 주장하는 전통은 파운드에서 올슨과 주코프스키(Zukofsky)를 거쳐 블랙 마운틴 시인들로 이어지는 전통, 소위 로젠탈(M. L. Rosenthal)이 투사시 운동(Projectivist Movement)이라고 하는 것이다.

크릴리는 1952년 처음 시집을 발표한 후 거의 매년 시집을 발표하였다. 혁신적인 시인이라고 일컬어지지만 그의 혁신은 매우 미묘한 경우가 많기 때문에 쉽게 파악하기 힘들다. 심지어는 블랙 마운틴 그룹의 주의 주장에도 일치하지 않는 것처럼 보이는 경우도 많다. 그의 작품은 2행연, 3행연, 4행연으로 되어 있는 경우가 많고, 경우에 따라 각운을 맞추기도 하고, 그렇지 않기도 하기 때문이다. 그 결과 많은 비평가들은 그의 시를 자유시로 분류한다.

Robert Bly | 1926-

로버트 블라이(Robert Bly)의 시는 실험적인 사상주의(imagism) 아니면 보다 좋게 말하여 신비적인 사상주의의 시라고 할 수 있다. 그는 장엄함과 강조를 피하면서 평범한 어조로 자신이 사랑하는 고향 미네소타(Minnesota)와 마음속의 풍경을 묘사한다. 명시된 대상들은 이상하고 엉뚱한 현실성을 지니고 있다. 적당히 확정적이지 않은 듯이 보이는 시편들은 그가 의도하는 대로 읽으면 대단히 확정적인 것으로 여겨진다. 왜냐하면 평범하게 현상적인 것으로 보일 수 있는 내용들이 평범하지 않게 본질적이기 때문이다. 예를 들어「저녁에 놀라서」(Surprised by Evening)라는 작품은 "저녁이 도착한다. 우리가 고개 들어 바라보자 그것은 거기에 있다"고 공표한다. 또한「고독으로의 귀환」(Return to Solitude)이라는 작품은 마치 나무들이 그 속에 봄을 모두 담아오듯이 "새잎이 돋은 나무들"로 우리의 주의를 이끈다. 사물들의 외적 측면과 내적 측면이 일치하는 듯한 경우도 종종 있는데 이는「각성」(Awakening)에서 "마음 속의 밤나무꽃"에 대해 말할 때를 예로 들 수 있다.

이 과도한 사상주의는 네루다(Neruda)와 다른 외국 시인들에게서 유래한 것이며 스티븐즈(Wallace Stevens)의 후기 시와도 관련되어 있다. 그러나 블라이는 독일 신비가 제이콥 뵘(Jakob Boehme)에게서 자신의 시적 모티브가 유래한 것으로 말하고 있다. 그의 두 번째 시집『육체를 둘러싼 빛』(*The Light around the Body*)에는 뵘에게서 인용한 다음과 같은 제사가 붙어있다

외향적인 사람에 따르면 우리는 이 세상에 있고 내향적인 사람에 따르면 우리는 내적인 세상에 있다. . . . 그 이후 우리는 두 세계로부터 생겨났고 우리는 두 언어로 말하고 우리는 또한 두 언어에 의하여 이해되어야 한다.

그는 두 가지 언어를 말하는 사람이지만 그가 여러 번 말했듯이 집행자들은 그렇지 않다. 그는「로마인들이 내면세계에 화낸다」(Romans Angry About the Inner World)라는 작품에서 "집행자들이 살고 있는데 그들은 아무것도 모른다"고 증언하며 "다른 세계는 조그만 짐승들의 귀에는 가시 같다"고 설명한다. 존슨(Johnson) 대통령이 인식할 수 없는 것을 시인은 인식할 수 있기 때문에 그는「하노이 폭격 중 미네소타를 지나며」(Driving Through

Minnesota During the Hanoi Bombings)라는 작품에서 "우리가 폭격하려 했던 사람들은 우리"라고 말한다. 시인이 기록할 수 있는 은밀한 변화가 일어나는데 이는 「드디어 안으로 움직이며」에 "산이 변하여 바다가 된다"고 기록되어 있다.

블라이는 제임스 디키(James Dickey)의 정신적 멜로드라마에 반대하듯이 로버트 로월(Robert Lowell)의 자전적 서정성에도 반대한다. 로월은 너무도 개인적이기 때문에 뵘의 사도로 적합하지 않다고 보고 블라이는 「얼굴 들여다보기」(Looking into a Face)에서 "나는 육체로 소생했으나/아직 태어나지 않고,/육체를 둘러싼 빛처럼 존재한다"고 썼다. 또한 디키는 사건이 거짓된 외면일 때 사건을 고상하게 하기 때문에 「벙어리가 말할 때」(When the Dumb Speak)에서 "우리가 모든 것을 잃는 즐거운 밤이 있다"고 블라이는 쓰고 있다.

블라이에게는 낮과 밤이 동일한 궁극적 실재의 두 가지 해석으로서 정화된 은밀한 존재를 나타낸다. 죽음의 어둠은 자비롭다. 「고독으로의 귀환」(Return to Solitude)에서 그는 "죽음의 바다 속으로 뛰어든다"는 생각을 환영하며 「메릴랜드의 창백한 여인들과 함께」(With Pale Women in Maryland)에서 "우리가 사랑하는 죽음"에 대해 말한다. 「우울」(Depression)이라는 작품에서 그는 "나는 아래로 내려가 침묵하는 검은 대지 속에서 쉬기를 원한다"고 선언하며 「오후의 눈송이」(Snowfall in the Afternoon)에서 "한줌의 어둠"을 찬양한다. 인간의 감각은 그를 활기차게 하여 그는 「물고기로부터의 진화」(Evolution from the Fish)에서 인간이라는 창조물을 "물고기의 이 손자", "달팽이의 이 사촌"이라고 부른다.

블라이의 시는 농장이든 아니면 여행이든 항상 소박한 배경으로 시작되는데 그 속에 의미가 주입되어 그 결과 궁극적 효과는 초현실적으로 된다. 최근의 그의 시 중에서 많은 것들이 정치적인 측면을 지니고 있는데 그것은 블레이크(William Blake)가 인식한 것과 같이 정치적이다. 블라이는 「정치 시에 관하여」라는 논문에서 다음과 같이 말하여 이것을 분명히 한다.

한 나라의 생명은 살아있는 누구의 영혼보다 더 큰 영혼으로, 모든 사람의 머리 위에 떠다니는 보다 큰 천체로 생각될 수 있다. 시인이 진정한 정치시를 쓰기 위해서는 자기 자신의 관심사를 한동안 그대로 두었다가 그 다음에 메뚜기처럼 뛰어올라 다른 영혼 속으로 들어갈 수 있을 정도로 그렇게 그 관심사를 파악할 수 있을 수 있어야 한다. 그 천체 속에서 그는 이상한 식물과 눈이 많은 이상한 생물을 발견하여 그것을 가지고 되돌아온다. 반쯤 보이는 이 영적인 생명을 그는 그의 언어 속에 휩쓸어 넣는다.
 어떤 시인들은 증오나 두려움에 의하여 강제된 정치시를 쓰려고 노력한다. 그러나 그러한 정서는 바위처럼 단단히 결합된 것이고 육체의 중력으로부터 벗어날 수 있는 경우가 거의 없다. 시인이 그만큼 멀리 올라가 무언가를 되가져오기 위해 필요로 하는 것은 상상력의 큰 도약이다.

 블라이는 미네소타(Minnesota)의 매디슨(Madison)에서 1926년 12월 23일에 출생했다. 그는 노르웨이계로서 자신이 노르웨이계의 후손이라는 사실을 작품에 기록하고 있다. 제2차 세계대전 중에 해군에 복무했으며 그 후에는 미네소타에 있는 성 올라프 대학(St. Olaf's College)에 들어갔다. 1년 후에 하버드 대학교(Harvard University)로 전학하여 1950년에 졸업했다. 하버드 대학교 재학 중에 그 당시 대학생이었던 도널드 홀(Donald Hall), 아드리안 리치(Adrienne Rich), 케니쓰 코치(Kenneth Koch), 프랭크 오하라(Frank

O'Hara), 존 애쉬베리(John Ashbery), 해롤드 브로드키(Harold Brodkey), 조지 플림턴(George Plimpton), 존 호크스(ohn Hawkes) 등 후에 유명한 작가가 되는 사람들을 만났다.

뉴욕에서 여러 해 동안 살았으며 1952년에 풀브라이트 장학금을 받아 노르웨이를 여행하며 노르웨이 시를 영어로 번역하였다. 노르웨이에서 1년을 보내고 미네소타로 돌아왔다. 지금은 미네소타의 서부에 있는 농장에서 부인 및 세 자녀와 함께 살고 있다. 1958년에 『50년대』(The Fifties)라는 잡지를 발간하는 잡지사를 설립하여 잡지를 편집, 발행했다. 그 잡지사는 남아메리카와 유럽에서 쓰인 글을 번역한 책을 출판하였다. 블라이 자신도 번역을 많이 했다. 1966년에 데이비드 레이(David Ray)와 함께 베트남 전쟁에 반대하는 미국 작가 모임을 만들었고 미국이 그 전쟁에 연루된 것에 대한 자신의 두려움을 상징적으로 명확히 표현하기 위하여 문학상을 거절한 경우가 여러 번 있었다.

블라이의 초기 작품을 모은 『눈 덮인 들판의 침묵』(Silence in the Snowy Fields)이 1962년에 출판되었고 평범하면서도 상상적인 스타일은 이후 약 20년 동안 미국시에 상당한 영향을 끼쳤다. 미네소타 대학도서관의 저명한 작가로 2002년에 선정되었고, 맥나이트 재단의 저명한 작가 상을 2000년에 수상하였다. 40권 이상의 시집을 출판하였고, 스웨덴어, 노르웨이어, 독일어, 스페인어, 페르시아어 그리고 심지어는 우르두어로 된 시와 산문의 번역을 출판하였다.

Anne Sexton | 1928–1974

앤 섹스턴(Anne Sexton)은 매사추세츠(Massachusetts)의 뉴턴(Newton)에서 메어리 그레이 스테이플스(Mary Gray Staple)와 랄프 하비(Ralph Harvey) 부부의 딸로 1928년 11월 9일 태어났는데, 처녀 시절의 이름은 앤 그레이 하비(Anne Gray Harvey)였다. 그녀는 어린 시절의 대부분을 보스턴(Boston)에서 지냈다. 1945년에 매사추세츠주의 로월(Lowell)에 있는 로저 홀(Rogers Hall) 기숙학교에 등록했다. 1948년 8월 16일 알프레드 섹스턴(Alfred Sexton)과 결혼했고 1973년까지 함께 살았다.

어른이 된 후 섹스턴은 많은 세월을 복잡한 정신병 때문에 고생하였다. 첫 조울증은 1954년에 발생했고, 1955년에 두 번째 발작이 일어났을 때 만나 평생의 친구가 된 글렌사이드 병원(Glenside Hospital)에 있는 의사인 마틴(Martin)이 그녀에게 시를 쓰도록 권했다.

그녀는 존 홀름스(John Holmes)가 지도하는 시 연습실에 나가서 시작 연습을 했다. 처음에는 매우 두려워하여 친구에게 전화를 해달라고 하고 함께 가자고 하였으나 매우 빠르게 성공적으로 창작활동을 하여 『뉴요커』(*The New Yorker*), 『하퍼스 매거진』(*Harper's Magazine*) 및 『토요 평론』(*Saturday Review*) 등에 시가 수록되었다. 섹스턴은 후에 보스턴 대학교(Boston University)에서 로버트 로웰(Robert Lowell), 실비아 플라쓰(Sylvia Plath), 조지 스타벅(George Starbuck) 등과 함께 공부하였다.

그녀는 1957년 앤티오크 작가 회의(Antiock Writer's Conference)에서 만난 스노드그라스(W. D. Snodgrass)의 격려도 받았다. 스노드그라스의 작품「마음의 바늘」(Heart's Needle)이 세 살 먹은 딸과의 별거라는 주제였기 때문에 그녀를 고무시켰다. 그녀는 그 작품을 외할머니와 함께 살고 있는 자기 딸에게 읽어주었다. 섹스턴은 스노드그라스에게 편지를 보내기 시작하였고, 그들은 친구가 되었다.

존 홀름스와 함께 일하는 동안 섹스턴은 맥신 쿠민(Maxine Kumin)을 만나 친구가 되었다. 쿠민과 섹스턴은 서로의 작품을 열심히 비평하였고 아이들 책 네 권을 함께 썼다. 1960년대 후반에 조울증이 심해져 작품 활동에 영향을 받게 되었다. 음악가들과도 협력하여 시에 곡을 붙이게 되었으며, 희곡도 써서 공연하였다. 1967년에 퓰리처 상(Pulitzer Prize)을 타는 등 많은 명예를 얻었다.

1974년 10월 4일 섹스턴은 맥신 쿠민과 점심 식사를 하고 집에 돌아와서 어머니의 낡은 모피코트를 입고, 차고에 들어가서 문을 닫은 후 자동차의 시동을 켜서 일산화탄소 중독으로 자살하였다. 그녀의 무덤은 매사추세츠 보스턴의 자메이카 평원(Jamaica Plain)에 있는 포레스트 힐스 공동묘지 겸 화장장(Forest Hills Cemetery & Crematory)에 있다.

섹스턴은 매우 개인적이고 고백적인 시를 썼으며 조울증과의 오랜 싸움을 다룬 작품도 많이 썼다. 그녀는 고백시인의 현대적인 전형으로 여겨진다. 그녀가 주로 다룬 주제는 우울, 고독, 자살, 절망인데, 생리, 낙태, 자위, 간음 등과 같은 여성에게 특별한 주제를 다룬 작품들도 있다. 이러한 주제를 시에서 드러내고 다루기는 그녀가 처음일 것이다.

1960년대 말로 갈수록 그녀의 작품은 "모양내고 게으르고 가볍다"고 비판받았다. 어떤 비평가들은 술에 의존하는 것을 타협으로 간주하기도 하였다. 그렇지만 어떤 비평가들은 시간이 갈수록 섹스턴의 글이 더욱 성숙해진다고 보았다. "비교적 관습적인 작가로 시작하여 시행을 거칠게 하는 법을 배웠고, 언어와 정치와 종교, 그리고 성을 예의바름에 반대되는 도구로 사용하는 법을 배웠다"고 말한다.

그녀의 8번째 시집은 『하나님에게로의 무서운 노 젓기』(*The Aweful Rowing Toward God*)로 로마 가톨릭 신부를 만났을 때 신부가 마지막 의식을 집전하지 않으려 하면서 "하나님이 당신의 타자기"라고 그녀에게 말한 데서 제목이 비롯되었다. 이로 인하여 그녀는 계속 살아가며 글을 쓸 힘과 의지가 생겼다. 이 작품과 『죽음 공책』(*The Death Notebooks*)은 그녀의 마지막 작품으로 죽음이라는 주제를 다루고 있다.

그녀는 자신에 관하여 쓰는 것으로부터 시작하여 자신의 삶 밖으로 뻗어나가려고 하였다. 그림 형제(Grimm)의 동화라든지 크리스토퍼 스마트(Christopher Smart)의 『환희의 노래 아그노』(*Jubilate Agno*)와 성경을 토대로 삼아 많은 작품을 썼다.

데니스 레버토프(Denise Levertov)는 "그녀는 할 수 없기 때문에 살아 있는 우리가 창조성과 자기 파괴 사이의 구별을 명확히 해야 한다"고 말한 바 있다. 가장 유명한 현대 고백시인의 한 사람으로 그녀는 종종 자신의 작품을 정직하게 보았다고 찬양받는다. 비록 그녀는 스스로 공부했고 대학을 졸업한 적이 없지만, 말년에 명예박사학위를 받았다.

Thom Gunn | 1929-2004

톰 건(Thom Gunn)은 50년대에 작품을 발표하기 시작하여 현대 영시의 발전사에서 제 3세대를 이룬 영시인들 중의 한 사람이다. 제 3세대를 이루는 시인들은 토머스(Dylan Thomas)를 대표로 하는 신묵시파(New Apocalypse)의 낭만적 과잉을 거부한다. 그들은 또한 파운드(Ezra Pound)와 엘리엇(T. S. Eliot)이 주도한 모더니스트 혁명에도 불만을 표한다. 건은 파운드나 엘리엇이 개념을 포기하거나, 그렇게 할 수 없을 경우에는 그것들을 이미지들과 동일하게 자유연상으로 다루어 이미지들을 강화하고

자 결심함으로써 시의 중요한 전통적인 자원을 포기했다고 주장한다. 건도 구성원의 한 사람으로 참여한 시류파(the Movement)는 시에서보다 더 구체적인 것과 보다 덜 과장된 어법을 추구했다. 건은 "우리가 세계를 이해하고자 하는 시도 전체를 포함하지 않으면 시가 메마르게 된다"고 주장한다. 여기서 그가 생각하는 세계는 비범한 세계뿐만 아니라 일상적인 세계까지 모두 포함하는 세계이다.

대부분의 시류파 시편들과는 달리 건의 시는 신중한 경우가 없고 특히 영시답지 않게 여겨진다. 시류파를 세상에 알린 1956년에 나온 시집 『신시』(New Lines)에 그가 참여했을 때, 그는 이미 시카고에 있는 『시』(Poetry)지에서 시상하는 상을 수상한 경력을 지니고 있었으며 캘리포니아로 이사 와서 2년간 살면서 스탠퍼드(Stanford) 대학에 다니고 있었다. 그는 스탠퍼드 대학에서 자신의 은사였던 커닝햄(J. V. Cunningham)의 작품에 관하여 그의 작품은 사상파 운동(Imagist Movement) 이후의 영미시에 보편적으로 만연해 있는 경향 보다 더 많은 비율로 추상적인 어휘를 사용하고 있다고 말한다. 그는 "추상은 우리가 무언가를 말하기를 회피하는 여러 가지 방법들 중의 하나일 수 있다는 것은 사실이지만 추상이 우리의 주제를 정면으로 맞닥뜨리는 가능한 유일한 방법이 되는 경우가 너무 잦다"고 말한다.

건은 자신과 동시대의 시인인 스나이더(Gary Snyder)와 휴즈(Ted Hughes)를 찬양한다. 이는 아마도 그들의 작품이 건 자신의 시편들과 마찬가지로 자연세계와의 황홀한 일체감을 표현하기 때문일 것이다. 그의 시편들은 우리가 죽음의 결정적인 무기력에 아직까지는 굴복하지 않았다는 사실을 보여주는 존재론적인 증거로서의 행동과 관련되어 있는 경우가 많으며 때로는 단지 운동감과 관련되어 있는 경우도 많다. 「티끌에의 애가」(Elegy on the Dust)에서는 "차별성을 어렵게 추구한 모든 사람들이" 티끌의 궁극적인 민주주의로 불가피하게 옮겨온다. 여기에서 티끌은 삶의 동작을 모방하며 남아 있지만 다른 시편인 「무의 박멸」(The Annihilation of Nothing)에서는 티끌이 핵폭발 이후 어둠 속을 배회하는 "무목적적인 물질" 만큼이나 무목적적이라고 그는 말하고 있다. 「순진함」(Innocence)과 「버니네 가족」(The Byrnies)이라는 작품에서의 얼굴 없는 병사들은 무정하게 죽음의 도구로 되면서 그들의 선택의 여지가 극히 제한적이기는 하지만 적어도 행동은 할 수 있다. 「진행중」(On the Move)이라는 시편에서 건은 사람이 별로 살지 않는 캘리포니아 지방을 시끄럽게 질주하는 가죽재킷을 입은 한 무리의 오토바이꾼들을 묘사한다. 그들의 움직임은 비록 그 자체가 수단이라기보다는 오히려 목적이지만 건은 그들이 "부분적인 해결책"을 발견했다고 결론짓는다. 왜냐하면 "최악의 경우라 하더라도 그들은 움직이고 있으며 최상의 경우에는 그들이 그 속에서 휴식을 취할 수 있는 어떤 절대적인 자리에 결코 도달하지 못하면서도 고요히 있지 않음으로써 항상 보다 가까워지고 있기" 때문이다. 그가 비록 죽음을 결코 피할 수 없는 최후의 일격으로 인정하기는 하더라도 「감옥에서」(In the Tank)나 특히 「몰리」(Moly)와 같은 작품에서 투옥은 의식의 악몽일 수밖에 없다. 「몰리」에서 그는 오디세이(Odysseus)의 선원 중의 하나가 마법사 키르케(Circe)에 의하여 돼지로 변신되었다는 사실을 인식하자마자 그 선원을 거의 환각적으로 생생하게 의인화한다. 시집 『몰리』(*Moly*)는 시류파 시인들이 계속하여 살아간 중산계급의 지적 환경보다는 그가 양자로 들어간 샌프란시스코의 반문화와 더 관련이 있는 정신확장의 많은 경험을 제시한다.

윈터즈(Yvor Winters)에게 보낸 한 시편에서 건은 "당신은 규칙과 에너지를 마음에 새겨두고 있습니다,/ 각각의 것에 많은 힘이 있지만 그 둘의 균형에 가장 많은 힘을 둡니다"라고 쓰고 있다. 1954년에 나온 『싸움하는 용어들』(Fighting Terms)과 1957년에 나온 『운동감각』(The Sense of Movement)에 실린 작품들은 이와 같은 균형을 목표로 했다. 그 시편들은 존 단(John Donne)과 프랑스의 철학자 사르트르(Jean-Paul Sartre)의 영향을 보여주고 있으며 현대의 철학 시인들이 추상적인 개념을 구체적으로 강력히 표현할 수 있는 길을 터놓았다. 그는 "대부분의 나의 시편들은 양면성을 지니고 있다"고 말한 바 있다. 1961년에 나온 시집 『나의 슬픈 추장들』(My Sad Captains)의 후반부에서 그는 의지에 이끌린 영웅들과 꼼꼼한 시연 형식을 사용하는 초기시의 경향으로부터 보다 시험적으로 경험을 탐구하고 보다 유연한 음절 형식과 열린 형식을 사용하는 경향으로 나아가기 시작하고 있다.

토머스 윌리엄 건(Thomas William Gunn)은 1929년 8월 29일 그레이브샌드(Gravesand)에서 태어났다. 런던의 문필가인 그의 부친이 여러 신문사로 자리를 옮겨 일하는 바람에 그의 가족은 이사를 자주했다. 군대에서 2년간 근무한 후 그는 파리로 가서 지하철 사무실에서 몇 달 동안 일하며 소설을 쓰려고 했다. 런던에 있는 유니버시티 컬리지 학교(University College School)을 다녔고 1953년에 케임브리지의 트리니티 대학(Trinity College)을 졸업했다. 첫 시집을 발표한 후 6개월간 로마에 갔다가 1954년에 미국으로 이민하여 스탠퍼드 대학(Stanford University)의 대학원에 들어가 반현대적인 작가(anti-modernist)로서 고전적인 성향을 지닌 커닝햄과 윈터즈의 지도하에 연구했다. 그 후에는 텍사스의 샌 안토니오(San Antonio)에서 1년간 교편을 잡았고 영국으로 가끔 여행하는 것 이외에는 샌프란시스코에서 계속 살았다. 환각제를 복용해 보기도 했고, 명목상 여성에게 말하는 시편에서 솔직히 동성연애적인 시편으로 시풍을 바꾸기도 했다. 어느 학파나 학풍에 속한다고 분류하기가 어려운 시인이지만 희귀한 지성의 소유자이며 모든 변화무쌍한 변화에서 힘을 보여주는 시인이다. 1958년부터 1966년까지 또 1973년부터 1990년까지 버클리(Berkeley)에 있는 캘리포니아 대학에서 강의했다. 다른 직업을 갖기도 했지만 글쓰기에 주력했다. 자신의 시집 이외에 그의 동생 앤더 건(Ander Gunn)과 공저로 사진이 있는 시집 『현실』(Positives)을 1966년에 냈고, 17세기 영국시인 그레빌(Fulke Greville)의 시선집을 편집하기도 했다.

1992년에 『식은땀을 흘리는 남자』(The Man With Night Sweats)를 발표하였고, 이로 인하여 1993년에 르노와르 마셜 시 상(Lenore Marshall Poetry Prize)를 수상했다. 후기 작품은 에이즈에 관한 것이 많다. 실제적인 마지막 시집은 『우두머리 큐피드』(Boss Cupid)로 2000년에 발간되었다. 2003년에 데이비드 코헨 문학상(David Cohen Prize for Literature)를 수상했다. 이 이외에도 레빈슨 상(Levinson Prize) 대영제국 예술원상(Arts Council of Great Britain Award), 록펠러 상(Rockefeller Award), 스미스 상(W. H. Smith Award) 펜 시문학상(PEN Prize for Poetry), 사라 티즈데일 상(Sara Teasdale Prize) 등 수많은 상을 수상하였다. 건은 각성제를 복용하고 있었는데, 여러 가지 약물 과용으로 2004년에 샌프란시스코에 있는 자택에서 사망했다.

Ted Hughes | 1930-1998

테드 휴즈(Ted Hughes)로 알려져 있는 에드워드 제임스 휴즈(Edward James Hughes)는 폭력성이라는 주제를 다루고 있으며 이 분야에서의 그의 인정받은 재능은 불안한 감탄을 자아냈다. 그는 동물의 행동을 묘사하는 경향이 있는 로빈슨 제퍼스(Robinson Jeffers)와 비교될 수 있다. 그는 제퍼스처럼 현대의 폭력성뿐만 아니라 고전적인 폭력성에도 의지한다. 그가 세네카의 『외디푸스』(Oedipus)의 잔인한 번역을 개작한 것은 제퍼스가 『비극 너머의 탑』(The Tower Beyond Tragedy)에서 아가멤논을 묘사한 것에 필적한다. 그는 힘이나 잔인성의 상징으로서의 말(horse)에 관하여 제퍼스와 같은 생각을 했다.

휴즈가 애호하는 상징은 맹금류로 그의 첫 작품집의 제목이『빗속의 매』(*The Hawk in the Rain*)이고 마지막 작품집의 이름이『까마귀』(*Crow*)인 것을 보아도 이를 알 수 있다. 그는 자연을 바라보고 그 속에서 식육동물과 그 희생물을 발견한다. 인간을 바라보고 있는 자연을 보여줄 때에도 이와 동일한 구분방식이 엿보인다. 시인의 상상력은 점점 난폭해지며 선회하여 결국 어떤 독자들은 이 파괴적인 요란함, 이 귀에 거슬리는 인식의 조절을 갈망하게 된다. 이러한 특성이 영시에는 지극히 드물고 (미국시에는 그렇게 드물지 않다), 휴즈가 그 특성의 설명자로서 매우 효과적이었기 때문에 그는 상당히 많은 청중을 매료시켰다. 그가 주제만 가지고 그렇게 한 것은 아니다. 그의 압축, 그가 사용하는 대담한 어휘, 귀에 거슬리는 리듬 등 모든 것들이 이러한 인기에 기여했다.

그러한 시인은 어린이들에게 전혀 적합하지 않은 것처럼 보이겠지만, 어린이들은 괴상한 것을 좋아하는 경향이 있다. 휴즈는 새로운 종류의 어린이 시를 썼는데, 그 시에는 그의 까다로운 의식이 명랑한 액센트에 실려 표현되어 있다.『내 가족을 만나라』(*Meet My Folks*)라는 재미있는 제목으로 1961년에 발표된 책에서 그는 "나의 누님 제인"을 까마귀로, "나의 아주머니"를 결국 그녀를 잡아먹는 잡초를 기르는 정원사로, "나의 아버지"를 지하감옥 감독관장으로 묘사한다. 또 다른 시집은 그 자신이 "무섭고 무섭고 무섭다"고 요약하는「달나라 사람 사냥」(*A Moon Man-Hunt*)으로 끝난다.

어른에 관한 시도 이와 마찬가지로 통렬하다. 그 자신이 말하고 있듯이 어린 시절에 동물, 새, 물고기 등을 모으곤 했기 때문에 그는 "시를 일종의 동물로 생각한다." 그는 "나 자신밖에 존재하는 그들 자신의 기운찬 삶을 유지하는" 것들을 특히 좋아한다고 덧붙이고 있다. 글로 쓰고 있는 삶은 항상 불법적이고 야만적이다. 「빗속의 매」(The Hawk in the Rain)에서 죽어가는 매는 땅으로 떨어지지 않는다. 그 대신에 마치 그 매가 배회하고 있는 지역이 폭력에 참여하고 있는 듯이 "크고 무거운 주(州)들이 그에게 충돌한다."

인간의 일에 있어서도 마찬가지이다. 예를 들어 「비둘기 사육사」(The Dove Breeder)라는 작품에서 "마치 매가 비둘기장에 충돌하듯이 사랑이 그의 삶에 부딪친다." 휴즈의 애인은 모두 악마들이다. 「연애편지」(Billet Doux)라는 작품은 사랑을 선언하는 대신에 연인이 오는 것이 바닥없이 깨어지는 밤으로부터 강제되는 하나의 예를 제공한다. 「고양이 마을의 법」(Law in the Country of the Cats)이라는 작품에는 "두 사람이 처음 만날 때 서로를 증오한다"라는 구절이 들어 있다.

휴즈에게는 증오가 "정신이나 감각이 아닌 모든 것을 영혼에서 제거할 수 있는 가슴"이다. 그가 제공하는 시인의 이미지는 이 기질과 보조를 맞추어 존재한다. 예를 들어 「유명한 시인」(Famous Poets)에서 "행실은 쥐의 행실이다, 그러나 그는 괴물이다"라고 말하고 있으며 다른 시편에서 그는 "세상을 어깨로 떠받치는 괴물 같은 나"에 관하여 말한다.

「루퍼칼리아」(Lupercalia)에서처럼 휴즈는 "이 얼어붙은 나"가 만져지기를 갈망할지도 모르지만 그의 시는 부정적인 것에서 성역을 발견한다. 「홀더니스에서의 노동절」(Mayday on Holderness)에서 그는 "소각로처럼, 태양처럼, 거미처럼 나는 내 손 안에 전 세계를 쥐고 있다/ 꽃처럼 나는 아무것도 사랑하지 않았다"고 말한다.

그 자신이 열망하는 바에 관한 지침은 『에밀리 디킨슨 시 선집』(*A Choice of Emily Dickinson's Verse*)에 붙인 그의 서문에 명확히 밝혀져 있다. 여기에서 그는 "그녀의 놀라운 비전"이나 "얼음같이 차가운" 감각을 매우 긍정적으로 평가하고 있으며 "그녀 내면의 큰 불"에 관하여 말한다. 다시 말하여 불과 얼음의 혼합이 그가 시에서 추구하는 이상적인 혼합이었던 것이다.

휴즈는 요크셔의 미쏨로이드(Mytholmroyd)에서 출생했으나 그의 부친이 누구인지는 알 수 없다. 또한 그는 자신의 생일을 밝히려하지 않았지만 1930년 8월 17일 생이다. 제 1차 세계대전 중에 갈리폴리(Gallipoli)에서 귀환하는 몇 백 명의 부대원 중의 17명의 군인들 중 한 사람이 그의 부친이라는 것은 거의 확실하다. 출생의 이러한 비극은 시인의 상상력에 비극으로 각인되어 있다. 그는 멕스보로 문법학교(Mexborough Grammar School)을 다녔고 케임브리지의 펨브로크 대학(Pembroke College)에서 영어를 전공하다가 졸업반 때 고고학과 인류학으로 전공을 바꾸었다. 이는 후에 그의 시에 도입되는 신화적 구조에 대한 풍부한 지식을 보여주게 되는 요소로 작용한다. 그는 풀브라이트 장학금을 받아 케임브리지로 공부하러 온 미국의 여류시인 실비아 플라쓰(Sylvia Plath)를 만나 1956년에 결혼했는데 그녀는 1963년에 자살했다. 시인으로서 그들은 미지의 감각 즉 "모든 면에서 핏빛인" 자연을 탐구했다. 휴즈의 시편들은 그가 약탈자의 눈을 통하여 세상을 바라보는 경향이 있고 플라쓰의 시편들은 그녀가 희생자의 눈을 통하여 세상을 바라보는 경향이 있음을 보여준다. 그의 초기 작품집인 1957년에 나온 『빗속의 매』와 1960년에 나온 『루퍼콜』(*Lupercal*)은 로렌스(D. H. Lawrence)의 『새, 짐승 그리고 꽃』(*Birds, Beasts and Flowers*)의 영향을 보여준다. 휴즈의 재규어, 지빠귀, 강 꼬치고기 등의 충격적인 묘사는 로렌스와 마찬가지로 그러한 생물들을 모든 동물과 인간의 경험에 잠재한 힘과 관련시키는 은유를 만들어낸다. 그는 1970년에 『까마귀』와 1977년에 『고데트』(*Gaudete*)를 발표하고 나서 초기작품에 나타나는 사실주의라는 겉치장과 전통적인 운율형식을 모두 버렸다. 그는 그 이유로 "운율의 소리 자체가 과거의 유령을 상기시키며 그 악단에 반하여 자기 자신의 곡조로 노래하기는 어렵다, 유령을 일깨우지 않는 언어를 말하기는 쉽다"는 자신의 믿음을 들고 있다.

신화의 원시적인 영역으로부터 돌아오면서 그는 『황무지 마을』(*Moortown*, 1979), 『엘멧의 시체들』(*Remains of Elmet*, 1979), 『강』(*River*, 1983)을 발표했는데 여기에서 그는 섬세하고 미묘하며 부드러운 자연세계를 초기시의 잔인함만큼이나 흥미롭게 보여준다. 존 벳저맨(John Betjeman)의 뒤를 이어 1984년에 영국의 계관시인이 되었다. 엘리자베스 여왕 2세로부터 메리트 훈장을 받은 직후 1998년 10월 28일 런던의 한 병원에서 사망했다.

Gary Sherman Snyder | 1930-

개리 셔먼 스나이더(Gary Sherman Snyder)는 캘리포니아(California)의 샌프란시스코(San Francisco)에서 1930년 5월 8일 출생하였다. 그의 혈통에는 독일, 스코틀랜드의 아일랜드, 영국의 혈통이 뒤섞여 있다. 그의 가족은 그가 두 살 때, 대공황으로 인한 가난 때문에 워싱턴(Washington)의 킹 카운티(King County)로 이사하였다. 이곳에서 젖소와 닭을 키우고 조그만 농장을 운영하다가 10년 후에 오레곤(Oregon)의 포트랜드(Portland)로 이사하였다.

일곱 살 때 사고로 다쳐 네 달 동안 누워 지냈는데, 이때 시애틀 공공도서관에서 책을 빌려다가 읽고, 이후 독서습관을 놓지 않았다. 어린 시절에 미국 원주민을 알게 되고 이들이 자연을 대하는 태도에 관심을 갖게 되었다.

1942년 부모님이 이혼하자 스나이더는 포트랜드로 이사하였다. 어머니 로이스 스나이더 헤네시(Lois Snyder Hennessey)는 『오레곤 사람들』(*The Oregonian*)이라는 잡지의 리포터로 활동했다. 스나이더는 신문배달을 하기도 하면서 링컨 고등학교(Lincoln High School)를 다녔고, 등산하는 취미를 갖게 되었다.

1947년에 장학금을 받고 리드 대학(Reed College)에 들어갔다. 이곳에서 칼 프루안(Carl Proujan), 필립 휠렌(Philip Whalen), 루 웰치(Lew Welch)를 만났다. 학생 잡지에 처음으로 시를 수록했고, 1948년 여름에는 선원이 되어 일을 하기도 하였다. 1950년에 앨리슨 가스(Alison Gass)와 결혼했고 7개월 후에 별거하기 시작하여 1953년에 이혼하였다.

리드 대학에 다니는 동안 스나이더는 오레곤 중부지방에 있는 웜스프링스(Warm Springs) 인디언 보호구역에서 민속조사활동을 하였다. 1951년에 인류학과 문학 복수학위를 받고 졸업하였으며, 이후 몇 년간 여름에는 웜스프링스에서 벌목공으로 일하며 일꾼들과 사귀었는데, 이 경험은 일부 초기시의 토대가 되었다.

불교의 기본 개념을 알게 되고, 불교 예술을 통하여 자연에 대한 극동 지방의 전통적인 태도를 배웠다. 인디아나 대학교(Indiana University) 대학원에 들어갔으나 한 학기 만에 그만두고 샌프란시스코로 돌아가 시인으로 살고자 결심하였다.

스나이더는 1952년에는 크레이터(Crater) 산에서, 1953년에는 사우어다우(Sourdough) 산에서 산불 감시원으로 여름을 지냈다. 그 다음해에는 웜스프링스에 가서 일을 했다. 이때의 경험은 『신화와 본문』(*Myths and Texts*)에 도움이 되었다.

샌프란시스코로 돌아와서 스나이더는 훨렌과 함께 살면서 선불교에 대한 관심을 키웠다. 스즈키(D. T. Suzuki) 박사의 불교서적을 읽고 인류학 대학원 과정을 그만 둔 그는 아시아 문화와 언어를 공부하기 위하여 1953년에 버클리(Berkeley)에 있는 캘리포니아 대학교(University of California)에 들어갔다. 치우라 오바타(Chiura Obata)의 지도하에 수묵화를 배우고, 첸시샹(Ch'en Shih-hsiang)의 지도하에 당나라 시를 배웠다. 이때에도 여름에는 산에 가서 일을 하였다. 이즈음에 사부로 하세가와(Saburō Hasegawa)와 알랜 와트(Alan Watts)가 가르치는 미국 아시아연구 학원(American Academy of Asian Studies)을 다녔다. 하세가와는 동양화를 보면서 명상하는 법을 가르쳤고, 스나이더는 이에 고무되어 시에서 동일한 일을 하려고 노력했다. 이때 8세기의 중국 시를 번역하기 시작하였다.

스나이더는 케니스 렉스로쓰(Kenneth Rexroth)의 추천을 받고 찾아온 알렌 긴스버그(Allen Ginsberg)를 만났고, 긴스버그를 통하여 케루악(Jack Kerouac)을 알게 되었다. 케루악의 소설 『부랑자 달마』(*Dharma Bums*)는 이 시기에 잉태되었고 스나이더가 이 소설의 주인공을 설정하는데 영감을 주었다. 비트 운동에 참여한 작가들 대부분이 도시에서 태어나고 자랐기 때문에 긴스버그와 케루악같은 작가들은 스나이더가 시골출신이고, 육체노동을 했으며, 시골의 일에 관심을 지니고 있으므로 신선하고 거의 색다른 인물로 여겼다. 로렌스 펠링게티(Lawerence Ferlinghetti)는 후에 스나이더에 대하여 "비트 세대의 쏘로우(Thoreau)"라고 말했다.

스나이더는 자신의 시 「딸기 축제」(A Berry Feast)를 1955년 10월 7일 샌프란시스코의 여섯 화랑(Six Gallery)에서 낭독하였다. 이 일은 샌프란시스코 문예부흥으로 알려지게 되는 사건이었고, 스나이더가 비트 시인들과 처음으로 어울리게 되는 사건이었다.

케루악의 『부랑자 달마』에 설명되어 있듯이 스나이더는 25살의 나이에 동양과 서양이 미래에 만나게 되는데 있어서 자신이 어떤 역할을 할 수 있다는 것을 느끼고 있었다. 스나이더의 첫 작품집 『적석』(Riprap)은 산림감시원과 요세미티(Yesemite) 공원에서 벌목 보조원으로 일한 경험에서 나온 것으로 1959년에 발간되었다.

필립 훨렌을 포함하여 몇몇 비트 시인들은 선불교에 관심을 가졌는데, 스나이더가 가장 적극적으로 깊이 연구했다. 그는 실제로 수행을 하며 일본에서 공부할 준비를 다방면으로 했다. 1955년에 미국 선 협회(Zen Institute of America)에서 장학금을 받아 일본에서 1년간 선 공부를 할 기회를 가졌다. 교토(Kyoto)의 쇼쿠쿠지(Shokuku-ji)에 있는 사찰 링코인(Rinko-in)에서 주지스님 미우라 이슈(Miura Isshu)의 시종 겸 영어 교사로 시작하였다가 1955년 7월에 미우라의 제자로 불교 신자가 되었다.

페르시아 만(Persian Gulf), 터키(Turkey) 스리랑카(Sri Lanka) 및 태평양의 여러 섬을 경유하여 1958년 캘리포니아로 돌아왔다. 마린안(Marin-an)에 다시 거처를 정하고 방 하나를 선원으로 꾸며 6명이 규칙적으로 모여 수행하였다. 6월 초에 시인 조안 카이거(Joanne Kyger)를 만나 결국 1960년 2월 28일 결혼하기에 이른다. 1959년에 배를 타고 다시 일본으로 건너가 교토 외곽에 오두막을 세내어 살았다. 다이토쿠지(Daitoku-ji)의 신임 주지인 오다 세소 로시(Oda Sesso Roshi)의 첫 외국인 신도가 되었다.

1956년부터 1969년 사이에 캘리포니아와 일본 사이를 왔다 갔다 하면서 선을 공부하고 루스 풀러 사사키(Ruth Fuller Sasaki)와 함께 번역작업을 하였다. 스나이더는 불교의 계를 받고 초푸(Chofu)라는 법명을 받은 후 때로는 사실상 승려생활을 하였으나 승려로 등록하지는 않고 종국에는 미국으로 돌아가 불교를 포교하려는 계획을 세웠다.

이 동안 그는 『신화와 본문』(1960), 『끝없는 산하의 6부』(Six Sections from Mountains and Rivers Without End, 1965)를 발간하였다. 『끝없는 산하』는 1990년대 후반까지 계속 작업하기로 계획한 것이다. 많은 작품들이 벌목꾼, 산불감시원, 증기화물선 선원, 번역가, 목수, 방랑시인 등과 같은 그 자신이 생계를 위해 한 일과 관련된 경험, 환경, 통찰을 표현한다.

일본에 있는 동안 스나이더는 사찰에서 선 수행에 몰두하면서 일종의 고대 일본 물활론인 슈겐도(Shugendo)를 시작하였다. 1960년대 초반에 그는 부인 조안, 알렌 긴스버그, 피터 올로프스키와 함께 6개월간 인도를 여행하였다. 인도 여행 후 스나이더와 부인 조안 카이거는 별거하기 시작하였고, 1965년에 이혼하였다.

1966년에 스나이더는 캘리포니아 네바다(Nevada)시 북쪽 시에라(Sierra) 산기슭의 작은 언덕에 알렌 긴스버그, 리차드 베이커(Richard Baker), 스와미 크리야난다(Swami Kriyananda)와 함께 땅을 샀다. 1970년에 스나이더는 이곳에 집을 짓고, 가정을 꾸몄다.

스나이더는 1967년과 1968년 여름에 일본인들과 함께 동중국해에 있는 일본의 섬인 수와노세지마(Suwanosejima)에서 지내면서 일 년 전에 오사카에서 만난 마사 우에하라(Masa Uehara)와 1967년 8월 6일 결혼하였다. 1968년에 캘리포니아로 이주하였고, 1971년에 시에라 네바다 산맥에 있는 산 주안 리지(San Juan Ridge)로 이사하였다. 1968년에 『등 뒤의 나라』(*The Back Country*)가 출판되었다. 이 시집 뒤편에 자신이 번역한 켄지 미야자와(*Kenji Miyazawa*)의 시 18편을 수록하였다.

『파도를 주시하기』(*Regarding Wave*)는 1969년에 발간되었는데, 1960년대 후반 이후 스나이더의 작품 내용은 가족, 친구, 사회와 관련 있는 것이 많아졌다. 1974년 발간된 『거북 섬』(*Turtle Island*)은 퓰리처 상(Pulitzer Prize)을 탔고 알렉스 스테펜(Alex Steffen), 브루스 바코트(Bruce Barcott), 마크 모포드(Mark Morford)를 비롯한 서해안의 엑스(X)세대 작가들에게 많은 영향을 끼쳤다.

스나이더는 또한 시와 문화, 사회적인 실험과 환경에 대한 많은 글을 써서 책으로 엮어냈다. 『흙집 요새』(*Earth House Hold*, 1969), 『옛 방식』(The Old Ways, 1977), 『진정한 일』(*The Real Work*, 1980), 『야생의 실천』(*The Practice of the Wild*, 1990), 『공간 속의 장소』(*A Place in Space*, 1995), 그리고 『개리 스나이더 독자』(*The Gary Snyder Reader*, 1999) 등은 산문을 엮은 책이다. 1960년대에 인도를 여행하며 쓴 여행기가 1983년에 『인도를 지나는 길』(*Passage Through India*)이라는 제목으로 나왔다.

1980년대와 1990년대에 스나이더는 대중강연을 많이 하고 산문을 많이 썼다. 1986년에 데이비스(Davis)에 있는 캘리포니아 대학교(University of California) 창작 프로그램 교수가 되었다. 우에하라와의 결혼생활은 22년간 지속되었는데, 1989년에 이혼하였다. 스나이더는 캐롤 린 코다(Carole Lynn Koda)와 1991년 결혼하였는데, 그녀는 2006년 6월 29일 사망했다.

스나이더는 1980년대와 1990년대에 환경문제와 교육에 많은 시간을 할애했지만, 1996년에 『끝없는 산하』(*Mountains and Rivers Without End*) 완결판을 냈는데 이 작품은 40년 넘게 쓴 작품이다. 2004년에 20년 동안 쓴 새 작품을 모은 시집 『정상에서의 위험』(*Danger on Peaks*)을 냈다.

스나이더는 레빈슨 상(Levinson Prize), 셸리 기념 상(Shelley Memorial Award, 1986), 볼링겐 상(Bollingen Prize, 1997), 존 헤이 상(John Hay Award, 1997), 불교 전도 상(Buddhism Transmission Award, 1998)을 수상하였다.

스나이더는 시행의 기초로 평범한 회화체를 주로 사용한다. 시 형식은 다양하며, 스타일이 유연한 것으로 정평이 나있다. 관습적인 운율이나 의도적인 각운을 사용하지 않는다. 그는 항상 자신의 개인적인 감수성이 미국 원주민(인디언)과 그들이 자연에 참여하는 것과 자연에 대한 지식에 대한 관심에서 일어나도록 유지했다. 그리고 불교의 실행을 통하여 이와 유사한 것을 추구했다. 젊은 시절 이후 그는 유사한 감수성을 지닌 작가들, 로렌스(D. H. Lawrence), 윌리엄 버틀러 예이츠(William Butler Yeats), 고대 중국 시인들에 대하여 글을 많이 썼다. 특히 초기 작품에서 윌리엄즈(William Carlos Williams)의 영향을 받았다. 고등학교 시절부터 로빈슨 제퍼스(Robinson Jeffers)의 작품을 좋아했다. 로빈슨 제퍼스는 자연이 인간보다 더욱 가치 있는 것으로 보았지만, 스나이더는 인간을 자연의 일부로 보았다.

2004년에 마사오카 시키 국제 하이쿠 대상(Masaoka Shiki International Haiku Grand Prize)을 받으며 스나이더는 자신의 시에 영향을 많이 준 것으로 전통적인 발라드와 민요, 미국 원주민의 노래와 시, 윌리엄 블레이크(William Blake), 월트 휘트먼(Walt Whitman), 제퍼스, 에즈라 파운드(Ezra Pound), 능극, 선의 경구, 로르카(Federico García Lorca), 로버트 던칸(Robert Duncan)을 열거하면서 특히 하이쿠와 중국시의 영향이 가장 크고 깊다고 말한 바 있다.

    스나이더의 작품은 생물학, 신비주의, 선사시대, 일반 체계 이론을 함께 묶어 조사하는데 관심을 갖고 있으며, 비인간성, 관능성도 종종 다룬다. 내용과 스타일과는 별도로 인류학과 원주민의 문화에 대한 관심은 불교 및 환경주의에 대한 관심과 더불어 시에 대한 태도를 결정한다. 그는 시를 일종의 작업장이라고 말하는 경우가 종종 있으며, 그에게는 시에서 행해지는 일이 세상에 있기를 배우는 것이다. 그의 시는 자연과 문화 사이의 틈을 조사하고, 이 둘이 더욱 가까이 통합될 수 있는 방법을 지적한다.

Sylvia Plath | 1932–1963

실비아 플라쓰(Sylvia Plath)의 시는 극단을 기록한 것이다. 그녀의 감수성은 과도했으며 그것을 표현하는 그녀의 능력도 역시 그랬다. 그 결과 성과 섬세함을 초월하고 예술 이외의 모든 것을 초월하는 성스러운 부르짖음, 놀라운 고통이 표현되게 되었다. 그녀의 시편들은 고통 속에서 시작된다. 『바다를 건너서』(Crossing the Water)에 수록되어 있는 「사산아」(Stillborn)에서 플라쓰는 자신의 동료들을 비판한다. 여기에서 중요한 것은 예술과 광기의 결합이며 참을 수 없는 고통을 통제하는 시인의 능력이며,

이슬이 태양으로 똑바로 날아오르는 것과 같은 자살을 향한 변함없는 충동이다. 그녀가 불러일으키는 정열적인 반응은 그녀 자신이 우리 시대를 시험하고 있다는 증거가 된다.

그녀의 삶을 아는 것이 미국인들에게는 아이러니를 강화시킨다. 뉴잉글랜드(New England)에 사는 사람들은 모두 바닷가에 있는 핫도그 판매대를 알고 있으며 미국에 사는 모든 사람들은 초등학교에서 고등학교와 대학교로 진학하는 냉혹한 과정을 알고 있다. 그녀의 성장과정은 보통사람들의 그것과 다르지 않다. 천부적인 재능은 환경의 영향을 전혀 받지 않는다는 것을 몸으로 증거한 사람이 바로 그녀다.

그녀의 부친 오토 플라쓰(Otto Plath)는 15살 때 폴란드의 크래스보우(Grabow)에서 미국으로 건너왔다. 그는 보스턴 대학에서 생물학과 독일어를 가르쳤으며 「땅벌」(Bumble bee)이라는 논문을 써서 1934년에 출판했다. 실비아 플라쓰는 1932년 10월 27일에 보스턴에서 출생했다. 부친은 1940년에 사망했고 그녀는 「아빠」(Daddy)라는 엘리지를 썼다. 그녀가 자신의 부친을 "짐승"이라고 욕하고 있지만 어떤 특별한 사건이 있었는지는 그녀의 전기적 사실에 밝혀져 있지 않다. 전기적 사실에서 밝혀진 사건들은 아버지와의 관계가 좋지 않다는 사실을 증명할 만한 것이 하나도 없으며 진부한 것뿐이다. 또한 그녀의 자살 동기에 대해서도 별로 밝혀진 것이 없다. 밝혀진 것들은 성적표, 스미스 대학에서의 장학금, 파이 베타 카파(Phi Beta Kappa)회원, 수석 졸업 등이다. 2학년 말에 신경쇠약에 걸린 일은 『유리그릇』(*The bell Jar*)에 기록되어 있지만 스미스 대학을 성공적으로 마치고 수석 졸업했다. 그 후 풀브라이트 장학금을 받고 켐브리지 대학에서 1년간 공부했는데 그 장학금은 1년간 더 연장되었다.

플라쓰는 영국시인 테드 휴즈(Ted Hughes)와 1956년에 결혼했다. 그들은 일 년 이상 미국에 건너와 살았고, 그녀는 스미스 대학에서 교편을 잡기도 했다. 그러나 그녀는 학생들의 보고서를 읽느라고 많은 힘을 탕진했고 보스턴에서 잠시 머문 후에 영국으로 다시 돌아왔다. 그녀는 1960년 4월 1일에 프리다(Frieda)를, 1962년 1월 17일에 니콜라스(Nicholas)를 낳았다. 1962년 말에 그녀는 두 아이만 데리고 데본(Devon)에 있는 집을 떠나 런던으로 왔다. 그곳에서 그녀는 1963년 2월 11일에 30살의 나이로 자살했다.

그녀에 관하여 말할 때 우리는 그녀를 잘 알지 못한다는 느낌을 항상 갖게 되고 결과적으로 그녀의 시가 진실하다는 예외적인 느낌을 받게 된다. 외모는 항상 기쁨을 주었으며, 건강미가 넘쳐 보였다. 그녀는 자신의 이마 옆의 핏줄을 두 손으로 꼭 누르는 버릇이 있었는데 이것은 그녀 자신을 남에게 드러내지 않기 위한 방책이었는지도 모른다. 항상 유쾌해 보였는데 그러한 외면의 안에는 죽음에의 동경이 자리 잡고 있었다. 그녀가 시도한 모든 자살방법 중에서 그녀는 눈에 뜨이지 않게 되는 것을 가장 선호했다. 소설 『유리그릇』에는 생포되어 감금되는 느낌뿐만 아니라 끊임없는 빛에 대한 느낌도 표현되어 있다.

플라쓰의 자전적 소설로 널리 알려진 『유리그릇』은 시에 보이는 재기를 두드러지게 보여주지는 않는다. 그러나 이 작품은 1950년대 여인의 역할의 상투화와 자신의 재능과 야망이 그녀가 선택할 수 있는 범위를 넘어선다는 사실을 단지 부분적으로만 인식하고 있는 젊은 여인의 혼란을 효과적으로 극화한다. 소설에서 플라쓰는 젊은 여성잡지의 초빙 편집자로 등장하여 자신의 경험을 이용하고 관점을 갑작스럽게 바꾸어 여주인공이 시도한 자살과 병원입원 등의 광경을 제시한다. 플라쓰 자신이 대학 2학년 말에 신경쇠약에 걸렸을 때 자살을 기도하기도 했다.

『유리그릇』의 대중적 인기는 그녀의 사생활에 대한 관심에 기인하는데 이것은 그녀의 예술적 업적을 흐리게 하는 한 가지 원인이 된다. 그녀의 작품들이 개인적 경험에서 출발하기는 하지만 그 작품들이 성공을 거둔 이유는 그 경험을 신화로 변형시키는 상상적 능력 때문이다. 예를 들어 많은 작품에 등장하는 그녀의 부친은 남성적 권위의 상징으로 변형되었다. 축복 받은 사생활과 잠으로 인한 망각이 그녀에게는 없었다. 그녀는 가스오븐에 머리를 쳐 박아 자살을 시도했다.

1965년에 나온 플라쓰의 작품집 『영양』(Ariel)에 붙인 서문에서 로버트 로월(Robert Lowell)은 "이 작품들 속에서 실비아 플라쓰는 그녀 자신이 되고, 공상적이고, 새롭고, 거칠고 미묘하게 창조된 어떤 것이 된다. . . . 즉 그 초현실적이고 최면에 걸린 위대한 고전적 여걸 중의 한 사람이 된다"고 쓰고 있다. 로월은 보스턴 대학에서 열리는 그의 시 세미나에 그녀가 정기적으로 참석하는 동안인 1958년에 그녀를 처음 만났다. 후에 그는 그녀의 책에 서문을 쓰면서 그녀가 놀라운 시적 자아를 창조했음을 밝히고 있다. 『영양』에 실린 작품들은 그녀가 죽기 몇 달 전의 2-3일 동안에 열에 들떠 쓴 것이지만 언어나 구성에 있어서 서둘렀다는 기색은 전혀 보이지 않는다.

1971년에 발간된 『바다를 건너서』(Crossing the Water) 및 1972년에 발간된 『겨울나무』(Winter Trees)와 그 이전에 나온 『영양』 등 사후에 출판된 책들을 종합적으로 고찰해보면 삶보다 큰 오페라적인 느낌이라는 일관된 시적 자아가 드러난다. 비록 자아에 대한 이러한 집중이 그녀로 하여금 보다 넓은 세계에 관심을 기울이지 못하게 하는 요소로 작용하고 있지만 그것은 그녀의 작품의 유력한 에너지를 제공한다. 그녀는 숭고함을 직시하는 영웅적 자아라는 주된 미국 전통을 이용하고 있지만, 에머슨(Emerson)의 위대한 자아를 영웅 대신에 여걸로 바꿈으로써 이 전통을 수정한다. 작품에 나타난 그녀는 신비적인 힘을 보유하고 있으며 가정적이고 일상적인 것을 전적으로 이상하고 환상적인 것으로 변화시킨다. 또한 낭만적 자아를 수정함으로써 불균형과 과도함으로 향하는 경향을 극화한다. 그리고 그녀는 자아에 대한 이 강화된 느낌을 사용하고 조롱할 수 있었다. 이러한 경향은 「나자로 부인」(Lady Lazarus)에 엿보인다.

『영양』에 실린, 그녀가 죽기 직전까지 격렬하게 창작한 작품들은 그녀의 남편과 부친에 대한 격렬한 분노를 담고 있다. 그녀는 이 시편들에서 그녀 자신의 감정이 아니라 그 이상의 감정을 지니고 있는 어떤 사람이 되어 말한다. 강력한 분노를 표현하는 시편들은 깊은 감정의 극단까지 탐구해 들어간다. 그러나 다른 작품들은 폭넓고 다양한 정서를 표현하는 그녀의 능력을 보여준다. 예를 들면 「아침의 노래」(Morning Song), 「어린이」(Child), 「국회 언덕 들판」(Parliament Hill Fields)과 같은 자녀에 관한 시편이라든지 자연세계를 노래하는 흥미로운 시편들도 많이 있다. 거대한 자연적 과정에서 낭만적 자아는 그 자체만큼이나 큰 무엇을 발견하고, 자연에 대한 플라쓰의 반응은 강렬하고 때로는 섬뜩하기조차 하다. 그녀의 시편들은 비정상적인 비전을 보여준다. 여기에서 자연세계의 외양은 그것을 바라보는 사람의 의식과 불가분리의 관계에 있다.

그녀는 과도함에 의존하는 경우가 있기는 하지만 놀라울 정도로 통제된 작가이다. 명료한 시연, 분명한 어법, 소리의 놀라운 변경 등은 통제력을 보여주는 증거이다. 그녀의 시편들에 보이는 상상적 강렬함은 개인적 삶의 어려운 환경으로부터 그녀 자신이 창조해낸 것이다. 그녀는 "나는 바늘이나 칼 이외의 어느 것에 의해서도 정보를 얻지 못한 마음으로 울음을 우는 사람들을 동정할 수 없다. 나는 사람들이 가장 위협적인 경험조차도 정보를 얻는 총명한 정신으로 통제하고 다룰 수 있어야 한다고 믿는다"고 쓴 적이 있다. 그녀의 시풍과 그녀가 창조한 시적 등장인물은 여러 현대 시인들에게 계속 영향을 끼치고 있다.

Geoffrey Hill | 1932-

제프리 힐(Geoffrey Hill)은 고통스러운 주제에 관하여 폭력성을 압축시켜 짧은 시편을 주로 쓴다. 그가 즐겨 다루는 주제는 나치 독일의 포로수용소, 고대와 현대의 순교자들, 플란태지넷 전쟁 등과 같은 것들이다. 그는 악몽 같은 공포를 불러일으킨 다음 그것을 어떻게든 통제하려고 노력한다. 그의 작품들은 삶이 제공하는 최악의 상태를 직시하고자 하는 단호한 결의를 보여준다. 그의 작품들이 비록 불행에 관심을 집중시키고 있기는 하지만 그 불행 가운데서 쇠약해지는 것이 아니라 분노에 찬 간결함으로써 그것을 정화한다. 많은 작품들이 종교적인 주제를 다루고 있는데 기독교가 매우 시험적이기는 하지만 치유력으로 나타나는 경우가 있다. 예를 들어 그는 어린 그리스도가 "기운 없는 뱀들 사이에서/ 살을 바른 발톱을 지닌 짐승들 사이에서 평온한" 것으로 상상한다.

「제 3 제국의 오비드」(Ovid in the Third Reich)는 『아모레스』(Amores)에서 인용한 세속적인 지혜를 보여주는 매우 놀라운 구절로 시작된다. 이 작품은 외관상으로 부적절해 보이기는 하지만 시인은 살인적인 폭력이 난무하는 이 세상에서의 사랑에 대해 노래하고 있다. 그렇지만 그가 자신의 세상에서 제자리를 지키고 있는 것은 저주받은 자들이 신성한 질서에서 제자리를 지키고 있는 것과 마찬가지이다. 「제인 프레이져를 추도하여」(In Memory of Jane Fraser)라는 애도시는 어떤 위안도 주지 않는 상태로 끝난다. 이 작품은 여인의 죽음이라는 최종적인 상태를 자연의 되풀이되는 순환과 병치시킴으로써 결론을 가름한다.

힐은 워세스터셔(Worcestershire)의 브롬스그로브(Bromsgrove)에서 1932년 6월 18일에 출생하여 그곳에서 고등학교까지 다닌 후 옥스퍼드 대학교의 케블 대학(Keble College)에서 교육받았다. 대학 재학 중인 1952년에 첫 시집을 발표했고 그 후 다섯 권의 시집을 발표했다. 리즈 대학교에서 1954년부터 1980년까지 학생들을 가르쳤으며, 1981년부터 1988년까지 케임브리지의 에마뉴엘 대학(Emmanuel College)에서 교편을 잡았다. 그 후 미국으로 이주하여 보스턴 대학에서 교편을 잡고, 2006년에 다시 영국의 케임브리지로 돌아왔다. 2009년에 트루먼 카포테 문학비평 상(Truman Capote Award for Literary Criticism)을 수상하였다.

어린 시절에 형이상학파 시인들이 지적인 힘을 단순하고 감각적이며 정열적인 직접성과 결합시키는 방법에 매료되었는데 그 자신의 시도 이와 유사한 융합을 보여준다. 그러나 그의 시는 형이상학파 시인들의 시처럼 자신 있게 결론짓는 일이 드물다. 그가 "그러나 나는 그 시편이 이와 같은 모호한 결말로 끝나기를 바란다. 왜냐하면 내가 미심쩍게 느끼기 때문이고 또 모든 일이 미심쩍기 때문이다"라고 「성 수태고지: 2」(Annunciation: 2)에 대하여 한 말은 그의 다른 많은 시편들에도 적용된다.

    힐은 종교 시인이지만 종교적 회의의 시인이며, 십자가와 강제수용소에서의 "인간의 인간에 대한 비인간성", 자연세계의 풍요 가운데서의 기쁨, 키이츠적으로 풍요롭고 상세하게 주어지는 고통과 쾌락 등 인간의 극단적인 경험을 직면하는 불가지론자이다. 그의 시편들의 목소리는 명확히 울려 퍼지지만 그 시편들은 시종일관 비개성적이다. 심지어는 시인의 초기의 자아가 『잉글랜드 중부지방 방언 찬가』(Mercian Hymns, 1971)의 자아와 하나로 합쳐질 때조차도 주관성은 넓은 범위와 힘이 있는 역사적 상상력의 객관적 투사에 용해되어 있다. 그는 1961년에 그레고리 상을 수상했다. 그는 자신의 세대 중에서 영어로 시를 쓰는 가장 야심찬 시인들 중의 한 사람이며 가장 난해하지만 가장 가치 있는 작품을 쓰는 시인 중의 한 사람이다.

    힐의 시는 다양한 스타일로 되어 있는데, 『무능한 왕』(King Log, 1968)과 『약속의 땅』(Canaan, 1997)에서는 암시적인 스타일이 사용되어 있으며, 『테니브리』(Tenebrae, 1978)에 수록된 「오순절 성」(The Pentecost Castle)에서는 단순한 구문이 사용되어 있다. 또한 『잉글랜드 중부지방 방언 찬가』에서는 접근하기가 좀 더 쉬운 스타일이 사용되어 있다.

    힐은 어려운 시인이라고 흔히 말해지는데, 이는 전통적인 수사법을 조심스럽게 사용하고, 일상생활에서 사용되는 관용어구를 새로운 말로 바꾸어 표현하기 때문이다. 그는 영국과 유럽의 역사에 있는 도덕적으로 문제가 있거나 난폭한 일화에 끊임없이 관심을 기울였다. 풍경에 대한 설명이 역사에 대한 설명만큼이나 강렬하다는 것도 한 가지 특징이다. 그는 어렵게 쓰는 것을 시인이 품위를 떨어뜨리는 단순화에 대한 저항의 형태라고 주장하였다. 글이 난해한 것은 민주적으로 되는 것이고, 단순화에 대한 요구를 폭군에 대한 요구와 균형 잡는 역할을 한다고 주장했다. 이는 그의 작품이 난해한 이유를 적절히 설명해준다.

Seamus Heaney | 1939-

엘리엇(T. S. Eliot)이나 오든(W. H. Auden) 같은 현대 시인들은 현대 산업사회의 풍경을 시에 담으려고 노력했다. 적어도 그들의 초기시는 그러했다. 그러나 최근의 영국시인들은 일종의 목가체를 선호하는 경향이 있다. 셰이머스 히이니(Seamus Heaney)의 시편들은 그러한 경향을 보여주는 대표적인 것들이다. 그의 작품은 시골의 삶과 시골에서 보낸 어린 시절을 날카롭게, 정력적으로 재창조하는 경우가 잦다. 히이니는 거친 표면, 어색한 것들, 볼품없는 것들, 그리고 종종 우아하게 변화하는 인간의 활동

등을 즐겨 묘사한다. 그의 작품에 나타나는 인간의 모습은 일하는 모습인 경우가 많으며 농장의 모든 일들이 성(sex)과 마찬가지로 일종의 창조를 돕는 일이기 때문에 평범한 것들이 기계적인 것들과 쉽게 구별되지 않는다.

셰이머스 히이니는 1939년 4월 13일에 아일랜드에서 출생하여 성 콜럼브 대학(St. Columb's College)를 거쳐 벨파스트(Belfast)에 있는 퀸즈 대학교(Queen's University)에 다녔다. 여기에서 영어를 전공하여 1등 명예학위를 받았다. 중등학교에서 1년간 교편을 잡은 후 성 요셉 교육대학(St. Joseph's College of Education)에서 강의했다. 1966년에는 모교인 퀸즈 대학교로 돌아가 영어강사를 했다. 그의 첫 작품집 『박물학자의 죽음』(*Death of a Naturalist*)은 1966년에 발표되었다. 이 작품으로 에릭 그레고리(Eric Gregory) 상, 촐몬들리(Cholmondeley) 상, 제프리 훼이버(Geoffrey Fabor) 상 등 세 개의 명예로운 상을 수상했으며 아일랜드의 신진시인 중에서 가장 우수한 시인으로 인정받게 되었다.

첫 작품집인 『박물학자의 죽음』의 첫 작품으로 선정한 「땅파기」(Digging)에서 자신의 영역을 확고히 규정하고 있다. 자신의 기억 속으로 파고 들어가 우선 자기 아버지를 드러내고, 그 다음에는 보다 깊이 파고 들어가 자신의 할아버지를 드러낸다. 이 작품과 다른 작품들에서 보여주고 있는 관심사는 토니 해리슨(Tony Harrison)의 관심사와 마찬가지로 억압받는 말 없는 자들에게 목소리를 부여하는 것이었다. 덴마크의 고고학자인 글롭(P.V. Glob)이 쓴 『늪지대 사람들』(*The Bog People*)을 1967년에 읽었는데 이 작품으로 인해 그의 정치적 선입관은 보다 날카롭게 되었다. 엘리엇이 제시 웨스턴(Jessie L. Weston)의 『의식에서 로맨스로』(*From Ritual to Romance*)를 읽고 새로운 세계에 눈을 뜬 것과 마찬가지로 히이니는 이 책을 읽고 보다 깊은 수준의 신화와 역사의 일치성에 눈을 뜨게 되었다. 그는 『늪지대 사람들』에 관하여 다음과 같이 말하고 있다.

> 이 책은 주로 유틀란드 반도의 늪지대에서 발견된, 벌거벗은 채 목이 졸리거나 잘린 채 죽은 사람들의 보존되어 있는 시체를 다루고 있다. 이 시체들은 철기 시대 초기부터 계속하여 진흙 밑에 깔려 있게 되었다. 작가는 이 중에 많은 사람들 특히 그들의 머리가 실크베르그(Silkeburg)의 박물관에 보존되어 있는 톨런드인(the Tollund Man)들은 어머니 여신 즉 대지의 여신에게 바쳐진 종교적 희생양이었다고 주장하는데 이 주장은 설득력이 있다. 왜냐하면 대지의 여신은 그녀의 신성한 장소에서 봄철에 그녀와 동침할 새로운 신랑을 매년 겨울 필요로 했기 때문이다. 이 신화를 대의명분을 위한 아일랜드인의 정치적 순교와 관련지어 생각해보면 — 아일랜드인의 우상은 아일랜드를 상징하는 신화적 인물인 캐슬린 니 훌리한(Cathleen Ni Houlihan)이다 — 이 신화는 원시적인 야만스러운 의식 이상을 의미한다. 다시 말하여 이것은 하나의 원형적 패턴이다. 그리고 이 희생자들의 사진은 아일랜드의 정치적, 종교적 투쟁의 오랜 의식에서 과거와 현재의 잔학행위를 찍은 사진과 내 마음 속에서 잊혀질 수 없이 섞여버린다.

아일랜드의 늪지대가 그곳에 던져 넣어지는 모든 것을 보존한다는 점에서 기억은행이라고 생각하는 히이니는 1975년에 『북부』(*North*)라는 힘찬 늪지대 시를 만들어내었다. 그때에는 그가 이미 자신에게 강제로 부과된 정치시인이라는 역할의 구속을 받고 있다는 사실을 의식하면서 아일랜드 공화국에서 살기 위하여 경계선을 넘어버린 상태였다. 아일랜드의 고난은 그 후의 모든 시편들의 표면에 드러나 있다. 『야외 작업』(*Field Work*, 1979)과 『정거

장 아일랜드』(*Station Ireland*)에 보이는 보다 풍요로운 하모니는 그가 남부로 이사한 것이 지혜로운 결정이었다는 사실을 분명하게 보여준다. 로버트 로웰(Robert Lowell)은 히이니를 "예이츠(W. B. Yeats) 이후의 가장 훌륭한 아일랜드 시인"이라고 평하는데 상기 작품들로 볼 때 이는 결코 과찬이 아니다. 1996년에 노벨 문학상을 수상했다.

Imamu Amiri Baraka (LeRoi Jones)
| 1934-

르로이 존스(LeRoi Jones)는 1934년에 뉴저지(New Jersey)의 뉴웍(Newark)이라는 빈민굴에서 태어나, 외지로 돌아다니다가 1967년에 이마무 아미리 바라카(Imamu Amiri Baraka)라는 이름으로 개명하고 고향으로 돌아와 흑인운동을 했다. 그는 "흑인 예술가들이 미국에서 하는 역할은 미국을 파괴하는데 자신이 알고 있는 대로 도움을 주는 것"이라고 말하기까지 하였다. 그는 통합된 사회의 개념, 적어도 다인종문학세계의 개념을 형성하려고 거의 15년 동안 노력한 후에 이와 같은 태도를 갖게 되었다.

존스는 조숙하여 고등학교를 2년 일찍 졸업하고 하워드 대학교(Howard

University)를 다녔으며 공군에서 항공기상 기록원으로 2년 반 동안 근무했다. 그 후 콜럼비아 대학교(Columbia University)에서 독일문학 전공으로 학사학위를 받았다. 알렌 긴스버그(Allen Ginsberg) 같은 비트(Beat) 시인들 및 프랭크 오하라(Frank O'Hara) 같은 뉴욕학파의 시인들과 교류했다. 그는 1959년에 "나에게는 로르카(Lorca), 윌리엄즈(Williams), 파운드(Ezra Pound)와 찰스 올슨(Charles Olson) 등이 큰 영향을 끼쳤다"고 말한 바 있다.

그 당시에 그는 "내 생각에 나라고 생각되는 것은 무엇이든" 충분하고 자유롭게 표현할 수 있는 시적 스타일을 찾으려는 욕구를 지니고 있었다. 보다 자세하게 말하면 그는 새로운 작시법과 표기법을 찾고자 했다. 그러한 방법으로 자신이 소리내는 방식으로 자신의 개성적인 운율을 강조하고자 했다. 음조의 모범을 위해 한편으로는 올슨의 투사시에 의존해야 했고 다른 한편으로는 블루스같은 흑인음악에서 나오는 리듬에 의존해야 했다.

존스는 초기시에서 정치적인 해결책을 제시하지 않는 개인적 고뇌를 묘사하려고 노력했다. 그는 분열된 자아의 상태로 계속 되돌아간다. 그 분열된 자아가 겪는 고통의 일부는 백인의 세상에서 흑인 지식인이 되는 것에서 나온다. 이 시편들의 화자들은 대부분 그들의 죄와 두려움에 의하여 마비된다.

그는 1961년에 『스무 권짜리 자살 노트에 붙인 서문』(*Preface to Twenty Volume Suicide Note*)과 1964년에 『사망한 강사』(*The Dead Lecturer*) 등의 시집을 냈다. 후년에 그 시편들을 회고하며 개인적 무질서가 아니라 병든 사회의 전조라고 생각하고 다음과 같이 말했다.

당신은 죽음, 자살에 대한 선입관을 압니다. . . . 항상 나 자신의 선입관이 병든 사회의 죽음에의 충동에 사로잡혀 있었습니다. 추상과 해체의 구름인 그 일 그것은 바로 흰색이었습니다. . . . 사도들에게 묘기를 보이는 것처럼 죽은 시체를 통과하고, 이기고, 밟고 지나가려고 노력하는 영성이 있습니다. 유럽 사람들이 그들의 정신이라고 말하는 죽은 시체의 물 위로 걸어가는 영성이 항상 있습니다.

존스는 자신의 대학 시절과 군대 시절을 회고하면서 "하워드의 일들은 나로 하여금 검둥이의 아픔을 이해하게 했다. 그들은 당신에게 흰둥이인 체하는 방법을 가르친다. 그러나 공군은 나로 하여금 흰둥이의 아픔을 이해하도록 했다"고 말한 바 있다. 백인이 지배하는 미국에서의 흑인음악에 관한 책인『우울한 사람들』(*Blues People*, 1963)에서 그는 자신의 점차적인 소외에 대하여 다음과 같이 말하고 있다.

검다는 것이 지극히 불리한 사회에서 당신이 검다는 것을 이해하는 것이 한 가지 방법이지만 결핍되어 있고 불가능한 정도로 불구가 된 것은 바로 사회이지 당신이 아니라는 것을 이해하게 되면 당신은 스스로 보다 더 고립됩니다.

이러한 압박을 느끼고 존스는 점차 노골적으로 되어갔고 그 자신이 중요한 구성원으로 활동했던 백인문학 서클에서 탈퇴하게 되었다. 1958년에 백인인 자신의 부인과 함께『유겐』(*Yugen*)이라는 잡지를 발행하기 시작했고 토템 프레스(Totem Press)라는 출판사를 차려 찰스 올슨, 로버트 던컨(Robert Duncan), 개리 스나이더(Gary Snyder), 프랭크 오하라 등의 작품을 출판했다. 그러나 1960년대 중반에 일련의 영향력 있는 극을 쓰면서 그는 흑인과 백인 사이의 관계의 격렬한 토대를 탐구하는 방향으로 나아갔다.『네덜란드인』(*Dutchman*)이라는 1964년의 극은 젊은 흑인여자와 백인여자가 지하철에서 만나는데 결국 흑인의 이유 없는 살인으로 끝난다. 그 후에 나온 두

편의 극 『화장실』(The Toilet)과 『노예』(The Slave)는 이전의 작품만큼 성공을 거두지는 못했다. 그는 『노예』가 자신이 흑인과 백인이 함께 있는 청중에게 말하는 마지막 작품이라고 말했다.

자신의 책에 서평을 쓰면서 존스는 소위 "흑인문학의 신화"라고 하는 것에 매우 비판적으로 되었다. 그는 "대부분의 흑인문학이 평범한데 그 이유는 작가가 될만한 위치에 있는 흑인들 대부분이 문학을 자신이 열등하지 않다는 사실을 증명하는 방법으로 생각한 중류계급의 흑인이었기 때문"이라고 쓰고 있다. 이에 대한 궁극적 해결책은 백인이 만들어 놓은 문학제도의 범위 밖으로 나가는 것이었다. 그는 할렘(Harlem)으로 가서 흑인 예술 저장 극장(Black Arts Repertory Theatre)을 시작했다. 그 후 그의 활동은 점차 사회적, 정치적으로 되었다. 1966년에 그는 뉴왁에 생명의 집(Spirit House)을 세웠다. 그는 1967년 여름에 발발한 뉴왁반란에 가담하여 불법 무기 소지죄로 기소되었으나 무죄방면 되었다.

1970년에 뉴왁 시장으로 출마한 케니쓰 깁슨(Kenneth Gibson)을 후원하여 깁슨이 이 도시 최초의 흑인 시장이 되었다. 1974년에 흑인 민족주의 운동과 거리를 두고 막스주의자가 되었고 반제국주의 제3세계 해방운동을 후원했다. 1979년부터 뉴욕주립대학교에서 강의를 했는데 학생들의 존경을 크게 받았다. 1984년에 정식 교수가 되었고, 1989년에 랭스턴 휴즈 상(Langston Hughes Award)과 미국 서적 상(American Book Award)을 수상하였다.

그의 글은 많은 논란을 불러 일으켰는데, 특히 여성과 동성애자, 백인 및 유대인에 대하여 격렬한 이미저리를 종종 사용하기 때문이다. 이러한 이미저리는 흑인특유의 표현에서부터 인종차별주의, 성차별주의, 동성애, 공포증, 반유대주의의 노골적인 예까지 다양하다.

인명 찾아보기

ㄱ

건, 톰Gunn, Thom ── 20, 249~253
긴스버그, 알렌Ginsberg, Allen ── 30, 169, 207~210, 222~229, 238, 261, 263, 282

ㄷ

두리틀, 힐다Doolittle, Hilda ── 13, 26, 68, 77, 80, 84~89

ㄹ

라킨, 필립Larkin, Philip ── 16, 21, 213~216
로월, 로버트Lowell, Robert ── 25, 29, 30, 174, 177, 184~187, 194, 196~202, 223, 242, 246, 270, 280
뢰쓰케, 데어도어Roethke, Theodore ── 29, 30, 159~163, 193
루이스, 세실 데이Lewis, Cecil Day ── 16, 18, 141~144, 146, 152, 153, 179
린지, 니콜라스 바첼Lindsay, Nicholas Vachel ── 27, 52, 123~127, 136, 137

ㅁ

맥리쉬, 아치볼드MacLeish, Archibald ── 107~112

먹니스, 루이스MacNeice, Louis — 18, 141, 145~148, 152, 153, 155, 179
메릴, 제임스 인그람Merrill, James Ingram — 217~221

ㅂ

베리맨, 존 앨린Berryman, John Allyn — 29, 189~195
브룩스, 궨돌린Brooks, Gwendolyn — 203~206
블라이, 로버트Bly, Robert — 30, 240~244
비숍, 엘리자베스Bishop, Elizabeth — 173~178, 185, 187, 219

ㅅ

샌드버그, 칼Sandburg, Carl — 27, 28, 52~57, 125, 126, 128, 136
섹스턴, 앤Sexton, Anne — 245~248
스나이더, 개리 셔먼Snyder, Gary Sherman — 191, 210~212, 225, 250, 259~266, 283
스티븐스, 월리스Stevens, Wallace — 58~65, 70, 118, 187, 239
스펜더, 스티븐Spender, Stephen — 16, 18, 141, 146, 151~153, 164~167, 179
씻웰, 에디쓰Sitwell, Edith — 90~94, 116, 182

ㅇ

애몬즈, 아치 랜돌프Ammons, Archie Randolph — 229~233
엘리엇, 토마스 스턴Eliot, Thomas Stearns — 15~20, 24, 27, 28, 30, 53, 58, 64~67, 69, 71, 72, 74, 75, 77, 81, 82, 85, 92, 93, 95~106, 109, 110, 118, 130, 131, 133, 142, 143, 146, 155, 156, 180, 182, 197, 202, 232, 239, 249, 277, 278

예이츠, 윌리엄 버틀러Yeats, William Butler ─ 17, 18, 24, 31～41, 58, 61, 64～67, 74, 77, 78, 96, 115, 117, 118, 126, 137, 142, 144, 146, 150, 155, 156, 163, 189, 236, 265, 280

오든, 위스턴 휴Auden, Wystan Hugh ─ 16, 18, 76, 107, 141, 142, 144～146, 149 ～158, 164, 166, 179, 180, 186, 187, 220, 277

오웬, 윌프레드Owen, Wilfred ─ 13, 16, 92, 113～116, 142

올슨, 찰스Olson, Charles ─ 119, 168～172, 234, 235, 238, 239, 282, 283

윌리엄즈, 윌리엄 칼로스Williams, William Carlos ─ 26, 28, 30, 56, 66～73, 77, 85, 86, 170, 187, 193, 224, 225, 235, 265, 282

ㅈ

자렐, 랜덜Jarrell, Randall ─ 29, 174, 175, 184～188, 193

존스, 르 로이(바라카, 이마무 아미리)Jones, LeRoi(Baraka, Imamu Amiri) ─ 226, 281 ～285

ㅋ

커밍즈, 에드워드 에슬린Cummings, Edward Estlin ─ 28, 117～122

케루악, 잭Kerouac, Jack ─ 207～212, 225～227, 238, 261, 262

크레인, 하트Crane, Hart ─ 28, 72, 128～133, 143, 199

크릴리, 로버트Creeley, Robert ─ 169, 226, 234～239

ㅌ

토머스, 딜란Thomas, Dylan ─ 16, 20, 179～183, 199, 249

토머스, 에드워드Thomas, Edward ─ 12, 48～51

ㅍ

파운드, 에즈라Pound, Ezra — 13, 20, 24, 26, 27, 65, 67~69, 71, 73~83, 85~87, 89, 109, 110, 169, 170, 197, 202, 239, 249, 265, 282

프로스트, 로버트 리Frost, Robert Lee — 17, 27, 42~47, 49, 50, 56, 59, 65, 75, 76, 83, 142, 187, 200, 201

플라쓰, 실비아Plath, Sylvia — 22, 30, 193, 246, 257, 267~272

ㅎ

휴즈, 랭스턴Hughes, Langston — 125, 134~140, 204, 284

휴즈, 테드Hughes, Ted — 21, 22, 250, 254~258, 269

히이니, 셰이머스Heaney, Seamus — 22, 277~280

힐, 제프리Hill, Geoffrey — 22, 170, 273~276